国家出版基金项目
NATIONAL PUBLICATION FOUNDATION

国之重器出版工程
网络强国建设
物联网在中国

物联网与智慧养老

Internet of Things and Smart Pension

陶雄强 主编
王英龙 胡 炜 吕伯轩 副主编
许 玮 孙 婷 编著

電子工業出版社
Publishing House of Electronics Industry
北京 · BEIJING

内容简介

本书深入剖析当今我国人口老龄化与产业发展，从老龄化发展背景和智慧养老入手，结合物联网技术支撑智慧养老发展的总体架构，针对身份识别与定位、健康监测、护理康复等应用场景，详细介绍应用需求、关键技术和解决方案，并通过案例介绍提供实际应用过程中的经验借鉴。最后给出物联网支撑智慧养老的技术发展展望和市场拓展空间。

全书编排思路清晰，以当前养老产业发展为背景，兼顾理论与实际，具有可读性、知识性和应用性。可供养老产业研究、从业人员阅读，也可供对物联网、智慧养老、智能穿戴设备相关技术及养老服务应用感兴趣的读者阅读。

图书在版编目（CIP）数据

物联网与智慧养老 / 陶雄强主编. —北京：电子工业出版社，2021.4（2022.6 重印）
（物联网在中国）
ISBN 978-7-121-40788-8

Ⅰ. ①物… Ⅱ. ①陶… Ⅲ. ①物联网－应用－养老－社会服务－智能系统－研究－中国
Ⅳ. ①D669.6

中国版本图书馆 CIP 数据核字（2021）第 046785 号

责任编辑：李　冰　　文字编辑：张梦菲　　特约编辑：武瑞敏
印　　刷：固安县铭成印刷有限公司
装　　订：固安县铭成印刷有限公司
出版发行：电子工业出版社
　　　　　北京市海淀区万寿路 173 信箱　　邮编 100036
开　　本：720×1 000　1/16　印张：18.25　　字数：379 千字
版　　次：2021 年 4 月第 1 版
印　　次：2022 年 6 月第 3 次印刷
定　　价：98.00 元

凡所购买电子工业出版社图书有缺损问题，请向购买书店调换。若书店售缺，请与本社发行部联系，联系及邮购电话：（010）88254888，88258888。

质量投诉请发邮件至 zlts@phei.com.cn，盗版侵权举报请发邮件至 dbqq@phei.com.cn。

本书咨询联系方式：libing@phei.com.cn。

《物联网在中国》(二期)
编委会

《国之重器出版工程》
编辑委员会

专家委员会委员（按姓氏笔画排列）：

于　全	中国工程院院士
王　越	中国科学院院士、中国工程院院士
王小谟	中国工程院院士
王少萍	“长江学者奖励计划”特聘教授
王建民	清华大学软件学院院长
王哲荣	中国工程院院士
尤肖虎	“长江学者奖励计划”特聘教授
邓玉林	国际宇航科学院院士
邓宗全	中国工程院院士
甘晓华	中国工程院院士
叶培建	人民科学家、中国科学院院士
朱英富	中国工程院院士
朵英贤	中国工程院院士
邬贺铨	中国工程院院士
刘大响	中国工程院院士
刘辛军	“长江学者奖励计划”特聘教授
刘怡昕	中国工程院院士
刘韵洁	中国工程院院士
孙逢春	中国工程院院士
苏东林	中国工程院院士
苏彦庆	“长江学者奖励计划”特聘教授
苏哲子	中国工程院院士
李寿平	国际宇航科学院院士

前言

当前人类社会正处在前所未有的两个重大趋势中：人口结构的快速老龄化和科学技术的高速发展。人口老龄化趋势已被证明是不可避免的，而随着信息技术革命的不断深入发展和社会生活网络化的快速崛起，人类不断探索将阶段性科学技术成果与人口结构老龄化结合发展，逐渐引起世界各国的重视，智慧养老兴起。而随着智慧养老的兴起，物联网作为智慧养老必不可少的一个重要环节，物联网服务在养老服务领域保持高速增长势头。在人口老龄化趋势中，中国已经成为世界上老年人口最多的国家之一，也是人口老龄化发展速度最快的国家。老年人口数量多、老龄化速度快等问题，让我国应对人口老龄化的任务显得越发繁重，老龄化问题也为中国社会经济发展和转型带来新挑战，而发展基于物联网技术的智慧养老是我国老龄产业的应对之道。

本书在编写过程中力求突出系统性、全面性、创新性和实用性。书中详细梳理了老龄化的定义和发展形势，老龄产业的概念与基本内涵，智慧养老与物联网的概念，养老服务体系架构与需求特征，以及特点与模式，强调物联网与智慧养老之间的协同关系，重点对物联网技术在智慧养老中的应用场景、相关技术、解决方案等从关联性、基础功能和系统架构、服务模式等角度进行详细阐述，介绍大量重要相关技术应用和服务模式创新的具体案例，并对物联网与智慧养老协同创新理念与发展趋势，以及产业发展面临的主要问题与对策进行了探讨。本书大量系统、翔实的资料对当前我国智慧健康养老与物联网技术渗透、相互融合、协同发展，以及业内相关企业的实践具有实用的参考价值，为企业家、行业从业人员提供了清晰的规划理念、思路、实施方案和参考依据。

全书共分 8 章，第 1 章在全球老龄化发展的大背景下，对我国人口老龄化、老龄产业进行深入的分析与研究，指出当今老龄产业面临的主要矛盾及发展方向，发展基于物联网技术的智慧养老产业未来将大有可为；第 2 章围绕物联网展开介绍，通过对物联网发展背景、物联网关键技术的概括、物联网标准体系的介绍及物联网发展方向等几个方面的研究，引出物联网相关技术在智慧养老发展过程中的关键作用；第 3 章围绕智慧养老展开分析，以智慧养老发展背景为出发点，对智慧养老产业体系建设进行深入研究；第 4～6 章介绍物联网技术的主要应用方向，围绕身份识别与定位、健康监测、护理服务等几个与老龄产业和智慧养老密切相关的重要领域，从应用场景、关键技术、产品与服务等角度进一步展开，并对该领域的发展前景进行分析与预判；第 7 章重点介绍当前养老市场中的典型案例；第 8 章介绍物联网与智慧养老未来在老龄产业中的发展趋势，以及相关技术的展望与预期。

本书由陶雄强担任主编，王英龙、胡炜、吕伯轩担任副主编，参与本书编写的作者还有许玮、孙婷、聂雯莹、白冰、刘景文、舒明雷、魏诺、杨宏、苏静茹、郭雄、付蔚、童世华、陈健、吴昕、赵博。全书由许玮、孙婷统稿。

在本书编写过程中，编著者不仅得到了“物联网在中国”系列丛书编委会相关专家及电子工业出版社编辑的悉心指导，还得到了山东省计算机中心、北京普天大健康科技发展有限公司、中国电子技术标准化研究院、重庆邮电大学、重庆电子工程职业学院、上海恩谷信息科技有限公司、中国电子科技集团公司第三研究所等科研院所和企业的大力支持与帮助，在此一并表示衷心的感谢！

本书在编写过程中参考了大量学者、相关技术人员及各类网站的研究数据和资料，在此向作者表示衷心的感谢。

物联网与智慧养老正处在一个快速发展的过程中，基于物联网技术的智慧养老相关的新知识、新技术和新应用模式不断涌现，加之作者知识水平有限，编写时间仓促，书中错误和不当之处在所难免，期盼有关专家和读者批评指正。

目录

第1章

老龄产业现状与趋势

本章摘要

人口老龄化是 21 世纪我国社会经济发展必须始终把握的一项新的基本国情，制订出积极应对人口老龄化的中国方案不仅是新时代打造健康中国的战略性要求，也是应对人口老龄化新时期凸显矛盾的客观需要，因此，老龄化社会的进程和应对问题备受关注。时至今日，我国也迎来老龄产业发展的重要机遇期，受社会的进步、科技的发展及人们生活水平的不断提升、对多元化养老服务的需求渴望等因素影响，我国的养老服务发展进入了“互联网+”的新时代，本章通过对我国人口老龄化、老龄产业的分析与研究，判断出物联网是智慧养老的重要基石，智慧养老将逐渐成为老龄产业的关键要素，发展基于物联网技术的智慧养老产业未来将大有可为！

1.1 人口老龄化现状

人口老龄化是全世界各国共同面临的重大问题。中国人口老龄化因人口基数庞大、增长速度快、未富先老等问题已经引发全球关注。自进入 21 世纪以来，随着中国经济的快速发展，以及人民生活条件的改善、生活水平的提高、人口寿命的延长，我国已进入人口老龄化快速发展期。由于人口基数渐渐增大，需求层次多样，养老是当下急需解决的重大社会问题，受需求迫切和政策鼓励的双向驱动，养老产业将迎来新的发展机遇。

2017 年 10 月 18 日，习近平总书记在党的十九大报告中指出，实施健康中国战略。积极应对人口老龄化，构建养老、孝老、敬老政策体系和社会环境，推进医养结合，加快老龄事业和产业发展。

2018 年 3 月 6 日，李克强总理在《政府工作报告》中提出，要加强新一代人工智能研发应用，在医疗、养老、教育、文化、体育等多领域推进“互联网+”。加快发展现代服务业。发展智能产业，拓展智能生活，建设智慧社会。积极应对人口老龄化，发展居家、社区和互助式养老，推进医养结合，提高养老院服务质量。《国务院机构改革方案》提请第十三届全国人民代表大会第一次会议审议，原成立的“国家卫生和计划生育委员会”不再保留，新组建“国家卫生健康委员会”。这表明，国家将持续推动实施健康中国战略，树立大卫生、大健康理念，把以治病为中心转变到以人民健康为中心，预防控制重大疾病和慢性病，积极应对人口老龄化，加快老龄事业和产业发展，为人民群众提供全方位全生命周期健康服务。

近几年，积极应对人口老龄化、实施健康中国战略已成为历年两会时期的高频词多次出现。在党的十九届五中全会通过的《中共中央关于制定国民经济和社会发展第十四个五年规划和二〇三五年远景目标的建议》中正式提出了“实施积极应对人口老龄化国家战略”，可见老龄相关产业发展前景广阔。

由此可见，近两年积极应对老龄化已成为新时代的国家战略，老龄相关产业发展前景广阔。

1.1.1 老龄化现状

1. 老龄化的定义

人口老龄化是指总人口中因年轻人口数量减少、年长人口数量增加而导致的老年人口比例相应增长的趋势；是老年人口相对增多，在总人口中所占比例不断上升的过程，同时社会人口结构呈现老年状态，表明进入老龄化社会。而国际上公认的定义是，当一个国家或地区 60 岁以上老年人口占人口总数的 10%，或者 65 岁以上老年人口占人口总数的 7%，即意味着这个国家或地区处于老龄化社会。

2. 世界人口老龄化发展形势

当今，世界各国面临一个共同的课题：人口老龄化。在老龄化人口基数比例上，2005 年联合国发布的预测显示，世界上老年人口比例将由 2000 年的 10%

左右，上升到 2025 年的 15%，2050 年的 21.7%；65 岁以上老年人口比例将由 2000 年的 6.9%上升到 2025 年的 10.5%，2050 年的 16.1%。在人口结构上，从 20 世纪开始，人均寿命发生了巨大变化，全球大部分地区已形成低出生、低死亡、低增长的人口态势，平均预期寿命比 1950 年延长了 20 年，达到 66 岁，预计到 2050 年将再延长 10 年。人口结构的这一快速变化及 21 世纪上半叶人口的迅速增长意味着 60 岁人口从 20 世纪初的大约 6 亿增加到 2050 年的近 20 亿，超过了 20 世纪初全球人口的总数。

这意味着今后不到 50 年的时间里，全世界将会第一次出现 60 岁及以上老年人口将超过 15 岁以下少年儿童人口。由于人口基数与增长速度的原因，在老年人口的增长中，发展中国家的增长速度最快，是人口大国，也是老龄人口大国。因此，中国、印度将是老龄人口最多的国家。据预测，50 年后这些国家的老年人口将是现在的 4 倍。2017 年首届金砖国家老龄会议数据显示，2016 年，金砖国家 60 岁及以上老年人口达到 4.0 亿，约占世界老年人口的 42%，预计 2030 年将增至 6.3 亿，2050 年将达到 9.4 亿，占届时全球老年人口的 45%[1]。可见，在金砖国家中，中国所面临的老龄化问题挑战更为严峻。

3. 中国人口老龄化发展形势

如今，中国已经成为世界上老年人口最多的国家之一，也是人口老龄化发展速度最快的国家。老年人口数量多、老龄化速度快等问题，让我国应对人口老龄化的任务显得越发繁重，老龄化问题也为中国社会经济发展和转型带来新挑战。

20 世纪末，中国 65 岁及以上人口接近 7%，60 岁及以上人口超过 10%，正式迈进了老龄化国家门槛。改革开放的几十年间，我国不仅创造了经济社会发展的奇迹，同时仅用 40 年时间就实现了许多发达国家用一个世纪甚至更长时间才完成的人口类型转型，步入了低生育率水平国家的行列，与此同时，我国也提前迎来了人口老龄化时代。

1999 年，我国 60 岁以上老年人口达到 1.32 亿，占总人口的比例超过 10%，标志着中国正式进入老龄化社会。2010 年，老年人口增加到 1.78 亿，占总人口的比例达到 13.26%，2018 年，老年人口达到 2.49 亿人，占总人口的比例为 17.9%，标志着中国已进入老龄化深度发展期。预计到 2050 年，中国老年人口将达到 4.8 亿，约占届时亚洲老年人口的 2/5、全球老年人口的 1/4，比现在美国、英国、德国 3 个国家人口总和还要多[2]。

我国 2018 年年末人口数及其构成如表 1-1 所示。

表 1-1　我国 2018 年年末人口数及其构成

指　标	年末数（万人）	比例（%）
全国总人口	139538	100.0
其中：城镇	83137	59.58
乡村	56401	40.42
其中：男性	71351	51.1
女性	68187	48.9
其中：0～15 岁（含不满 16 周岁）	24860	17.8
16～59 岁（含不满 60 周岁）	89729	64.3
60 周岁及以上	24949	17.9
其中：65 周岁及以上	16658	11.9

虽然与世界上很多国家和地区相比，中国老龄化问题出现时间不长，但近几年大有愈演愈烈趋势，一方面中国人均寿命不断提高，另一方面由于中国实行近一代人的计划生育政策，导致年轻人口增长速度一直低于自然增长速度，在这两个因素的共同影响下，中国面临的老龄化问题更加严峻。

由此可见，在发达国家经历上百年、分步骤出现的老龄化问题和需要很长时间解决的老龄化问题，在我们国家短期内集中爆发出来，我国将持续面临既要发展经济又要保障好老年民生的双重挑战。

1.1.2　人口老龄化的特点

人口老龄化是社会经济和科技发展的必然趋势，引起人口老龄化的因素很多。根据各国家和地区的经济发展水平、国内外政治因素、人口本身的发展状况及历史文化差异等不同，人口老龄化的发展原因、起步时间、速度及达到的程度等方面都存在很大差异。因此，只有正确把握人口老龄化的发展过程和现状特点，科学分析人口老龄化的成因和背景，判断预测人口老龄化的未来发展变动趋势，才能解决好老龄化问题，推进养老产业更快更好发展。迄今为止，中国仍是世界第一人口大国，截至 2018 年年末，中国总人口为 139538 万人，而且人口仍在持续增长。

1. 全球人口老龄化的特点

人口老龄化是世界人口发展的必然趋势，是所有国家的共同现象。人口老龄化的程度和地区都存在较大的差异，世界人口老龄化发展的现状与趋势有以下五大特征。[3]

1）人口老龄化的速度加快

根据联合国人口报告统计，1950 年全世界大约有 2.0 亿老年人，1990 年则为 4.8 亿，2002 年已达到 6.29 亿，占全世界人口总数的 10%。预计到 2050 年，老年人数量将猛增到 20.2 亿，占世界总人口的 21%，平均每年增长 9000 万[4]。

2）老年人口重心从发达国家向发展中国家转移

1950—2050 年的 100 年间，发达国家的老年人口将增加 3.8 倍，发展中国家的老年人口将增加 14.7 倍，因而世界老年人口日趋集中在发展中国家。1950—1975 年，老年人口比较均匀地分布在发展中国家和发达国家，2000 年发展中国家的老年人口数约占全球老年人总数的 60%。预计到 2050 年，世界约有 82% 的老年人，即 16.1 亿老年人将生活在发展中国家，3.6 亿老年人将生活在发达国家。

3）人口平均预期寿命不断延长

近半个世纪以来，世界各国的平均寿命都有不同程度的增加。19 世纪许多国家的平均寿命只有 40 岁左右，20 世纪末则达 60 ~ 70 岁，一些国家的人均寿命已经超过 80 岁。2002 年世界平均寿命为 66.7 岁，日本平均寿命接近 82 岁，至今保持着世界第一长寿国的地位。

4）高龄老年人增长速度快

高龄老年人是老年人口中增长最快的群体。1950—2050 年，80 岁以上人口以平均每年 3.8%的速度增长，大大超过 60 岁以上人口的平均增度（2.6%）。2000 年，全球高龄老年人达 0.69 亿，大约占老年人总数的 1/3；预计至 2050 年，高龄老年人约为 3.8 亿，占老年人总数的 1/5。全世界 80 岁或 80 岁以上老年人的数量将在 2000—2050 年增加到从前的近 4 倍，达到 3.95 亿人。

5）老年妇女是老年人口中的多数

多数国家老年人口中女性超过男性。一般而言，老年男性死亡率高于女性。性别间的死亡差异使女性老年人成为老年人中的绝大多数。例如，美国女性老年人的平均预期寿命比男性老年人高 6.9 岁，日本为 5.9 岁，法国为 8.4 岁，中国为 3.4 岁。

2. 我国人口老龄化的特点

1）老年人口基数庞大，规模稳居高位

我们将人口划分为少儿人口、劳动年龄人口和老年人口三大类。21 世纪上半叶是中国老年人口大幅攀升的时期。从 1991 年我国老年人口跨过 1 亿人大关开始，2013 年老年人口规模达到 2 亿人，在这一规模基础上增加的第一个 1 亿人大约只用了 12 年；目前，中国 60 岁及以上老年人口规模达到 2.49 亿人，仍在持续增加，据预测，到 2026 年我国老年人口规模将达到 3.1 亿人，约占世界老年人口总量的 25%，而增加的第二个 1 亿人大约用时也为 12 年；到 2036 年，我国老年人口规模将达到 4.1 亿人，约占世界老年人口总量的 25.6%。2040 年前后，我国老年人口规模将比现在翻一倍，约占世界老年人口总量的 24.5%；2050 年前后，我国老年人口规模将达到 4.8 亿人，达到老年人口数量的峰值。据联合国预测，21 世纪上半叶，中国一直是世界上老年人口最多的国家，占世界老年人口总量的 1/5，21 世纪下半叶，中国还是仅次于印度的第二老年人口大国。可见，未来 20 年，中国老年人口将快速增长到最大规模，而后增长速度放缓并持续很长时间，这种老年人口规模的发展态势和增长速度与世界上任何人口大国相比都是前所未有的 [5]。

2）老龄化增长迅速

从 1980 年到 1999 年的 20 年时间里，以 1999 年我国正式步入老龄化社会为标志，我国人口结构快速完成了从成年型向老年型结构的转变，与世界发达国家相比，速度惊人。而这一过程法国用了 115 年，瑞士用了 85 年，美国用了 60 年，英国用了 45 年，日本用了 25 年；而从 65 岁以上老年人占总人口的比例从 7%提升到 14%需要的时间是，法国 115 年，瑞典 85 年，美国 66 年，英国 45 年，但从目前中国老龄化发展速度看，中国只用 25 年甚至更短的时间就可以完成这个阶段 [6]。

3）高龄化趋势明显

我们认为，60～69 岁为低龄老年人口，70～79 岁为中龄老年人口，80 岁以上为高龄老年人口 [7]。随着居民生活水平的提高、居民寿命的不断延长，中国未来老龄化的总体趋势不仅表现为老年人口总体规模的膨胀，还突出地表现为老年人口内部年龄结构的快速老化。也就是说，伴随着我国人口老龄化快速进程而来的是老年人口的迅速高龄化。1982—1990 年，我国 80 岁以上高龄老年人口年平均增长速度达到 5%，超过了 60 岁及以上老年人口增长速度；1991—2010 年 80 岁以上高龄老年人口年平均增长速度为 4.1%，高于世界平均水平和发达国家平均水平。国家统计局人口抽样数据显示，2014 年我国 80 岁以上的高龄老年人口规模占总人口的比例为 1.87%。据预测，21 世纪上半叶，中国 80 岁及以上高龄老年人口将以年均 4.02%的增长速度增加，是同期老年人口增长率的 1.68 倍；在 2050 年左右老龄化高峰到来时，大约每 4 个中国老年人中就有近 1 个人年龄达 80 岁及以上。在整个 21 世纪，我国面临的高龄人口压力将是世界上最重的[8]。

4）未富先老

人口老龄化是伴随着经济和社会发展及结构变化的一个复合过程，典型发达国家的人口老龄化经历了较长时间，使得人口老龄化出现之际其经济发展也达到相当水平。由于人为强力干预人口再生产过程等原因，中国的人口老龄化过程与经济发展呈现出与其他国家相异的特点，这就是很多人常说的“未富先老”现象，可以说未富先老反映的是中国的生育率快速下降，人口平均寿命提高，人口老龄化进程加快导致老龄化超前于社会经济发展水平的一个中国特色社会现象。与欧美发达国家比较，发达国家人口老龄化伴随着城市化和工业化呈现渐进的步伐，当发达国家 65 岁以上老年人口达到 7%时，人均国内生产总值一般为 5000～10000 美元，而我国进入老龄化时，人均国内生产总值为 800～1000 美元，与发达国家“先富后老”或“富老同步”相背，加上我国老龄化进程迅速，应对人口老龄化各种挑战的基础都比较薄弱，“未富先老”现象更加凸显[9]。

5）区域发展不平衡

地区间、城乡间社会经济发展水平与政策等方面存在的明显差异对我国各地区人口发展产生了巨大影响，尤其改革开放以来受人口迁移影响，中国各地区、城乡间人口老龄化的发展是很不均衡的。①经济发达地区高于经济落后地区：中国人口老龄化总体格局是东部经济发达人口老龄化速度与程度要显著高于中西部地区，汉族地区高于少数民族地区。例如，全国最早进入老龄化社会的城市——上海市，截至 2015 年年末，上海市 60 岁及以上老年人口已经达到 435.95 万人，占上海市总人口的 30.2%，到 2018 年，上海户籍 60 岁及以上老年人口总数突破 500 万人，2020 年总数将超过 540 万人，且随着时间的推移规模将持续扩大。全国最早进入老龄化的省份是江苏省，截至 2018 年年末，江苏省 60 岁及以上的老年人口为 1756 万人，占江苏省总人口的 22.51%，江苏省户籍人口将于 2017—2027 年呈上升趋势，60 岁以上老年人口预测数占总人口预测数的比例从 2029 年开始将超过 30%，在 2052 年达到峰值 37.81%，绝对数为 2743.31 万人。②城乡地区高于农村地区：虽然中国人口老龄化首先出现在城市，但由于城市化与人口迁移，农村人口老龄化程度与发展速度都已超过城市，今后我国农村地区将面临比城市更严峻的人口老龄化的挑战。

6）空巢独居老人规模扩大

人口迁移流动分散居住、家庭规模小型化及少子化现象的普遍化是导致空巢独居老人规模越来越大的主要因素。①家庭规模日益小型化。2013 年中国平均家庭户规模已跌至 3 人（2.98 人）以下，而且家庭内部代际结构也日益简化。当今中国，无论在城市还是农村，三四代“同堂而居”的家庭都已不多见，二代户和一代户已成为当下主流的家庭类型，家庭规模变小及内部代数的减少，直接导致家庭内部可长期提供老年人照护的人力资源严重萎缩，家庭传统的养老照料功能削弱明显。②家庭居住的离散化使得家庭关系日益松散疏离。面对激烈的社会竞争和快速的生活节奏，子女为了谋生和获得更好的发展，不得不长期在外学习工作，这导致空巢老人和独居老人规模非常庞大。可以预见，随着现代化进程的持续，中国的空巢老人和独居老人规模还将继续扩大。③少子化。在中国人口老龄化的进程中，少子化特征非常突出，我国长期施行的计划生育政策导致老年人口比重上升的同时出生率不断下降，更加速了老龄化的进程。这些因素的影响使得家庭“空巢”时间不断提前，“空巢独居”现象更容易发生，目前，城市“空巢”老人占 60 岁以上老年人口的 49.7%，农村达到 38.3%。

1.1.3 我国人口老龄化的影响

人口老龄化的加速发展将对我国经济发展产生重大影响，随着社会发展和科技进步，也使老年人自身对养老需求产生深远影响，主要体现在以下几个方面。

1. 人口结构严重失调，抚养比上升

老年抚养比是指人口中非劳动年龄人口数中老年人口数与劳动年龄人口数之比，用于表明每 100 名劳动年龄人口要负担多少名老年人。在我国，一般认为 16 岁～退休年龄为劳动年龄人口，15 岁及以下、65 岁及以上为被抚养人口。随着人口出生率的降低，中国的社会抚养比在 2010 年达到了 34.2%的最低点。虽然在调整后的计划生育政策影响下，人口出生率有所上升，但是 2012—2017 年，老龄人口比例的增长依然是社会抚养比增长的主要原因。

2012—2018 年中国抚养比情况如表 1-2 所示。

表 1-2　2012—2018 年中国抚养比情况

年　　份	总人口抚养比（%）	老年抚养比（%）	少儿抚养比（%）
2012 年	34.9	12.7	22.2
2013 年	35.3	13.1	22.2
2014 年	36.2	13.7	22.5
2015 年	37	14.3	22.6
2016 年	37.9	15	22.9
2017 年	39.2	15.9	23.4
2018 年	40.4	16.8	23.7

从表 1-2 中的数据可以看到，我国的抚养比越来越高，劳动人口的抚养负担是越来越重的。据预测，我国老年抚养比将由目前的 2.8∶1 发展到 2050 年的 1.3∶1。

中国的人口年龄结构，受不同地域经济发展不平衡的影响，发展变化的规律也不尽相同。社会抚养比也体现出较大的差异性，但总体呈升高趋势。老龄化问题在城镇化比较高的东部地区城市中，体现得更为突出，而中部地区的诸多省份，则由于劳动力人口的流失较多，老龄抚养比较高，同样是一种人口老龄化问题的体现。在西部地区的省份中，特别是少数民族聚居的省份，由于国家的少数民族政策，生育率相对较高，老龄化的问题相对不大，社会抚养压力主要在少儿人口方面。

2. 劳动力不足导致产业结构变化

改革开放以来，我国经济飞速增长，1979—2007 年，中国经济年均增长 9.8%，比同期世界经济平均增速高 6.8 个百分点。这得益于我国庞大的劳动力资源优势，我国的工业贸易发展模式离不开庞大的年轻劳动力资源，并且 20 世纪 90 年代以来人口出生率的快速下降使社会总抚养比降低，我国得以将财力、物力、人力投入到经济发展之中。然而，自 2000 年起，随着老龄化的快速发生，抚养比的迅速提高，经济投资必然下降，劳动力老龄化趋势渐渐形成。根据中国人力资源市场信息监测中心发布的数据，自 2010 年以来，我国劳动力市场的求人倍率始终大于 1，表明我国进入了需求大于供给的劳动力短缺时代。然而，与日本、韩国等经济体不同，我国的劳动力短缺具有特殊性和复杂性。我国劳动力短缺与人口老龄化区域发展程度密切相关，劳动力短缺现象最初出现在珠三角、闽东南、浙东南等加工制造业聚集区。当时劳动力短缺的区域分布特征可以概括为东部短缺、中西部过剩。但随着人口老龄化程度进一步加深，劳动力短缺的区域分布特征也不断发生变化，短缺状况不断向中西部等区域蔓延和转移。劳动力短缺意味着人口红利的消失，也意味着产业升级、人力资本结构优化迫在眉睫。如何应对劳动力短缺，又如何利用劳动力短缺推动我国经济发展质量的提高和经济结构的优化，是现阶段必须认真应对并妥善处理的现实问题。

3. 养老保障负担加重

1）社会养老保险负担重

随着中国人口老龄化进程的加速，基本养老保险基金水平对于社会经济生活的影响力日益显著，基本养老保险基金的高低直接影响老年人口生活质量与社会和谐稳定。一国财政对养老保险投入的数额，不仅取决于该国养老保险制度的模式、发展理念，而且也受该国经济发展水平、人口老龄化程度等诸多因素的影响。我国基本养老保险制度的改革与发展，离不开财政的支持。2008—2018 年，我国基本养老保险基金财政支出从 3310.9 亿元增至 17607.65 亿元，年均增幅达 18.6%。政府、企业、社会都已经感到养老保障方面的压力正在显著加大。

2）医疗卫生支出压力大

人口老龄化与居民医疗保健支出呈现显著正相关。2018 年全国财政医疗费用支出为 1.53 万亿元，相较于 2016 年的 1.32 万亿元增长了 15.9%，是医改启动前 2008 年的 4.8 倍。医疗费用需求明显增强且医疗资源消耗总体以老年人口为主。老年人过去 10 年门诊治疗利用率从 27%增加到 49%；2016 年占总人口约 16.7%的老年人门急诊费用占整体的 63.2%；老年人一生中 68.6%的医疗费用发生在 65 岁以后。人口老龄化对医疗费用增长具有显著影响。

4. 老年人需求多样但供给不足

随着人口老龄化进程越来越快，老龄人口基数显著提高，生活水平优越，老年人对养老相关服务需求越来越多元化，对服务质量和效率要求越来越高。虽然我国养老服务体系建设取得了一定成绩，但与广大老年人的需求相比，无论是住养服务还是文化活动，缺口都很大，现有的服务模式与质量无法满足老年人日益增长的服务需求。在发展过程中的问题明显，尤其在养老机构和照料机构的发展上，陷入高需求、低入住的怪圈，发展显得十分滞后。

老年人的主要需求集中在以下几个方面。

1）老年人对健康服务的需求

随着社会的发展，老年人对于健康服务的需求意愿越来越强烈，内容越来越多元化，从之前单一的医疗服务需求逐步向保健、医疗服务、健康管理、心理健康等多元化发展，从而引发包括保健品、医疗机构、老年人健康护理机构、老年人体检、老年人旅游等一系列养老产业的发展。另外，老年健康服务内容将随各式各样的需求进一步细分，高龄老人、单身老人、空巢老人、居家的病残老人等规模不断增大的各种特殊老年人群体，将会对社会提出更多的老年健康服务需求。

2）老年人对照护服务的需求

照护服务是指为老年人提供日常生活的帮助和支持，是老龄服务体系中的重要组成部分。第四次中国城乡老年人生活状况抽样调查数据显示，我国老龄产业市场不断升温，老年人照护服务需求持续上升。2015 年，我国城乡老年人自报需要照护服务的比例为 15.3%，比 2010 年的 13.7%上升了 1.6 个百分点，比 2000 年的 6.6%上升了近 9 个百分点。从城乡来看，城镇老年人自报需要照护服务的比例从 2000 年的 8.0%上升到 2015 年的 14.2%，上升了 6.2 个百分点，农村老年人自报需要照护服务的比例从 2000 年的 6.2%上升到 2015 年的 16.5%，上升了 10.3 个百分点，农村比城镇上升更快。从年龄段来看，79 岁及以下的老年人自报需要照护服务的比例从 2000 年的 5.1%上升到 2015 年的 11.2%，上升了 6.1 个百分点，80 岁及以上老年人自报需要照护服务的比例从 2000 年的 21.5%上升到 2015 年的 41.0%，上升了近 20 个百分点，上升幅度是 79 岁及以下老年人的 3 倍多。可见，城乡老年人对照护服务的需求非常迫切，农村老年人尤其如此。

3）老年人对文化休闲的需求

当前，众多老年人已不再满足于衣食无忧了，“老有所托，老有所系，老有所学”成为新时代老年人的追求。富有闲暇时间的老年人的休闲问题，已成为老龄工作中日益突出且亟待解决的问题。我们将城乡老年居民的休闲活动分为旅游、餐饮购物、文化娱乐、体育健身和家庭休闲五大类，而如今，老年人的闲暇生活过度依赖各种媒体，缺乏多样性，其中，无指向性活动和被动休闲活动多，不能充分有效地运用闲暇时间，大部分老年人的生活中还有闲暇真空地带。虽然多数老年人都规律地进行一项或两项文体活动，如跳舞、慢跑等晨练活动，但花在上老年大学、志愿活动、朋友聚会及多元化的文化活动上的时间比较少，电视仍然是占主要地位的休闲方式。同时，老年人的年龄段跨度又比较大，所以对文化体育活动的形式和方式有着广泛的需求，差异性大，这就促使各级老年服务管理部门要区别不同年龄、不同爱好的人群，各有侧重地开展文化体育活动，进一步丰富老年人的精神文化生活，提高老年人的生活和生命质量。

4）老年人对金融理财的需求

随着老龄化社会加剧和老年群体的日渐庞大，老年人的理财需求也不断增大，从定期储蓄到理财产品、股票及基金投资，到处都能看到老年人理财的身影，“老年理财时代”已经到来。年轻社会是养儿防老，老龄社会是金融防老。老龄金融是典型的长期资本，它是现代金融的支撑。人们在年轻时把钱通过银行、证券、保险、信托等金融工具存起来，到老年的时候再用，有些资金可能是几十年不动，这是长期资本。中国老年人口消费潜力总量巨大，老龄金融体量巨大，在现代金融业中举足轻重。从长远看，做大做强老龄金融是未来国际金融竞争乃至货币战争的必然趋势。

5）老年人对信息化的需求

一方面，在“互联网+”时代，不少老年人尝试学习使用智能手机、打车软件、美食团购等，他们也希望享受到信息化技术带来的乐趣，面对不断更新换代的智能电子产品，不少老年人不敢去碰，担心弄坏，子女又常常忙于事业没有时间耐心地教老人学习使用电子产品，因此老年人信息技术服务及时跟上显得很迫切。另一方面，随着各领域养老服务越来越依赖信息化技术的发展，金融服务、健康服务、照护服务等都需要通过信息化平台运营得以实现，而真正的服务平台应以老年人为中心，老年人需要什么样的服务，有什么样的需求，这个平台、产品、系统就应围绕其开发设计。

1.1.4 应对人口老龄化的主要举措

应对我国人口老龄化必须运用战略思维，从全局高度把握老龄化的发展趋势，保持经济社会可持续发展的高级思维形式。

1. 发展经济，养老产业将成为经济新增长点

我国始终围绕以经济建设为中心，提高社会生产力，增强综合国力是兴国之要，而养老是民生问题，也是经济问题，涉及社会领域和经济领域，所以养老与经济呈现正向发展趋势。也就是说，如果没有国家经济的持续发展，民生

问题的解决也就失去了基础。我国老龄化趋势已经形成并持续发展，所以需要推动经济社会发展适应人口老龄化的客观需要，加深各界关于人口老龄化问题是重大经济问题的认识，同时在各项经济工作中充分考虑人口老龄化因素，将其作为经济决策的重要基础与前提。养老产业将成为经济新增长点，所以依靠消费拉动经济增长成为我国经济增长方式转变的基本战略导向，人口老龄化导致的消费率上升，有利于改变我国投资消费结构不合理的现状，倒逼我国经济增长方式由主要依靠投资和出口拉动向主要依靠内需拉动转变 [10]。

2. 完善产业政策，明确人口老龄化的国家战略定位

近年来，我国出台了大量的老龄政策，但从整体来看，还存在很多问题，如内容不全面、效力较低、系统性不强等。由此导致目前的很多老龄政策不能很好地满足有效应对人口老龄化的要求。

将应对人口老龄化上升为基本国策，仅仅是为该问题的解决奠定了舆论基础，要真正解决问题，还需要制定国家层面的应对战略体系，为长期、持续应对人口老龄化提供思路，确保应对人口老龄化的连续性。但从当前实际情况来看，我国近年来出台了大量的针对老年人的政策，基本上都是解决当前老年人急需的一些问题，如老年人的“养”“医”“服务”等方面的问题；而缺乏从长期角度解决老龄问题的战略型老龄政策，从而导致政策的碎片化特点非常明显。事实上，老龄问题具有渐进性、积累性和不可逆转性，老龄问题一旦出现，通常也就意味着已经失去了解决问题的最佳时机。因此，解决老龄问题最好是未雨绸缪，立足当前，着眼长远，尽可能减少矛盾的积累。如果没有形成长期性的应对战略体系，既不利于出台系统的应对政策，也有可能导致错失有效应对老龄化的有利时机，从而给经济社会可持续发展带来严重影响 [11]。

3. 推进养老产业创新，发展智慧养老产业

人口老龄化带来的一系列影响，在对中国经济产生巨大影响的同时，对政府、社会和企业的创新意识和创新能力产生刺激。发展和创新是应对人口老龄化的根本途径，推进经济结构战略性调整，把经济发展方式转变到依靠科技进步和体制创新上来，统筹实体经济和资本经济协调发展，实现宏观经济持续稳定发展，为积极应对人口老龄化提供坚实的物质基础。基于这样的基础，以信息技术为依托的互联网+养老行业——智慧养老，适应了互联网时代经济社会的发展需求，促使我国经济向互联网经济迈出一大步，有利于促进我国经济结构

调整，智慧养老形成了新的产业链，能够带动相关产业的发展，形成国家经济的新增长点，促进我国整体经济发展和养老产业发展；同时，依托智慧养老实现养老服务多元化延伸，满足老年人日益增长的养老需求。

1.2 老龄产业现状与发展

从社会经济转型及国家长期发展战略来看，无论是提倡“健康老龄化”“积极老龄化”还是“银色革命”，老龄产业的发展都被置于重要的地位。因此，对目前我国老龄产业发展的现状、特点、效用、潜力、挑战和政策支撑体系进行系统的研究十分必要。实际上，作为积极应对人口老龄化的有效策略之一，发展老龄产业在解决老龄化危机方面有独特和巨大的作用，发达国家老龄产业的成功经验也表明，老龄产业是老龄化社会中最具活力、最有发展前途的朝阳产业之一[12]。

1.2.1 老龄产业的形成

我国快速人口老龄化所蕴含的这些矛盾和挑战直接推动着我国老龄事业、产业的发展，而每个国家老龄产业的发展过程，取决于该国的社会福利发展理念及养老服务发展情况。在养老服务领域，为积极应对来势迅猛的老龄化社会，中国政府经过探索于 2000 年提出了社会福利社会化政策，养老服务在社会力量参与之下日益活跃起来，逐渐形成老龄产业规模。2006 年 2 月国务院办公厅转发了 10 个部委《关于加快发展养老服务业的意见》(以下简称《意见》),《意见》中“养老服务业”作为一个专门用语被明确提出来，并把它表述为“为老年人提供生活照顾和护理服务，满足老年人基本生活需求的服务行业”。

1. 老龄产业的背景

我国老龄产业发展了十几年，对老龄产业的研究和认知随着行业发展也在发展变化。我国学术界对老龄产业的认识始于 20 世纪 90 年代，是伴随着老年学和社会科学的研究而逐步开始的，最初的研究集中在人口老龄化的现象和老年群体的消费市场上。进入 21 世纪后，我国关于老龄产业的研究进入“发展阶段”，不同学者对“老龄产业”有不同的理解和定位。1997 年召开的全国第一届老龄产业座谈会正式提出了老龄产业的概念，认为老龄产业广义上是指满足老年人特殊需要的产品、设施和服务，包括满足老年人衣、食、住、行及精神文化方面需求的具有同类属性的行业、企业的经济活动。此后，国内比较有代表性的观点有：张纯元（1999）认为，老龄产业是为老年人提供产品与服务、满足老年人各方面需求的各种行业与部门的统称；顾鉴塘（2001）认为，老龄产业以老年人为服务对象提供相应的老年产品和服务；张文范（1997）、王章华（2013）等认为，老龄产业是由老年市场带动而形成的产业，包括所有满足老年人特殊需求的生产、经营、服务的经济活动和设施。产业经济学理论将老龄产业归属于社会福利经济范畴，指的是在市场经济条件下直接为满足老年社会群体的物质文化需求而形成的经济业态的集合，构成要素包括市场、产品和从业人员。从宏观意义上讲，老龄产业是涉及多种学科、关系到多种经济门类的综合性产业，具有理论性强、政策性强、实用性强、操作性强的特点（麻凤利，2010）。

老龄产业是社会发展的必然产业，也是从各种具体需求延伸到第一、第二、第三产业的托底服务，老龄产业不仅仅是为满足部分生命的服务，更是包含和覆盖全生命周期的服务产业。

2. 老龄产业的范围

从内涵来看，老龄产业的最终服务对象是老年群体，但对于老龄产业究竟涵盖哪些内容，有的观点认为老龄产业“隶属于第三产业，以专门为老年人提供劳务服务为主，是独立存在的经营性、服务型的特殊部门”，并认为“从产业归属看老龄产业属于第三产业，从行业性质看老龄产业属于服务业”（张智敏等，2001）；有的观点认为老龄产业是一个满足老年群体各种需求的综合产业体系。只要是为满足老年人的各种消费需求提供生产和服务的行业均属于老龄产业（汪雁，2004），即第一、第二、第三产业中涉及为老年人提供产品和服务的行业均属于老龄产业；还有观点认为老龄产业在广义内容上，可把老年人作为生产者的行业内容增加进来，即认为老龄产业不仅包括老年消费品市场、为老服务市场，还包括老年人劳动力市场（张文范，1997；顾鉴塘，2001；汪雁，2004）。

从养老相关政策来看，随着老龄产业的发展，在我国老龄事业发展规划中对老龄产业的定位也在调整。

在《中国老龄事业发展“十五”计划纲要（2001—2005 年）》中，仅在其中的“四、实施《纲要》的保证”中，单独用一小节“（三）加快体制创新”提出：“大力推进老年福利事业社会化、产业化和法制化进程。要充分运用市场机制，鼓励社会团体、民办非企业单位、私营企业和国内外人士投资老龄事业，发展老年产业。”

在《中国老龄事业发展“十一五”规划》中，“老年产业”已改为“老龄产业”，并且是发展老龄事业的主要任务之一。老龄产业单独成章，分为政策扶持、养老服务业、老年用品和老年服务产品、老年消费 4 个小节。但老龄产业同时又与老年精神文化生活等章节并列，并将养老服务业与老年用品和老年服务产品并列。

在《中国老龄事业发展“十二五”规划》中，老龄产业同样单独成章，也分为 4 个小节，但内容变动较大，分别为：完善老龄产业政策，促进老年用品、用具和服务产品开发，加强老年旅游服务工作，引导老龄产业健康发展。《中国老龄事业发展“十二五”规划》中没有提及“养老服务业”，而是换成“老年旅游服务”，但老龄产业仍与老龄服务、老年精神文化生活等章节并列。

在《“十三五”国家老龄事业发展和养老体系建设规划》中，整体框架和内容发生了很大变化，老龄产业没有单独成章，而是融合在整体养老体系建设中，涉及范围更广。《“十三五”国家老龄事业发展和养老体系建设规划》主要分为 9 个小章节：健全完善社会保障体系建设，健全养老服务体系，健全健康支持体系、繁荣老年消费市场，推进老年宜居环境建设，丰富老年人精神文化生活，扩大老年人社会参与，保障老年人合法权益，强化工作基础和规划实施保障。

综上，随着我国敬老养老助老社会风尚更加浓厚，安全绿色便利舒适的老年宜居环境建设扎实推进，老年文化体育教育事业更加繁荣发展，老年人合法权益得到有效保护，老年人参与社会发展的条件持续改善，老龄产业已形成养老体系建设意识，老龄产业就是一个目标服务对象为老年人口的产业体系，包括所有为老年人提供产品、服务及就业机会的经济实体，是满足老年人衣、食、住、行、用、医疗保健、照料护理、精神慰藉等各方面需求的多方面行业部门的总称。因而，老龄产业并不是传统意义上的一个独立产业部门，而是由老年消费市场需求带动而形成的国民经济中的一个新兴产业集群，是许多相关产业部门的通称。实际上，我国目前的老龄产业体系也基本上涵盖了第一、第二、第三产业。

3. 老龄事业与老龄产业

自 1984 年我国明确提出发展老年事业（王青山，1990）以来，我国的学术专著、论文、法律政策中陆续出现了老龄事业、养老事业、老年产业、老龄产业、养老产业、养老服务业、老年服务业等相关概念。在相关概念的关系界定方面，目前学界仍然存在争议。有些学者将不同的概念等同，认为老年产业又可称为“银发产业”“银色产业”“养老产业”“老龄产业”“老人福利产业”（田香兰，2010；郭正模等，2013）；也有学者认为，老龄产业比老年产业涵盖的内容要更广泛、更科学（张文范，1997；汪雁，2004）。

基于以往老龄事业、老龄产业研究的成果及中国国情，我们认为老龄事业具有浓厚的政府公共政策内涵，是政府主动关注民生的体现；而老龄产业则富有鲜明的市场和社会属性，它在人口老龄化浪潮下萌生、发展，由企业和社会组织积极经营并直接面向家庭及个体的需求。老龄事业包含老龄产业的一部分，两者既相互联系又相互区别。老龄产业与老龄事业都是为应对人口老龄化而产生的，都以老年群体为服务对象，为老年群体提供商品或服务。而其联系集中体现在他们既各司其职又双向互动。[13]

中国的老龄事业发展到今天已走上产业化之路，这是由中国老年人口多、老龄事业专项资金不足、老龄市场前景广阔等因素决定的。老龄事业中的某些部分逐步面向市场放开，由市场调节完成时便转化成老龄产业；老龄产业中的某些部分无法通过市场选择来完成，当需要政府调控与指导时，就逐步转化为老龄事业。例如，老龄事业中由政府购买服务和委托生产的方式提供的产品或服务，就是由老龄事业和老龄产业共同完成的，这种老龄事业与老龄产业交叉共生、共同发展的局面主要体现在基本保障领域，这也是导致人们将老龄事业与老龄产业混淆的重要原因。由于在基本保障领域老龄产业往往依附于老龄事业的发展而发展，因此，老龄事业过度发展在一定程度上限制了老龄产业发展空间，不利于老龄产业的充分发展；反之，如果老龄产业在没有老龄事业发展根基之上任意发展扩张，往往缺少政府层面的监管和监督，会造成市场混乱。

1.2.2 我国老龄产业发展的总体格局

根据老年人的特殊需求和未来我国老龄产业发展的总体框架，老龄产业大致可以分为 10 个行业：一是养老服务业，如各类养老服务机构、居家养老服务业、社区养老等；二是老年卫生保健业，如老年人药品、保健品及老年医疗辅助设备等；三是老年日常生活用品业，如老年人的服装、生活用品等；四是老年金融业，如专为老年人设计的健康储蓄计划、证券投资规划等；五是老年保险业，如涉老相关的人寿、健康和养老保险等；六是老年房地产业，如老年人住宅、老年社区、养老院等；七是老年文化娱乐业，如老年旅游业，以及老年文化、体育和娱乐业等；八是老年教育产业，如老年大学、老年培训班等；九是老年咨询服务业，如为老年人提供法律维权、心理、职业、婚姻咨询服务等；十是其他老年相关产业。

从产业发展结构来看，目前我国老龄产业中的养老服务业、老年教育业和老年住宅业都呈现了快速兴起的势头。由于技术革新或者市场细分的推动，传统的老年日常用品业、老年医疗保健业及日渐成为时尚的老年旅游业都有较好的发展，而老年金融保险业、老年咨询业目前则极为缺乏。

1.2.3 老龄产业的特征

1. 老龄产业是以老年人为需求对象的“朝阳产业”

大力发展老龄产业是世界及我国人口老龄化背景下的必然选择。在我国老年人口的数量急剧增加，已经进入国际标准的老龄化社会的背景下，大力发展老龄产业，可以有效地满足老年人口的需求，同时带动相关产业的发展，为经济增长创造新的“增长点”。由于我国刚刚步入人口老龄化阶段，市场化的老龄产业体系还没有培植起来，与之紧密关联的养老服务体系才初步建设，因此老龄产业蕴含着巨大的市场需求与发展空间。有专家预计，未来20年，我国老龄产业规模有望达20万亿元以上。

与此同时，我国家庭规模在缩小，传统上家庭承担的养老功能正在逐渐丧失，独生子女家庭的广泛化，迫切要求社会必须承担起照料老人的责任，老年服务的社会化势在必行。

老龄人口的快速增长将催生大量的就业机会，有专家预测，从2010年到2030年，我国老龄产业从业人员将从2000万人激增到7800万人，就业率可提高约2个百分点。在我国，城镇就业困难群体及由农村转移到城镇的劳动年龄群体，可以在老龄产业的发展中获取大量的就业机会。

综上，老龄产业在我国无疑是一个方兴未艾、有待蓬勃发展的“朝阳产业”。

2. 老龄市场规模迅速扩张，但产业带动经济和就业局面尚未形成

近年来，智慧健康养老产业拉动中国经济迅速发展，尽管老龄产业有着广阔的发展前景和快速增长规模，但背后却蕴含着我国老龄产业仍处于发展初级阶段的事实，其中一个明显的事实是老龄产业市场规模仅是简单以老年人口消费规模增长为基数，并且普遍存在总量规模大但单体规模小、产业链过短过窄、产业间横向合作少、产业间融合程度低等诸多突出问题。

3. 老龄产业发展相对较为集中，产业发展区域间失衡

目前，我国城市地区户籍人口老龄化程度要高于农村地区，老龄产业在城

市地区依然显得相对集中。相关数据显示，我国 74%的民办养老服务机构位于城市，26%位于农村，这说明就目前而言，城市地区是养老服务业发展较为集中的地区，而农村地区受制于经济社会发展水平的滞后，消费能力和消费习惯尚不足以支撑老龄产业快速发展。除老龄产业发展的城乡差异之外，老龄产业在东、中、西部区域间还存在不平衡。从总体上看，西部地区老龄产业规模和市场化发展程度都要落后于东、中部地区；从老龄产业市场发展程度来看，当前老龄产业主要集中在人口老龄化速度较快的东部地区。

4. 养老服务和产品发展势头良好，但产业扶持和规范性的实际落地政策欠缺

在政策扶持力度加大和市场缺口亟待补充的双重带动下，我国养老服务和产品总体发展势头良好。尽管目前部分地区已经出台了养老服务业的政策法规和管理制度，但由于养老服务业涉及面广，前期资金投入较大，投资主体多元化的格局尚未形成，金融服务业对养老服务业的扶持力度远远不够。此外，相关产业规范和标准缺位，存有诸多政策法规上的盲点、缺位和不配套等问题，与人口老龄化的客观形势及老年人口的现实需要相比仍然显得滞后，不能适应养老服务业市场化、产业化、社会化的需要。

5. 老龄产业福利色彩浓厚，社会力量参与力度亟待增强

从一开始，我国老龄产业就具有市场性和福利性并存的鲜明特点。随着老龄人口规模和比例的不断增大，只有浓厚社会福利色彩的老龄事业，无论是从服务和产品的多样性提供，还是从政府投资的角度，都不可能充分满足人们对老龄产业的需求。因此，加快带有部分福利性质的老龄产业的发展是政府改进民生的题中之义。当然，老龄产业发展并不意味着老龄产业完全剥离社会福利的色彩，特别是在我国老龄人口服务和消费水平相对较低的情况下，更要强调老龄产业发展过程的福利性。政府依然要作为老龄产业的重要参与者，提供必要的政策和资金扶持，解决老龄人口需求增加与资金/产品短缺二者之间的矛盾。

6. 产品与服务销售渠道单一，促销手段落后

目前，老龄产品市场的基本格局是产品种类少，专业化程度低，市场细分不够，缺乏专营的品牌。在产品、价格和渠道原本同质性就很强的情况下，针

对老年人的市场营销意识较弱阻碍了我国老龄产业的快速发展，具体表现在缺乏系统的市场竞争战略，产品销售渠道单一，甚至仍然存在等待顾客上门的状况。此外，老龄产品宣传促销手段不得法、不到位的主要原因是市场对老年人口变化的了解程度不够，导致不断变化的老龄需求与老龄产品和服务之间产生不相适应的矛盾，使得部分涉老产品或服务在市场竞争中处于被动地位，这与企业对产品或服务定位不准有着直接的关系。

7. 传统产品为主的局面仍未打破，市场研究和产品开发相对脱节

从整体而言，我国大多数老龄产品的研发还处于初级阶段，独立研发能力十分有限。老龄产业已开发出的产品和服务大多属于传统项目，主要集中在食品、服装和医疗保健等方面，产品和服务明显单一、层次较低，尚不能满足老龄人口日益多元化、高层次的物质和精神需求，在住房、安全、旅游、金融、保险等方面的产品和服务缺失则更为严重。此外，考虑到我国老龄产业多为中小企业，这些企业不可能在市场研究和产品开发方面花费大量的人力、财力、物力。因此，政府需要在鼓励和推动老龄产业发展高新产品和服务过程中发挥更加积极的作用。

1.2.4 老龄产业发展趋势预判

老龄产业的兴起是老龄化社会不可逆转的趋势。尽管我国老龄产业的发展目前还面临着一些困难和问题，但从长期来看，随着老年人经济实力逐渐增强，消费观念不断更新，企业市场把控日益精确，产学研紧密结合，相关政府部门助推产业发展等一系列条件逐渐成熟，未来我国老龄产业必将前景广阔。

综合我国经济社会发展走向、现代化发展战略特别是工业化、城镇化、信息化发展战略和人口老龄化带来的挑战，根据我国政府积极应对人口老龄化战略的总体部署，结合我国巨大的市场潜力，对未来我国老龄产业的发展走向及市场化策略进行推断。

1. 老龄产业将迎来黄金发展时期

在酝酿老龄产业这一概念之初，中国老龄产业的市场刚性有效需求主要局限在保健、医药等少数领域。经过多年的积累和发展，在上述领域继续保持强劲势头的同时，老龄用品中的电子、助行、康复、护理器材、丧葬等市场刚性有效需求呈现良好发展态势，老龄服务中的老年病医院、老年护理院及居家服

务机构成为老龄产业发展的新的增长领域，老龄金融中的保险、理财和长期债券等领域也有了积极进展。这主要归功于两个方面：一是日益增多的老年人口带来的老龄产业市场需求；二是包括老年人及其子女在内的居民整体收入水平有了大幅提高。同时，养老、医疗等社会保障制度建设有了实质性的推进，从而使老年人口带来的市场需求越来越多地转化为有效刚性需求。随着居民收入倍增计划的实施和金融体制改革进程的加快，考虑到部分人口在 60 岁之前提前退休，尤其是中青年和壮年人口提前做好养老金融准备的意识增强，2020 年已形成巨量中高端老龄产业有效刚性需求。产业的井喷取决于多种因素，但根本原因是中等收入群体的海量增长。据测算，到 2025 年前后，中国中等收入老年人群将海量增加，将占到全部老年人口的 6 成以上，预示着中国老龄产业黄金井喷期的历史性拐点在 2025 年前后。在此之前，发展老龄产业的全部努力可以视为迎接这一井喷期的准备。

2. 养老服务市场资金来源多样化

我国养老服务正从“补缺型”向“普惠型”转变。一方面我们要推行养老服务的“普惠”，而另一方面我们又要推进老龄产业的市场化。“普惠”需要大量的资金，而市场化的推动同样需要大量的资金，单单依靠政府是不现实的。我们可以看到国家、市场、家庭作为单独的福利提供者都会存在不足，需要三者甚至更多的主体融入进来，只有市场资金来源的多元化才能保障老龄市场的健康运营。老龄市场运营的关键在于资金的来源，资金来源的关键在于多元化资金来源的渠道，而多元化资金来源的关键在于资金来源主体的转变，这就需要国家通过政策的引导，努力挖掘商业保险的潜力，弥补社会保险的不足，推动我国从“储蓄养老”向“保险养老”，从“政府养老”向“社会养老”的转型。除此之外，在市场化的运行中，首先应积极在老龄产业领域建立稳定的银行与企业合作的机制，为老龄产业获得更多贷款给予支持；其次，鼓励社会中的社会团体、慈善机构、个人出资，深入研究养老服务发展基金的发展，逐步形成社会力量对老龄产业投融资稳定的长效机制；最后，国家还应该转变政府职能、转移支付方式，逐渐更多地运用金融的方式，通过养老专项债券、开放性金融的手段来协调老龄产业的发展。

3. 老龄服务业趋向买方市场

近年来，老龄服务业发展以高端市场为主，如老年养护业中养老机构、康复护理机构的发展，但占市场主体的终端服务市场还未形成。造成这一局面的主要原因之一是目前这一代老年人收入水平有限，再加上传统的生活习惯，对购买社会化的服务还没有正确的认识，以致服务的需求始终不旺盛。另一个原因是老龄服务的产业和事业边界不清，政府介入过多，服务提供的准入门槛较高，服务的竞争市场难以形成，终端服务市场社会资本介入较少。随着中国经济社会的发展、社会保障体系的完善、老年人观念的改变、国家对老龄服务业发展的大力推进，老龄服务业的发展将会逐渐走向买方市场，社会资本的投入力度将会进一步加大，市场竞争将会进一步增强，将有利于从事老龄服务的企业和供给者着重去挖掘老年人的各种养老服务需求，特别是大部分普通老年人的养老服务需求，老龄服务中的中端需求会随之进一步释放，中端服务市场将是未来老龄服务行业的主体力量。

4. 产业集聚企业跨界战略布局

当前，老龄产业已成为各行业争相进入的热门领域，上市公司、国有企业、外资企业、房地产公司、保险公司等纷纷结合自身优势、整体战略及资源能力进入老龄产业，呈现出星火燎原的跨界发展态势。

中国老龄产业的投资方向主要包括五大方面：一是老龄服务业，包括日常生活服务、医疗健康服务、康复护理、旅游休闲运动、临终关怀服务等；二是老龄房地产业，包括居家养老与社区养老相结合的社区共建型地产、老年商业服务与观光旅游养生等相结合的休闲型地产、与医疗机构或教育机构等设施相结合的养老地产等；三是老龄金融业，包括证券类、保险类、财产信托类金融产品等；四是老龄用品，包括日用品、营养保健品、文化用品、康复辅具、医药医疗用品等；五是老龄教育业，包括养老人才的学校学历教育和市场专业培训等。这五大类产业投资既有专一的定向投资，又有多个产业的交叉结合，但老龄产业通过产融互动、并购整合，从规模驱动到价值驱动，实现产业集聚将是未来的发展趋势。

1.2.5 老龄产业发展困境

我国是“跑步”进入老龄化社会的，老龄产业尚处于起步阶段，产业发展不平衡、供需不匹配、供给不足、产业化程度低、专业人才匮乏等一系列发展问题日益凸显。

1. 养老产业供给不足

市场是由需求带动供给和供给创造需求两方面组成的。从理论上讲，老年市场需求的扩大直接带动老龄产业的发展，而老龄产业的发展又会引导老年市场。但我国老龄产业供求矛盾突出，没有形成良性循环。老龄产业的供给问题一方面表现为供给不足，如老年人对长期专业护理、社区照料服务和养老机构服务需求已迅速增加，而养老服务体系建设尚处于初级探索阶段，这就导致旺盛的老年人需求未能及时与有效的资源供给对接。另一方面表现为供给相对过剩，有些敬老院、老年公寓、福利院设施简陋，生活单调，服务滞后，对老年人缺乏吸引力；有些过于奢华，收费过高，老年人无力承受，造成许多养老机构没有得到充分利用，资源闲置和浪费[14]。

2. 老龄群体消费能力有限

根据现代市场营销学的理论，市场需求取决于三大要素：一是具有某种需求的人，一定的人口规模是形成市场的前提，也是某种产业形成的前提；二是满足这种需求的购买水平，购买力是形成市场的重要条件；三是购买欲望，人们只有对某种商品或服务具有了购买欲望，才能产生实际的购买行为。就我国而言，后两个因素在一定程度上制约了老年市场的启动和老龄产业的快速发展。我国是发展中国家，经济发展水平不高，老年社会保障制度还不完善。我国老龄人口基本属于低收入阶层，消费能力低，而且在城镇老龄人口内部、城乡老龄人口之间存在较大差别。相当多的老年人不具备消费的经济条件，而且受传统观念影响，有的还牺牲自己的消费需求去补贴下一代的生活。消费能力有限和购买力不强，不能有效刺激生产，制约了老龄产业的启动和发展。

3. 社会养老资源不足

按照我国老龄产业社会化、产业化的发展思路，老龄产业资金来源应多元化、多渠道，但就我国目前的情况来看，我国老龄产业发展存在着政府投资赶不上老龄化发展速度而社会投资有限的局面。

虽然政府每年对老龄产业的资金投入都有所增加，但人口老龄化的增长比例大于资金投入的增长比例，这就造成了老龄产业资金供给上的严重缺口。另外，我国的人口老龄化是在经济发展水平尚不高的情况下出现的，是未富先老，没有能力投入巨资彻底地解决老龄问题并满足老年人的需求。而发达国家的老龄化都是在经济发展到较高水平后出现的，是先富后老，因而解决老龄问题的经济实力比较强。

我国老龄产业发展受限，与社会力量缺乏投资积极性有着很大的关系。①投资者对老龄化引发的商机缺乏敏感性。投资者没有意识到人口年龄结构变动引起的市场需求构成的变动，没有看到老年市场巨大的发展空间和潜力，影响了他们对老龄产业的直接参与和投入。②投资者对老龄产业缺乏正确的认识，有部分从事老龄产业生产、服务、经营的从业者对市场经济条件下老龄产业如何发展缺乏正确的认识，错误地把为老服务这一国家大力倡导、政策扶持的特殊行业与一般行业等同，一味强调市场化、商品化。在利益驱动下只考虑盈利与投资回报，而不重视社会效益，有的甚至不惜侵害老年人的合法权益，这种价值观不仅偏离了以人为本的初衷，而且完全背离了未来产业发展的宗旨，在造成严重后果的同时，影响了老龄产业的正常发展。③投资者对老年市场需求变化缺乏敏感度，社会经营者对老年人需求特点和消费心理缺乏深入的研究，没有针对不同年龄段老年人的需求特点和消费观念去开发产品和服务，而已有的产品得不到老年消费者认可，在老年群体中没有市场，从而影响投资者对老龄产业再投入的信心，投资者应在投入前做好市场调查，根据老年人的不同需求提供不同层次的产品和服务。

4. 养老产业专业人才匮乏

专业性人才匮乏也是制约老龄产业发展的重要原因之一。对产业发展而言，除需要相关政策支持和一定的资金、技术投入之外，人才、知识及相关研究等因素的重要性也不容忽视。较其他具备一定发展规模和历史的产业而言，熟悉老龄产业的人才及相关的知识、经验积累明显缺乏。一些老龄产业经营者的管理技能不高，无法自我评估和诊断；开展的很多项目明显缺乏专业技术的指导；社会上缺乏专门培训为老服务的机构和系统教材；市场上还缺乏对老龄产业深入研究的咨询机构；对于直接服务于老年人的服务人员，大部分仍处于家政服务能力水平，其专业能力仍有待提高。由于缺乏专业技术支持，导致老龄产业中的很多行业处于低水平的发展当中，难以得到长足的飞跃和进步。

5. 政策支持力度较大但落实监管不到位

我国老龄产业的发展仍存在认识不到位和政策不到位的情况。在部分地方对老龄产业的认知程度不高，有的认为老龄产业不是一个独立产业，不需要单独提及；有的认为老龄产业的发展充其量为老年人提供一些方便，不能形成大的经济气候。在这些思想的支配下，部分地方在老龄产业的发展上存在有规划无安排现象，在部门分工上无作为，在政策、资金上无推动监督，从而导致政策落实不到位。近几年，国家为了扶持社会力量兴办养老机构或参与养老产业的发展，在土地供应、资金补助、税费减免等方面出台了一系列优惠政策，但由于一些地方未将国家政策具体化，缺少相应的配套实施机制，土地供应、规划建设、税费减免等优惠政策在一些地方难以落实，未能充分发挥优惠政策对社会力量发展老龄产业的激励扶持作用。

1.2.6　应对老龄产业问题的举措

1. 顶层设计夯实行业制度基础

新时代应对老龄化的国家顶层设计政策框架体系已初显雏形。在党的十九大报告中，共有 4 处提到了老龄化问题，并明确指出要“积极应对人口老龄化，构建养老、孝老、敬老政策体系和社会环境，推进医养结合，加快老龄事业和产业发展”。

2015 年 4 月新修订的《中华人民共和国老年人权益保障法》顺利实施，为应对老龄化问题奠定了法律基础。各级政府积极出台并落实老年人家庭赡养和扶养、社会救助、社会福利、社会优待、社会参与等配套政策，探索建立和完善长期照护保障制度、老年人监护制度、养老机构分类管理制度等。

国务院颁布的《关于加快发展养老服务业的若干意见》《关于全面放开养老服务市场提升养老服务质量的若干意见》《“十三五”国家老龄事业发展和养老体系建设规划》等一系列规划和文件，分阶段部署了今后老龄工作重点和工作任务，明确提出了要“全面放开养老服务市场，鼓励民间资本、外商投资进入养老健康领域”，到 2020 年建立健全“居家为基础、社区为依托、机构为补充、医养相结合的养老服务体系”。中央及地方政府旨在培育老龄产业新经济增长点的产业政策也陆续出台。

由此可见，在“党委领导、政府负责、社会参与、全民行动”的应对老龄化工作总方针的指引下，以《中华人民共和国老年人权益保障法》为保障，以中长期规划为核心，以养老、医疗、长期照护政策为制度安排的顶层设计框架体系正在逐步成型。随着顶层制度设计框架体系渐趋完善，各部委对老龄产业的多头管理、老龄政策间缺乏衔接协调等问题也必将得到妥善解决，从而为老龄产业的蓬勃发展奠定坚实的制度基础。

2. 推动中国健康老龄产业发展

健康老龄产业旨在从老年人日常生活中的医、食、住、行、用、金融 6 个方面着手，力求在物质和精神上都能给老年人提供全面的健康管理与安养照护。在解决健康老龄产业这一世界性难题的同时，推动我国与健康老龄产业发展相关联的第二产业的转型与创新升级。例如，满足市场潜在刚需的适老化产品的研发与制造，使其成为新型制造业发展的新动力引擎。带动第一产业，借用老龄人口这一庞大的消费群体带来的特殊市场需求为社会经济发展创造新的健康消费热点，同时意味着未来提供满足健康养老服务需求的生产组织方式，将通过第一、第二、第三产业资源的优化融合、互生、共享而形成智慧的新生态健康产业发展运营体系来拉动发展。向定制化、融合化、移动化转变，将使得智慧健康养老服务企业、移动互联网企业、新型工业企业和生态农业企业的经营壁垒边界被逐渐打破，生产与服务企业的边界日益模糊。健康老龄产业边界的融合化，将促进多元智能健康服务型经济的发展，实现老龄产业集群发展，以不断催生健康老龄产业新业态和新模式。

3. “互联网+”与老龄产业链的融合发展

在科技信息化高速发展的今天，中国老龄产业链中多个产业步入与互联网融合发展阶段。随着 55 ~ 60 岁之间“准老人”的老化，以及互联网的普及，越来越多的老年人开始使用或尝试使用互联网，为我国智慧养老工作的开展提供了基础。根据中国互联网络信息中心（CNNIC）的统计数据，截至 2015 年 12 月，我国网民为 6.88 亿人，网络普及率为 50.3%，其中 60 岁以上网民占上网总人数的 3.9%，占 60 岁以上人口的 12.16%。同样根据 CNNIC 的统计数据，截至 2018 年 12 月，我国网民达 8.29 亿人，网络普及率为 59.6%，其中 60 岁以上网民占上网总人数的 6.6%，占 60 岁以上人口的 22.09%。从以上数据可以看出，我国老年人上网的人数增长了近 1 倍，这也从另一个角度说明互联网正在向老龄人群蔓延，随着“50 后”“60 后”的老龄化，国家推行智慧养老的广度和深度都将进一步增加，难度将越来越小。

1.3 老龄产业趋势展望

发展基于物联网先进技术的智慧养老是必然趋势。这是一个庞大的市场，里面孕育着诸多商机，更是关乎民生的问题，智慧养老的发展有着诸多的建设示范意义。一系列老龄化问题的应对与挑战研究无不预示着智慧养老是老龄产业的应对之道。

1.3.1　智慧养老是老龄产业的应对之道

当前，我国已经进入老龄化社会，且老龄化趋势进一步加剧。根据人力资源和社会保障部的消息，随着中国老龄化人口的加剧，养老行业在未来会形成一个巨大的市场。如何让老年人老有所依、老有所住、老有所医、老有所养是全社会面临的问题。然而人口老龄化带来的养老资源供需不匹配、抚养比上升等问题始终困扰着老龄产业市场发展。无论是为有效应对人口老龄化的现实问题，还是老龄产业市场经济的实际发展需要，抑或是从养老服务角度满足老年人的实际需求，人们逐渐意识到智慧养老产业建设和智慧养老服务始终是发展老龄产业的关键要素。

1. 智慧养老产业市场的需求为智慧养老的发展提供了动力

国内庞大的老年群体及不断发展的老龄产业为信息化产品提供了巨大的需求空间和市场。现阶段，老龄产业的发展还处于需要不断完善的阶段，市场发展空间很大，老龄产业的布局范围广、内容丰富、需求点多；国家积极鼓励社会力量参与到老龄化服务中，以市场化的手段来发展和提升老龄产业；老龄产业在将来很长一段时间内都将是增长的趋势，老年人对信息化产品和服务的接受程度也必将越来越高，可以想象，未来 10 年乃至更远，随着人口受教育程度的提高、科技的普及、城市化的发展，老年人对信息化产品的接受程度必然从被动转向主动 [15]。

2. 科技水平的迅速提高为智慧养老发展提供了强大支撑

互联网技术对养老服务业发展的推动作用，主要在于利用技术手段实现“线上”和“线下”的有机结合，通过打通供需之间的信息渠道、缩短交易时间、减少交易成本、优化资源配置等手段，有效破解传统养老服务模式所面临的结构性矛盾。“互联网+”养老服务模式并不是“互联网”和“养老”的简单相加，而是传统养老与科学技术两者有效地、深度地融合，更快、更好地掌握两者并灵活应用，可发挥智慧养老的最大优势 [16]。

3. 国家战略定位助力智慧养老服务体系建设，跨入“互联网+”新时代

自 2012 年起，我国开始推行“智慧城市”建设，即发展智能化、信息化

的数字城市。自提出智慧城市的发展理念以来，我国很多城市都开始积极发展城市智能管理网络技术，实现城市各项服务功能的技术化与信息化，这也为城市养老服务的智能化提供了实现的客观条件。近几年，随着互联网、移动计算、云计算、社交网、物联网、大数据技术等信息技术和现代科技的进步，我国的城市尤其是大中型城市，基本实现了网络全覆盖，具备了开展实施智能化养老的基础条件。另外，人们对美好生活的憧憬与市场实际需求的渗透，使智慧养老的热度日渐上升，国家也出台了相应的政策，甚至将智慧养老定位为国家战略层面的工程，政府、学术界和产业界共同探讨智慧养老发展路径。我国的智慧养老服务体系建设逐步实现从顶层方针方略规划到落地试点实施的过程，表明我国智慧养老产业正式进入了“互联网+”的新时代。

我国老龄委（纪检老龄委办公室）在2013年成立“全国智能化养老专家委员会”，为科学技术服务于我国老龄事业发展护航；为推进互联网、物联网等信息技术在养老服务和社区服务领域的广泛应用助力。2015年，国家发展改革委、工业和信息化部、民政部等部门发布了《关于加快实施信息惠民工程有关工作的通知》和《关于开展养老服务和社区服务信息惠民工程试点工作的通知》。2015年，国务院印发《关于积极推进“互联网+”行动的指导意见》，提出要依托现有互联网资源和社会力量，搭建养老信息服务网络平台，鼓励养老服务机构应用基于移动互联网的便携式体检、紧急呼叫监控等设备，提高养老服务水平。2016年，国务院印发《关于全面放开养老服务市场提升养老服务质量的若干意见》，推进“互联网+”养老服务创新。发展智慧养老服务新业态，推动移动互联网、云计算、物联网、大数据等与养老服务业结合。2017年，工业和信息化部、民政部、国家卫生健康委员会联合印发《智慧健康养老产业发展行动计划（2017—2020年）》，提出运用互联网、物联网、大数据等信息技术手段，推进智慧健康养老应用系统集成，建立老年健康动态监测机制，整合信息资源，为老年人提供智慧健康养老服务。2017年，《关于开展智慧健康养老应用试点示范的通知》确定了2017年智慧健康养老应用试点示范名单，共53家智慧养老示范企业、82条智慧健康养老示范街道（乡镇）、19个智慧健康养老示范基地。2017年，国务院发布《关于积极推进“互联网＋”行动的指导意见》，鼓励健康服务机构利用云计算、大数据等技术搭建公共信息平台，提供长期跟踪、预测预警的个性化健康管理服务。2018年，国务院办公厅发布《关于促进“互联网+医疗健康”发展的意见》，健全“互联网+医疗健康”服务体系建设，开启“互联网+服务”的政策支持。2018年，民政部印发《“互联网+民政服务”行动计划》，推动互联网与养老服务深度融合，构建线上线下相结合、多主体参与、资源共享、公平普惠的互联网养老服务供给体系。2019 年，国家卫生健康委印发《关于开展“互联网+护理服务”试点工作的通知》，确定北京市、天津市、上海市、江苏省、浙江省、广东省作为“互联网+护理服务”试点省份，逐步推进智慧养老服务应用示范、试点工作。2019 年，民政部印发《关于进一步扩大养老服务供给促进养老服务消费的实施意见》，引导有条件的养老服务机构运用现代信息技术，依托互联网、物联网、云计算、大数据、智能养老设备等，开发多种“互联网+”应用，打造多层次智慧养老服务体系，创造养老服务的新业态、新模式。2019 年，国家发展改革委印发《城企联动普惠养老专项行动实施方案（试行）》，持续推动智慧健康与养老产业发展，加强人工智能、物联网、云计算、大数据等新一代信息技术和智能硬件产品在养老服务领域深度应用。2019 年，国务院印发《关于实施健康中国行动的意见》，提出健全老年健康服务体系，完善居家和社区养老政策，推进医养结合，探索长期护理保险制度，打造老年宜居环境，实现健康老龄化。

随着物联网、大数据、云计算及人工智能技术的不断发展进步，我国“智慧养老”模式必将具有丰富的技术应用前景和广阔的实践空间，将为提升我国养老保障服务成效产生不可忽视的积极影响 [17]。从总体来看，迅速增长的市场需求和良好的政策环境为智慧养老产业的发展提供了千载难逢的好机遇。

4. 智慧养老服务体系建设是当下互联网时代养老产业发展的必然趋势

在我国养老服务产业的发展中，除受体制机制这些宏观方面的因素影响之外，制约产业发展的因素主要是科技水平低下、专业化程度低、专业人才缺乏。人们逐渐意识到智慧养老方式是解决这一问题的有效选择，各地逐步开展的智慧养老基地建设和试点示范项目起到了引领、示范作用。智慧养老是促进养老服务业提高科技水平、专业化程度和人才队伍建设水平的途径，为养老服务业提供了有力支撑。智慧养老的主要支撑是信息科技、AI 等技术，而老年人的实际需求是多层次、多品种、多方面的，尤其是生活自理困难的老年人或失能老人，更需要智慧养老服务技术的支持。我国养老服务业发展只有得到现代信息科技的强大支撑才有出路，必须以智慧引领养老服务方式转变，以科技创新及技术进步推动养老服务业的发展，促进养老服务的规模化、产业化、集约化与信息化，才能从根本上扭转我国养老服务业科技落后的现状，优化、调整养老服务业产业结构。

从养老服务内容来看，老年人的人身安全监护、物质与生活保障、文化与精神娱乐、医疗与健康管理等都能够与大数据、物联网、云计算等相结合，形成新的产业发展点。而在开发智慧养老服务产品时，首先需要明确目标市场是针对老年人及其家庭、社区卫生服务中心，还是专业的养老院或医疗机构；其次，产品之间的信息对接是一个必须考虑的问题，如果能够在老年人个人和机构之间形成平台互动，将会极大地方便老年人的使用，节省信息录入与整合成本、产生系列产业之间的联动。例如，智能手环是监测老年人生命体征的最便捷的产品，并能够长期采集到个性化、动态更新的数据，如果手环与老年人家庭中的智能家居、社区的健康档案和生命心理监测系统、急救站的信息系统、康复机器人的个性化设计程序形成对接，就能够产生强大的联动效应，更好地发挥信息技术的优势。从基本投入来看，实体养老机构增加一张床位需要投入15万元，如果再算上土地租金、人员工资、运营经费、大型资产折旧费等基础开支，开设一家最低规模30张床位的养老院就需要500万元，而依据“智慧养老”理念建设一家“虚拟养老院”，5年内投入500多万元就可以覆盖5万名老人[18]。由此可见，开展“智慧养老”相对于实体养老院的比较优势十分明显。如前所述，面对我国如此庞大的老龄化群体与依旧快速发展的老龄化趋势，如果继续仅依靠实体养老机构来改善养老保障服务，从长期来看需投入巨大的经济成本，而且难以保障成效。因此，随着我国老龄化群体的不断壮大，相关技术的不断进步与发展，老年消费市场将会不断被打开，智慧养老将逐渐成为我国经济的新支柱，并对我国应对“未富先老”背景下老龄化冲击具有重大意义[17]。

智慧养老产业主要模式有居家模式、社区模式、机构模式和近年来逐渐开始成形的“虚拟养老院”模式。这4种模式并非完全分离的，而是可以相互补充的。特别是“虚拟养老院”，并没有一个固定的实体，而是一个集合了各种功能的信息平台，如社区卫生服务中心、医院、超市等，都可以成为平台的加盟者，极大地方便老年人的生活、娱乐、情感交流，满足老年人对医疗服务的需求。在智慧养老产业的建设中，物联网将发挥重大作用，包括在养老产品、信息平台、社区和家庭服务站建设等方面，都有广泛的发展前景。目前，我国政府对智慧养老产业有很大的政策支持，我国日益老龄化的趋势也产生了可观的市场需求。而现有的智慧养老产业还缺乏规范化的管理机制与标准，缺乏适老化设计和专业人才队伍，尚处在发展起步阶段。故而，在此方面必须明确智慧养老服务体系中政府和市场的定位，与多元主体协同合作，将最前沿的信息技术与中国当下的养老需求结合起来，共同实现如下目标。

1）供求匹配精准化

“互联网+”养老服务新模式可以在供给和需求之间搭建信息桥梁，使养老服务供求匹配更加精准。借助“互联网+”手段可以构建区域内养老服务大数据平台，以便对复杂分散的养老服务需求进行分类识别和处理，对养老服务供给进行细化和有效整合，减少无效供给，提高餐饭服务、日常护理、陪同就医、精神慰藉等养老服务内容的有效供给，提高养老服务供给的针对性，从而破解供求错位矛盾。

2）提高服务效率

在“互联网+”发展模式下，可以大大减少供给和需求之间交易所需的时间和成本，提高服务效率，为老年人提供价廉质优的服务。也就是说，这种“互联网+养老”的模式可以充分发挥互联网低成本和便捷的优势，为老年人享有中低成本的养老服务提供可能。除此之外，这种模式还可以通过“虚拟养老院”等方式使养老机构摆脱床位、硬件设施等方面的约束，将更多资金和精力用于人才队伍建设和服务质量提升等软件方面，逐步走出养老服务业长期面临的投入大、回报周期长等自身经营性困境，提高服务质量，打造养老服务品牌，提升养老服务业的综合实力和国际竞争力。在“互联网+”养老服务模式高效率和低成本的带动下，互联网技术和养老服务实现有效融合，供给和需求之间的结构性矛盾会在很大程度上化解。

3）明确责任边界，优化资源配置

在“互联网+”养老服务模式下，可以明确政府责任边界，借助大数据平台，有效调动社会资源，优化资源配置方式。第一，要厘清政府和市场之间的责任边界，能由市场完成的工作应当交由市场来做，政府的主要责任是搭建养老服务数据平台，制定养老服务标准和评估标准，加强对市场行为的监督，使养老服务支持政策落到实处；第二，借助对养老服务的大数据分析，可以不断提高政策实施的精准程度；第三，市场主体可以通过对大数据的分析，找准自己的投资方向和重点，使更多社会资源投向养老服务领域，使养老服务资源不断得到优化配置，使供给和需求之间逐步达到良性均衡发展。

综观老龄产业格局，我国逐渐意识到发展智慧养老的重要性，虽然我国养老形势严峻，养老服务还处在起步阶段，基础相比美国、日本等发达国家较差，但不能忽略的是，随着新技术在全球的快速发展，特别是移动互联网的崛起，智慧养老几乎在各个国家同步兴起。我国的智慧养老产业在资本推动和市场经济的牵引下，会以惊人的速度形成规模并发展起来。

1.3.2 物联网是智慧养老的重要基石

物联网是智慧养老的重要根本，就单一的物联网发展而言，我国已形成基本齐全的物联网产业体系，部分领域［如网络通信相关技术和产业支持能力，传感器、RFID（射频识别）等感知端制造产业，高端软件、集成服务等产业］已形成一定的市场规模。但真正与物联网相关的设备和服务，物与物、人与物之间互联的养老服务尚在起步阶段。

随着智慧养老的兴起，物联网作为智慧养老必不可少的一个重要环节，物联网服务在养老服务领域保持高增长势头，但目前国内外物联网应用仍处于闭环阶段，如停车场、智能小区、铁路的信号系统等，但物联网最终需要从闭环物联网向开环物联网发展过渡，通过物联网与智慧养老相关领域核心技术、标准规范、安全隐私保护，以及国家的产业政策、推广应用等技术方面和管理方面问题的研究与攻克，物联网最终将在智慧养老领域形成统一的开放和泛在分布的、基于标准协议和接口的、可靠和可信的网络体系结构[19]。

本章小结

我国人口老龄化问题严峻，老龄产业的发展也面临着诸多问题与挑战。随着我国养老服务发展进入“互联网+”新时代，发展基于物联网技术的智慧养老产业是未来老龄产业的重要趋势。

参考文献

[1] 央视新闻. 中国 60 岁以上老年人口已超 2.3 亿，预计 2025 年将达到 4.8 亿 [J/OL]. 界面新闻 [2017-12-7]. http://www.sohu.com/a/209005398_313745.

[2] 中华人民共和国. 2018 年国民经济和社会发展统计公报[R]. 中华人民共和国国家统计局，2019.

[3] 郭源生. 智慧医疗与健康养老[M]. 北京：中国科学技术出版社，2017.

[4] 王志红. 老年护理学[M]. 上海：上海科学技术出版社，2011.

[5] 张岩松. 老龄产业发展对策研究[M]. 北京：清华大学出版社，2016.

[6] 宋全成，崔瑞宁. 人口高速老龄化的理论应对——从健康老龄化到积极老龄化[J]. 山东社会科学，2013(4): 36-41.

[7] 杨燕绥. 银色经济与嵌入式养老服务[M]. 北京：清华大学出版社，2017.

[8] 翟振武，陈佳鞠，李龙. 中国人口老龄化的大趋势、新特点及相应养老政策[J]. 山东大学学报（哲学社会科学版），2016(3):27-35.

[9] 钟水映，赵雨，任静儒. 我国地区间“未富先老”现象研究[J]. 人口研究，2015，39(1): 63-73.

[10] 杨晓奇. 运用战略思维应对我国人口老龄化[J]. 老龄科学研究，2017，5(10): 3-13.

[11] 总报告起草组，李志宏. 国家应对人口老龄化战略研究总报告[J]. 老龄科学研究，2015，3(3): 4-38.

[12] 陆杰华，王伟进，薛伟玲. 中国老龄产业发展的现状、前景与政策支持体系[J]. 城市观察，2013(4): 5-13，21.

[13] 郑志刚，陆杰华. 中国语境下老龄事业和老龄产业相关概念的关系界定[J]. 老龄科学研究，2017，5(1): 57-65.

[14] 王洪梅. 我国老龄产业发展面临困境的原因分析[J]. 特区经济，2010(6): 265-267.

[15] 朱勇. 智能养老[M]. 北京：社会科学文献出版社，2014：122.

[16] 耿永志，王晓波. “互联网+”养老服务模式：机遇、困境与出路[J]. 深圳大学学报（人文社会科学版），2017，34(4): 109-114，122.

[17] 林瑜胜. 我国“智慧养老”模式的核心问题与发展方向[J]. 上海城市管理，2017，26(5): 10-13.

[18] 刘尚文. 湖南长沙“虚拟养老院”破解“一床难求”[EB/OL]. http://news.dahe.cn/2013/11-07/102504606.html，2013-11-07.

[19] 任传成. 健康物联网[M]. 上海：上海科学技术文献出版社，2015.

第2章 我国物联网建设

本章摘要

物联网是新一代信息技术的重要组成部分，也是“信息化”时代的重要发展阶段。研究表明，国内智慧养老研究围绕物联网、养老方式和模式、养老体系建设及城市建设等方面展开，其中物联网技术处于核心地位。在智能设备逐渐普及、物联网迅速发展的背景下，利用多样化、小型化的传感器进行智能监控是可预期的趋势之一。

2.1 物联网概述

2.1.1 物联网的定义

物联网的概念最初在1999年由美国麻省理工学院（MIT）的Kevin Ashton教授提出，他们定义物联网是通过射频识别（Radio Frequency IDentification，RFID）、红外感应器、全球定位系统、激光扫描器、气体感应器等信息传感设备，按约定的协议，把任何物品与互联网连接起来，进行信息交换和通信，以实现智能化识别、定位、跟踪、监控和管理的一种网络。随着物联网技术和应用的发展，物联网的概念和内涵经过了不断演化和拓展。2005年，国际电信联盟发布的《ITU互联网报告2005：物联网》重新定义了“物联网”的概念，拓展了物联网的覆盖范围，不再专指基于RFID技术的物联网，还包含传感器技术、纳米技术、智能终端等技术。2009年9月15日，欧盟第七框架下的RFID和物联网研究项目簇在《物联网战略研究路线图》中指出，物联网可以被定义为基于标准和可互操作的通信协议且具有自配能力的动态的全球网络基础架构。

物联网是新一代信息技术的重要组成部分，也是“信息化”时代的重要发展阶段。其英文名称是“Internet of Things”（IoT）。顾名思义，物联网就是物物相连的互联网。这有两层意思：其一，物联网的核心和基础仍然是互联网，是在互联网基础上延伸和扩展的网络；其二，其用户端延伸和扩展到了任何物品与物品之间，进行信息交换和通信，也就是物物相连。国际电信联盟电信标准分局（ITU-T）将物联网定义为：信息社会全球基础设施（通过物理和虚拟手段）将基于现有和正在出现的、信息互操作和通信技术的物质相互连接，以提供先进的服务。ITU-T 的技术标准成果在整个行业权威性地给出物联网的定义、参考架构及术语等物联网基础性概念，为后续研究提供了良好的基础。国际标准化组织/国际电工委员会的第一联合技术委员会物联网及相关技术分委员会（ISO/IEC JTC1 SC41）将物联网定义为：具有智能服务、能够对来自物理世界和虚拟世界的信息进行处理并作出反应的相互连接的实体、人、系统和信息资源的基础设施。物联网通过智能感知、识别技术和普适计算等通信感知技术，广泛应用于网络的融合中，也因此被称为继计算机、互联网之后世界信息产业发展的第三次浪潮。

物联网是互联网的应用拓展，与其说物联网是网络，不如说物联网是业务和应用。物联网不仅是物物相连的网络，更是提供物品相关服务的全球信息基础设施。中国物联网校企联盟将物联网定义为当下几乎所有技术与计算机、互联网技术的结合，实现物体与物体、环境及状态信息的实时共享，以及智能化的收集、传递、处理、执行。从广义上说，当下涉及的信息技术的应用，都可以纳入物联网的范畴。目前国内对物联网的关注过多集中在物物相连的网络，重点研究和开发连接物品的装置和这些装置的组网层面，而未对物联网的自主操作技术、隐私保护技术、数据融合和挖掘技术、服务提供技术、体系结构参考模型的技术标准化进行系统研究和开发[1]。因此，国内应尽快在明确物联网定义的基础上加快促进物联网与各种产业相结合，充分发挥物联网在各产业中的作用。物联网作为信息时代的热点，国内外政府、公司和研究机构给予了重点关注。IBM 公司提出“智慧地球”，日本和韩国分别提出了“U-japan”和“U-korea”战略，这是从国家工业角度提出的重大信息发展战略。我国针对物联网到来的信息浪潮，提出了“感知中国”的发展战略。

2.1.2 物联网发展现状

1. 全球物联网产业发展现状

全球物联网应用的主要情况是：美国、欧洲、日本、韩国等少数国家和地区起步较早，总体实力较强，我国物联网应用发展迅速。当前物联网应用领域逐渐增多，应用水平逐步增强。全球物联网应用有三大热点区域，分别是欧洲、美国和亚太地区。欧美国家在电网、工业、智能制造等方面的物联网应用水平较高，我国在农业、环保、交通等方面的物联网应用发展趋势较好，代表亚太地区的先进发展水平。

欧盟物联网产业发展的重点领域包括智慧农业、智慧城市、逆向物流（废弃产品回收）、智慧水资源管理和智能电网等。以先进的制造业及工业 4.0 为代表，欧洲工业物联网发展水平领先。为了保护用户数据隐私，欧洲联盟发布了《通用数据保护条例》，规定两项关键原则：任何机构获取数据须征得用户同意；消费者对本人的隐私数据用途有知情权。该条例于 2018 年 8 月 25 日正式生效。

美国是物联网技术的主导和先行国之一，较早地开展了物联网及相关技术的研究与应用。2014 年，由 GE、AT&T、Intel、Cisco、IBM 五家公司发起成立工业互联网联盟（Industrial Internet Consortium，IIC），以集合整个工业互联网的生态链，合力推动物联网产业发展，2015 年宣布投入 1.6 亿美元推动智慧城市计划，将物联网应用试验平台的建设作为首要任务。美国国家情报委员会（NIC）发表的《2025 年对美国利益潜在影响的关键技术报告》，把物联网列为 6 种关键技术之一。美国在物联网产业方面的优势正在加强与扩大，美国将物联网发展和重塑智能制造业优势结合，希望借此重新占领制造业高点。

日本是世界上第一个提出“泛在网”战略的国家。日本为了建构新的物联网社会，提出了应对的战略计划，着手新一轮的商业模式布局。日本政府在临时内阁会议上通过了 2017 年经济财政运营基本方针和名为“未来投资战略”的经济增长新战略，确定以人才投资为支柱，重点推动物联网建设和人工智能的应用。“未来投资战略”提出，要把物联网、人工智能等第四次工业革命的技术革新应用到所有产业和社会生活中，以解决当前的社会问题，将政策资源集中投向健康、移动、供应链、基础设施和先进的金融服务 5 个领域。

韩国也十分重视信息技术产业化发展，选择以人工智能、智慧城市、虚拟现实等九大国家创新项目作为发掘新经济增长动力和提升国民生活质量的新引擎，未来 10 年韩国未来创造科学部将投入超过 2 万亿韩元推进这九大项目，同时韩国运营商积极部署推进物联网专用网络建设。互联网数据中心（Internet Data Center，IDC）表示，韩国之所以能够成为亚太地区面对物联网商机准备得最好的国家，是因为韩国在物联网支出占 GDP 比重、科技发展状况、新创环境、经商友善程度、打造具有吸引力的物联网投资环境等各方面，都拿下了高分。

2. 我国物联网产业发展现状

目前我国部分物联网产品增长速度快于全球，2020 年我国智能硬件产品和服务的总体市场规模达万亿元水平。在智能穿戴设备、智能无人机等领域中已经出现世界领先的龙头企业，如大疆科技占据全球无人机市场约 70%以上的份额，2016 年第一季度小米手环出货量占据全球智能手环 22.8%的市场份额，名列第二。在物联网应用的驱动下，2015 年我国传感器市场规模达 1100 亿元，2020 年将达到 2115 亿元，年复合增长率达到 14%。

在产业政策方面，国务院、工业和信息化部、国家发展改革委先后发布了多项物联网政策文件，详见表 2-1。

表 2-1　我国物联网产业政策

时　间	部　门	政策及主要内容
2006 年 2 月	国务院	《国家中长期科学和技术发展规划纲要（2006—2020 年）》，着重针对物联网感知层中的传感网进行战略部署
2008 年 12 月	工业和信息化部	《“新一代宽带无线移动通信网”国家科技重大专项课题申报指南（2009 年）》，确定物联网重点研究领域
2009 年 4 月	国务院	《电子信息产业调整和振兴规划》，推动新一代信息技术发展
2010 年 10 月	国务院	《关于加强培育和发展战略性新兴产业的决定》，物联网作为新一代信息技术中的重要一项被列出，成为国家首批加快培育的 7 个战略性新兴产业之一
2011 年 12 月	工业和信息化部	《物联网“十二五”发展规划》，明确表示重点支持智能工业、智能农业、智慧物流、智能交通、智能电网、智能环保、智能安防、智能医疗、智能家居 9 个重点领域发展
2012 年 5 月	国家发展改革委	《关于组织实施 2012 年物联网技术研发及产业化专项的通知》
2013 年 2 月	国务院	《关于推进物联网有序健康发展的指导意见》，明确物联网发展目标和发展思路，推出 10 个物联网发展专项行动计划并落实具体任务

续表

时间	部门	政策及主要内容
2013 年 9 月	国家发展改革委、工业和信息化部等四部委	《物联网发展专项行动计划（2013—2015）》，包含 10 个专项行动计划，从各个角度对 2015 年物联网行业将要达到的总体目标做出规定
2013 年 10 月	国家发展改革委	2014—2016 年国家物联网重大应用示范工程区域试点
2014 年 6 月	工业和信息化部	《工业和信息化部 2014 年物联网工作要点》，为物联网发展提供指引
2014 年 8 月	国家发展改革委、工业和信息化部等八部委	《关于促进智慧城市健康发展的指导意见》，强调物联网在智慧城市发展中的重要作用
2015 年	国务院	《2015 年政府工作报告》阐明了物联网对于经济发展的价值，提出“互联网+”战略离不开物联网的健康快速发展
2016 年 11 月	国务院	《“十三五”国家战略性新兴产业发展规划》，推动物联网、云计算和人工智能等技术向各行业全面融合渗透
2017 年 1 月	工业和信息化部	《信息通信行业发展规划物联网分册（2016－2020 年）》明确了“十三五”物联网产业目标
2018 年	科技部	2018 年度国家重点研发计划“物联网与智慧城市关键技术及示范”重点专项，专项支持物联网平台、物联网测试、物联网融合等重点方向
2018 年	工业和信息化部	2018 年工业互联网创新发展工程项目，支持边缘计算、时间敏感网络、窄带物联网等物联网技术

在市场规模方面，2008 年，我国物联网市场规模达到 780 亿元，2014 年达到 6000 亿元，2015 年我国物联网市场规模约为 7500 亿元，2016 年为 9350 亿元左右。2017 年我国物联网行业规模达到 11200 亿元，2018 年已超 12000 亿元。根据三大运营商 2017 年物联网运营结果，在连接规模方面，中国移动智能连接数达到 2.29 亿个，增速超过 220%，规模优势不断扩大；在连接增速方面，中国电信最高，2017 年达到 4430 万个，增速为 212%；在收入贡献方面，三家均首次公布了物联网收入情况，中国移动物联网收入为 55.36 亿元（增长 44.4%），

中国联通为 14.10 亿元，中国电信没有直接披露物联网收入，但提到了 IoT 年收入增长达到 2 倍，占通信服务收入比增长了 1.8 个百分点。

我国物联网建设中存在的主要问题有以下几个方面。第一，物联网基础建设发展不均衡。虽然随着我国经济快速发展，经济总量位居全球第二，但是由于我国经济发展区域差异较大，在物联网基础设施的建设过程中，需要投入大量的资金，因此经济发达的地区建设得相对完善，经济落后的地区没有很好地得到建设，导致全国范围内的物联网整体建设缓慢。第二，物联网产业规模不足。如今物联网发展的主要推力还是来自政府，物联网产业还没有形成，在商业市场中没有得到认可，许多企业不愿意去做物联网产品，进一步导致了物联网产业的不足，还有就是物联网虽然发展势头良好，但是服务能力比较低，全国没有形成大的物联网公司。第三，缺乏统一的标准。我国物联网呈现乱象式发展态势，物联网行业多而杂，物联网技术也没有形成统一的标准。目前，欧盟已经制定了统一的技术和产业标准。我国各个省份之间物联网行业发展不均衡，各地政府各自为政，物联网要想在我国得到快速发展，必须制定统一的技术和产业标准。第四，物联网商业模式不稳定。由于物联网涉及多个领域的合作，在每个领域都能够成为独立的市场，物联网在发展过程中还没有形成统一的市场，市场规模还比较小，企业也没有稳定的商业模式，这在某种程度上限制了企业的进入，阻碍了物联网的发展。

2.1.3　物联网体系结构

物联网体系结构如图 2-1 所示，具体包括感知层、网络层、数据处理层、应用层、基础通用技术及使能技术。

1. 感知层

感知层由各种信息传感设备及智能传感系统构成，用于采集物理世界中的各种数据，如各种类别的物理量、音频、视频数据等。物联网的数据采集涉及智能卡、条码、RFID、传感器和音视频采集系统等。感知层是物联网识别物体、采集信息的来源，主要通过各种类型的传感器对物体的物质属性、环境状态等信息进行大规模、分布式的获取与辨识。

2. 网络层

网络层在物联网技术架构中的功能为“传送”：将在感知层得到并经过处理

的信息准确、快速地传递给数据处理层。其功能的实现通过“接入网”与“传输网”两种网络，包括对架构的设计和异构网络的整合。接入网包含的技术有光纤接入、无线接入、以太网接入、卫星接入，实现对传感器、RFID信息的接收；传输网包括移动通信网、互联网、专用网、短距离无线网络、虚拟网络与软件定义网络等，要使物联网运行高效且能发挥最大的作用，一个完备的网络层的设计是必要的，只有“道路”畅通且平稳，信息才能更快、更准确地被顶层所利用。

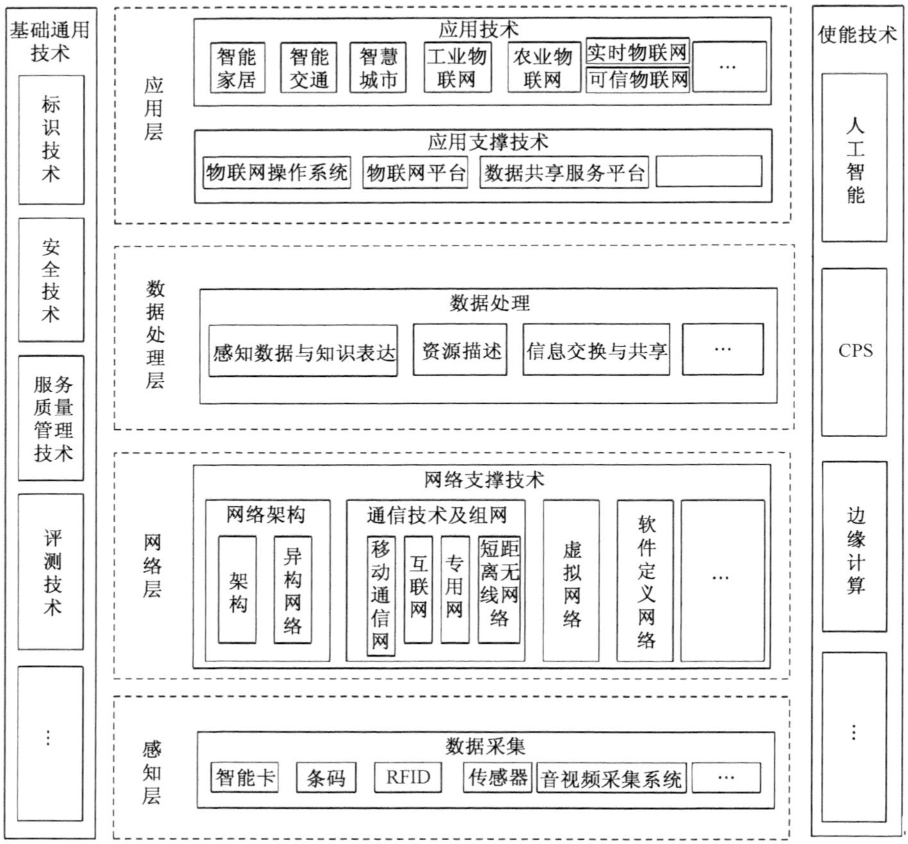

图 2-1　物联网体系结构

3. 数据处理层

物联网采集到的数据各式各样，为满足系统的不同需求，这些数据需要经过计算机的数据处理，一般包括感知数据与知识表达、资源描述、信息交换与共享、统计分析、数据挖掘等。数据处理层的核心技术就是大数据技术和云计算。大数据技术的实现需要采用分布式架构，并且需要云计算分布式的帮助，特色在于对大量数据进行分布式数据的深度挖掘处理，物联网的精准就是靠大数据来实现的。云计算可以分为两大类：一类是基于广域化资源池形成的云计算技术及应用；另一类是基于局域化资源池形成的云计算技术及应用，其可理解为现在的虚拟化技术。

4. 应用层

应用层的主要功能是把感知和传输来的信息进行分析和处理，做出正确的控制和决策，实现智能化的管理、应用和服务。应用层解决的是信息处理和人机界面的问题，它将网络层传输来的数据通过各类信息系统进行处理，并通过各种设备与人进行交互，同时应用层可按形态直观地划分为两个子层：一个是应用支撑子层；另一个是应用子层。应用支撑子层进行数据处理，完成跨行业、跨应用、跨系统之间的信息协同、共享、互通的功能，而应用子层包括在智能家居、智能交通、智慧城市、智能医疗、智慧物流等行业的应用。

5. 基础通用技术

物联网基础通用技术不属于物联网技术的某个特定层面，而是与物联网技术架构的 3 个层面都有关系。物联网基础通用技术包括物联网架构技术、标识技术、安全技术、服务质量（Quality of Service，QoS）管理技术、网络管理技术、评测技术等。它主要负责系统整体架构的顶层设计，为其他各层的设计提供整体参考和指导，是整个物联网体系的支撑基础。

6. 使能技术

物联网产业的发展离不开使能技术的支撑。物联网使能技术处于基础研究和产品研发之间，属于应用研究的范畴。通过人工智能、边缘计算等使能技术的创新，可推动物联网行业创新链下游的产品开发、产业化等环节的实现。

2.1.4　物联网标准体系

物联网标准体系框架包括基础通用、感知、网络、数据处理、应用支撑、应用和使能技术七大类标准，如图 2-2 所示。

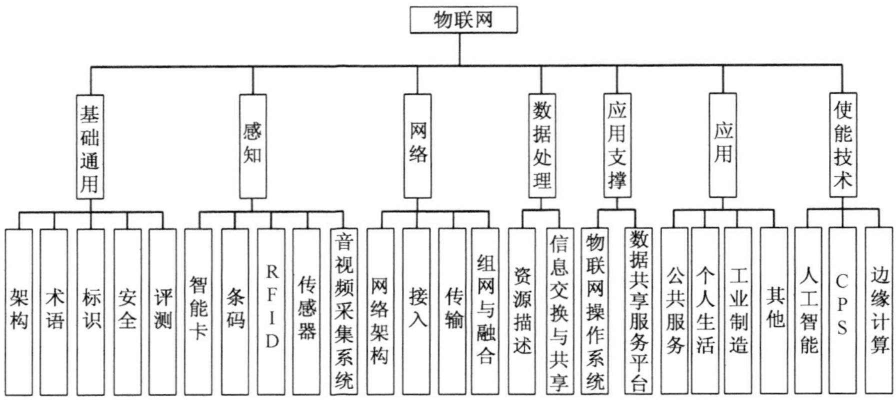

图 2-2　物联网标准体系框架

1. 基础通用标准

基础通用标准主要从整体架构和信息资源管理角度，统一对物联网的认识，规范物联网的基本术语、顶层技术需求、与具体行业应用无关的通用参考模型、性能评估等基本要素，为其他各部分标准提供总体参考与指导，包括架构、术语、标识、安全、评测等标准。

（1）架构标准用以明确和界定物联网的对象、边界、各部分的层级关系和内在联系，包括物联网总体架构、通用分层模型、核心功能，以及物联网共性能力技术要求等。

（2）术语标准用于统一物联网的主要概念认识，为其他物联网相关标准中的术语定义提供依据和参考，主要涉及物联网领域下的场景、技术、业务等主要概念分类和汇总、新概念定义、旧术语完善、相近概念之间的关系等。

（3）标识标准用于在全局范围内唯一识别物联网中的物理和逻辑实体、资源、服务，使网络、应用能够基于其对目标对象进行控制和管理，以及进行相关信息的获取、处理、传送与交换。物联网标识体系包括标识和解析两部分，标识完成编码标识符注册分配功能，解析完成对分布式数据库元数据的查询功能。

（4）安全标准用于确保信息的安全性和隐私性，防止个人信息、业务信息和财产丢失或被他人盗用。物联网安全标准包括：物联网应用安全，物联网服务支撑安全，移动通信网、互联网和其他专用网安全，感知层通信和信息处理安全，感知层终端和设备安全等。

（5）评测标准包括一致性评测、互操作性评测和系统评测。一致性评测是指系统与协议规范的符合程度，也就是测试一个协议给定实现的外部行为是否符合协议的规范。互操作性评测是指测试一个系统的各个层次之间是否能够进行交互及交互的程度。系统评测是指对整个系统的硬件、软件等进行评测，检验其是否符合标准。

2. 感知标准

感知标准主要是从能够全面感知现实世界中的各种信息角度考虑的，统一对物联网感知层涉及的各种技术的认识。在物联网体系结构中感知层基于物理、化学、生物等技术发明的传感器“标准”都已成为专利。对感知层关键技术的标准化为其他各部分标准提供总体的参考，包括传感器网络标准、RFID 标准等。

（1）传感器网络标准是通过对物联网感知层共性需求和特定应用提出的，现已基本确定了“共性平台+应用子集”的传感器网络标准体系。该体系较好地分离了各类不同传感网络应用之间的共性技术特征和差异性，为形成统一体系的传感网络标准体系提供了很好的解决思路。

（2）RFID 标准的目标是为用户提供及时、准确、方便的分类甚至是单件物品信息，它以完善、先进的基础设施和技术装备为基础，利用信息技术整合资源，实现各种服务功能，用于解决编码、通信、接口和数据共享等问题。

（3）智能卡标准主要用于规范智能卡的物理特性、接口规范、传输协议、命令交换格式、编号体系、数据结构、测试要求等。

（4）条码标准主要用于规范条码的编码规则、编码方式、条码尺寸、条码标签设计、条码符号位置要求等。

（5）音视频采集系统标准主要用于规范音视频编码方案设计、音视频编程接口选择、服务器功能等。

3. 网络标准

网络标准主要用于规定网络技术在物联网承载网络中的实际应用，统一对物联网中网络技术的认识，实现对支撑网络中技术的分类研究，规范网络架构与组网融合的概念，区分网络传送的接入与传输部分，为感知层与数据处理层标准的制定提供指导，使各层之间可以更好地衔接。

（1）网络架构标准用于规范物联网中网络的拓扑结构，网络架构是网络层设计的底层结构，用于物联网底层与高层通信，以及各层中的协议和层次之间接口的集合，规定网络和传感层、网络和数据处理层的网络技术。其拓扑结构包括接入网络和传输网络。

（2）接入网络标准用于区分网络架构中的用于实现不同功能的各部分，其功能为连接物联网底层与网络层，目前较常用的为无线接入技术、光纤接入技术等，通用协议如 802.15.4 标准、ZigBee 标准、移动通信协议等。

（3）传输网络标准的作用与接入网络类似，用于区分不同部分的功能，区别在于其连接网络层与数据处理层，使用的网络也有所不同，其使用的网络包括移动通信网、互联网、专用网等，将底层数据传递至高层处理。

（4）组网与融合标准用于在网络的接入与传输网络部分中针对不同的组网类型及数据类型，可以进行网络融合，使数据在一条链路中就可以访问不同的局域网，传输不同的数据、文字、语音或图像。

4. 数据处理标准

数据处理标准主要从资源分类和数据融合的角度，对数据参考模型进行统一，使不同类型的数据得到统一处理，以便感知层获得有效完整的数据资源。其中，数据处理标准主要包括资源描述标准和信息交换与共享标准。

（1）资源描述标准用于明确物联网中数据的类型、存储方式、组织结构及时效性等特征，便于从跨域、异构、动态、海量的数据资源中提取用户所需的知识，将多源异构的数据资源有效地聚合在一起，提供统一的数据操作方法。

（2）信息交换与共享标准用于数据融合，根据物联网中海量数据的特点及融合的目标，分别从数据级、特征级、决策级 3 个方面进行融合。数据级融合是最低层次的融合，是在各传感器的原始数据未经预处理之前就进行的数据综合和分析。特征级融合是指从各个传感器提供的原始数据中提取特征，然后对这些特征进行融合。决策级融合是指将单个传感器做出的决策进一步融合，为指挥控制决策提供依据。

5. 应用支撑标准

（1）物联网操作系统标准主要规范物联网的网络架构和标识解析，如 CPS 技术标准用于规范物联网的总体框架，主要包含嵌入式计算、通信系统和自动控制的实时性，数据、系统特征、决策的融合，安全、智能制造等标准。

（2）数据共享服务平台标准主要包括物联网络管理平台标准、物联网络延伸网终端远程管理技术标准和物联网安全防护系列标准、物联网安全防护评估测试标准。例如，边缘计算标准用于指导行业数字化转型、数字化创新，解决物联网行业数字化在安全和隐私保护等方面的关键需求，包括架构与技术要求、存储安全等标准。

6. 应用标准

物联网应用层主要根据业务领域内的具体应用需求处理各种差异化的业务流程和业务信息，其所涉及的应用标准主要从各业务领域、各行业应用的角度，参考总体性标准和共性技术标准，对物联网典型应用领域所需标准进行规范，主要包括工业互联网、车联网、智慧农业、智慧物流、智慧能源、智能环保、智能医疗、智慧城市及其他行业领域等。

（1）公共服务标准主要用于规范物联网公共服务领域总体技术标准、联网技术标准、公共服务设备控制协议技术标准等。

（2）个人生活标准主要用于规范面向个人生活的智能交通、智能电力、智能环境等相关系列标准，这些标准与人类的生活和环境息息相关。

（3）工业制造标准主要用于规范工业制造领域物联网信息开放控制平台基本能力标准、物联网信息开放控制平台总体功能架构标准、信息服务发现平台标准、信息处理和策略平台标准等。

7. 使能技术标准

使能技术标准是能推动物联网产业技术进步、支撑和引领经济社会发展的核心和共性技术，可利用现有科学研究成果，寻找创新性应用思路，带动整个物联网行业创新链的产品开发、产业化等。使能技术标准目前主要包括人工智能、CPS（Cyber Physical Systems，信息物理系统）、边缘计算等新兴技术标准。

（1）人工智能技术标准用于规范人工智能基础共性、互联互通、安全隐私、行业应用、评测等技术标准，主要包括“基础”“平台/支撑”“关键技术”“产品及服务”“应用”“安全/伦理”6 个部分。

（2）CPS 技术标准用于规范信息物理系统的基本框架、概念模型、参考架构、用户案例、信息物理系统行业标准等。CPS 技术标准主要包括嵌入式计算、通信网络和自动控制的实时性，数据、系统特征、决策的融合，安全、智能制造等标准。

（3）边缘计算技术标准用于指导行业数字化转型、数字化创新，解决物联网行业数字化在敏捷连接、实时业务、数据优化、应用智能、安全与隐私保护等方面的关键需求，包括架构与技术要求、计算及存储、安全、应用等标准。

2.2 物联网关键技术

物联网技术体系架构如图 2-3 所示，物联网技术是一项综合性的技术，是以网络为基础和前提，主要由应用层、数据处理层、网络层与感知层组成，通过射频识别、无线网络等技术连接各个物品的技术。物联网的规划和设计及研发关键在于射频识别、传感器、嵌入式软件及传输数据计算等领域的研究。这是物联网应用中的 3 项关键技术。传感器技术可以把模拟信号转换成计算机可以处理的数字信号。RFID 标签是融合了无线射频技术和嵌入式技术的综合技术，在自动识别、物品物流管理领域有广阔的应用前景。嵌入式软件系统技术是集计算机硬件、传感器技术、集成电路技术、电子应用技术于一体的复杂技术。

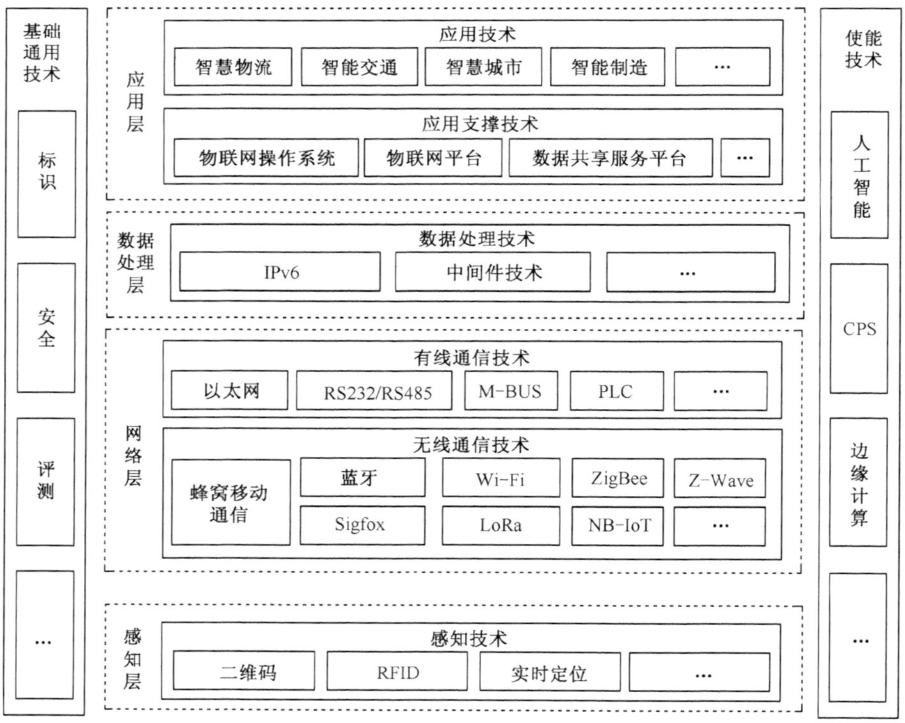

图 2-3 物联网技术体系架构

2.2.1　基础通用技术

物联网基础通用技术主要包括标识技术、安全技术、评测技术等。

1. 物联网标识技术

在物联网中，为了实现人与物、物与物的通信及各类应用，需要利用标识来对人和物等对象、终端、设备、网络节点及各类业务应用进行识别，并通过标识解析与寻址等技术进行翻译、映射和转换，以获取相应的地址或关联信息。

关于物联网标识的概念，在《物联网标识白皮书》中是这样定义的："物联网标识用于在一定范围内唯一识别物联网中的物理和逻辑实体、资源、服务，使网络、应用能够基于其对目标对象进行控制和管理，以及进行相关信息的获取、处理、传送与交换。"

2. 物联网安全技术

物联网是传统网络的延伸，除了传统的网络与信息安全问题，物联网还将给国家安全和个人隐私保护带来新的挑战。一方面，物联网将对国家安全带来影响，物联网规模很大，与人类社会的联系十分紧密，物联网涵盖的领域包括电力、交通、油气管道、供水等民生和国家战略，甚至包括军事领域的信息与控制，物联网一旦受到病毒攻击，很可能出现一定范围内的工厂停产、商店停业、交通瘫痪，让人类社会陷入一片混乱；另一方面，物联网还可能带来个人隐私泄露，由于物联网在很多场合都需要无线传输，这种暴露在公开场所之中的信号很容易被窃取，也很容易被干扰，这将威胁物联网信息的安全与隐私。在未来的物联网中，每个人包括每件物品都将随时随地连接在这个网络上，随时随地被感知，在这种环境中如何确保信息的安全性和隐私性，防止个人信息、业务信息和财产丢失或被他人盗用，将是物联网推进过程中需要突破的重大障碍之一。因此，在物联网发展之初就需要将安全放在首位。

3. 物联网评测技术

物联网的评测技术主要包括性能测试、安全测试、兼容性测试、最终用户应用程序测试、设备互操作性测试等。

1）性能测试

性能测试涵盖了通信网络模型的速度，以及嵌入式软件系统的内部计算能力。物联网的性能测试需要在网络和网关级别（如 MQTT、CoAP、HTTP 等协议）、系统级别（数据库、处理、分析）和应用程序级别分别进行。

2）安全测试

安全测试包括数据保护、设备身份认证、加密/解密等安全方面的测试。在物联网框架中，安全测试包括保护设备本身及连接到的网络或云服务的测试。

传感器网络、实时数据收集应用程序、中间件、接口和 M2M 协议只是少数几个变量，但它们却可能带来更多的可注入点和新的安全威胁。设备和协议级别的安全测试，是在源代码中可以检测到问题的重要领域之一。

3）兼容性测试

兼容性测试包括设备版本、协议版本、移动设备和移动操作系统版本的测试。兼容性测试在物联网框架的应用层和网络层中成为主要的需求。这一切都是为了验证设备硬件，使得通信协议版本、软件版本和操作系统成为可行组合。

4）最终用户应用程序测试

最终用户应用程序测试包括一个互联网应用程序的所有功能用例的测试，同时包括用户体验和可用性测试。

5）设备互操作性测试

设备互操作性测试包括评估不同标准和规范下，无缝互操作协议和设备的能力，简而言之，就是验证物联网中所有设备和协议的连接可能性。物联网框架的互操作性测试变得非常重要，因为物联网需要标准来支持跨设备的可移动、可操作和可编程的平台，而不用考虑制造、模型、制造商等。

2.2.2　感知技术

感知技术是物联网感知物理世界获取信息和实现物体控制的首要环节。传感器将物理世界中的物理量、化学量、生物量转化成可供处理的数字信号。感知技术实现对物联网中物体标识和位置信息的获取。感知技术主要包括二维码技术、RFID 技术、实时定位技术等。

1. 二维码技术

二维码的本质是一种信息存储技术，其将二进制的信息按照二维码编码规则转换为黑白相间的图形信息进行存储。由于二维码编码规则采用算法实现，使得二维码具有存储容量大、抗污损、抗弯曲等特点。近年来二维码应用带来的网络与信息安全、金融欺诈、造假制假、商业诚信等问题的出现，已经极大地影响到我国在国际和国内社会树立的正面形象，各界对此问题的关注度越来越高，历年全国人民代表大会代表政协委员就二维码监管、标准和应用等问题的两会提案和建议数量也呈递增趋势，主要涵盖“废止国外二维码标准在中国的国家标准地位、鼓励和使用国家自主知识产权二维码标准与技术”等方面的内容。

2. RFID 技术

RFID 技术是信息技术领域自动识别和数据采集分析技术的一个重要分支，目前已成为推动物联网应用发展的核心技术。RFID 技术应用面很广，既可用于对物品的管理，也可用于对人员的识别。在各国的大力推动下，国际跨国公司都加大了对 RFID 技术的投资力度，RFID 技术应用呈现迅猛发展态势，RFID 技术发展趋势也日趋明朗。

3. 实时定位技术

实时定位技术是指通过无线通信技术，在一个指定的空间（办公楼、场地、城区、全球）内，实时或接近于实时地对目标定位的系统。实时定位技术随着无线通信技术的发展而出现，最早使用的 RFID 技术起源于第二次世界大战，其后发展的广域定位技术由于无法解决室内定位和实时性等问题，出现了实时定位技术的研究。当前，各种室内定位需求的爆发式增长，加速了各种实时定位技术的研究。

2.2.3　网络技术

网络技术主要实现物联网数据信息和控制信息的双向传递、路由和控制，可以分为有线通信和无线通信两类。

1. 有线通信

1）以太网

以太网是现有局域网里最通用的通信协议标准，包括标准的以太网、快速以太网、10GB 以太网。早期的以太网只有 10Mbps 的吞吐量，通常把这种最早期的 10Mbps 以太网称为标准以太网；快速以太网是一类新型的局域网，其名称中的“快速”是指数据速率可以达到 100Mbps，是标准以太网的数据速率的 10 倍；10GB 以太网标准由 IEEE 802.3ae 工作组负责起草，目的是：扩展 802.3 协议，使之能以 10Gbps 的速率传送数据；扩展以太网的应用范围，使之支持广域网连接。

2）RS232 与 RS485

RS232 是个人计算机上的通信接口之一，是由电子工业协会（EIA）制定的异步传输标准接口，通常 RS232 接口以 9 个引脚（DB-9）或 25 个引脚（DB-25）的形态出现，RS232 只能实现点对点通信，不能实现联网功能，RS485 的出现解决了这个问题，实现了联网功能。RS232 与 RS485 的区别体现在以下几个方面。①传输方式不同。RS232 采取不平衡传输方式，也就是所谓的单端通信；而 RS485 采用平衡传输，也就是差分传输方式。②传输距离不同。RS232 适合本地设备之间的通信，传输距离一般不超过 20m，而 RS485 的传输距离可以达几十米甚至上千米。③RS232 只允许一对一通信，而 RS485 接口在总线上最多能够连接 128 个收发器。

3）M-Bus

M-Bus 的全称为 Meter-Bus，也就是户用仪表总线，是一种用于非电力户用仪表传输的欧洲总线标准，针对消耗测量仪器和计数器（如水表、气表、电表）传输信息而设计。M-Bus 在建筑物和工业能源消耗数据采集方面应用得较多，它能够满足公用事业仪表的组网和远程抄表的需要，M-Bus 采用串行通信方式的总线型拓扑结构，适合公用事业仪表对可靠、低成本的组网需求，可以在几千米的距离上连接几百个从设备。

4）PLC

PLC（Power Line Communication，电力线通信）是利用电力线传输数据和媒体信号的一种通信方式，通过把高频信息加载到电流中，然后用电线传输到接收信息的适配器，通过适配器再把高频信息从电流中分离出来，实现信息的传递。PLC 应用形式比较多，最常见的是通过电力线通信把电表的数据传输到工业网关上，从而实现电表数据的采集。除此之外，PLC 还能用于家庭网络，可以让计算机与外设之间交换数据。例如，可以利用 PLC 从电视或 VCR 向 PC 发送多媒体数据，也可以把监控信号传到电视机上。

2. 无线通信

1）蜂窝移动通信

蜂窝移动通信（Cellular Mobile Communication）是采用蜂窝无线组网方式，在终端和网络设备之间通过无线通道连接起来，进而使用户在活动中可相互通信。其主要特征是终端的移动性，并具有越区切换和跨本地网自动漫游功能。

蜂窝移动通信业务是指经过由基站子系统和移动交换子系统等设备组成蜂窝移动通信网提供的语音、数据、视频图像等业务。

2）蓝牙

蓝牙是一种大容量近距离无线数字通信技术标准，最初由爱立信公司创立，当时作为 RS232 数据线的替代方案。蓝牙可以实现固定设备、移动设备和楼宇个域网之间的短距离数据交换，主要使用 2.4 ~ 2.485GHz 的 ISM 波段的无线电波，最高数据传输速率为 1Mbps，最大传输距离为 10cm ~ 10m（通过增加发射功率，它还可以把传输距离扩大到 100m）。蓝牙的应用很广泛，除了最常见的手机、蓝牙耳机、音箱，还包括智能穿戴设备、家电设备。蓝牙通信的特点是速率快、低功耗、安全性高。

3）Wi-Fi

Wi-Fi 是允许电子设备连接到一个无线局域网（WLAN）的技术，通常使用 2.4G UHF 或 5G SHF ISM 射频频段。连接到无线局域网通常是需要密码的，但也可以是开放的，开放的情况下就允许任何在 WLAN 范围内的设备连接。Wi-Fi 的优点是覆盖范围广、数据传输速率快，但是传输安全性不好、稳定性差、功耗略高。

4）ZigBee

ZigBee 是基于 IEEE 802.15.4 标准的一种低功耗局域网协议，ZigBee 广泛应用于工业和智慧家庭领域，其使用场景要求它具有使用方便、简单、工作可靠、价格低等特点。ZigBee 连接传感器之后，不仅可以进行数据采集，还能自动中转其他的 ZigBee 网络节点传过来的数据。很多智能家电的终端，包括一些通过网关汇聚的物联网解决方案，在下行通信中会采用 ZigBee 方式。ZigBee 技术是一种短距离、低功耗的无线通信技术，优点是近距离、低复杂度、自组织、低功耗。

5）Z-Wave

Z-Wave 是一种新兴的基于射频的、低成本、低功耗、高可靠的短距离无线通信技术。Z-Wave 是由丹麦 Zensys 公司主导的无线组网规格，Z-Wave 联盟已经有 160 多家国际知名公司，而且基本上都是已经在智能家居领域有现行产品的厂商。Z-Wave 技术用于住宅、照明商业控制及状态读取，如抄表、照明、家电控制、防盗及火灾监测等。Z-Wave 信号的覆盖范围在室内是 30m，在室外可以超过 100m。Z-Wave 的优点是网络结构简单、低功耗、低成本、可靠性高；缺点是速率较低、标准不开放、芯片来源单一。

6）Sigfox

Sigfox 通信技术由法国 Sigfox 公司持有，主要用于打造低功耗、低成本的无线物联网专用网络。Sigfox 也是商用化速度较快的一个低功耗广域网技术，Sigfox 网络利用超窄带技术，传输功耗水平非常低，而且数据连接比较稳定，其网络拓扑是一个可扩展的、高容量的网络，具有很低的能源消耗，同时它的基础设施是比较简单、易于部署的。Sigfox 无线链路使用的是免授权 Sub-G 的 ISM 射频频段，频率根据国家法规有一些不同，在欧洲广泛使用 868MHz，在美国使用 915MHz。

7）LoRa

LoRa 是基于开源的 MAC 层协议的低功耗广域网标准，同时是基于 Sub-GHz 的频段。LoRa 是美国 Semtech 公司采用和推广的一种基于扩频技术的超远距离无线传输方案，这个方案改变了以往关于传输距离和功耗折中的考虑方式，为用户提供了一种简单的、能实现远距离、长电池寿命、大容量的系统，进而扩展传感网络。

8）NB-IoT

NB-IoT 是基于 LTE 技术针对物联网应用场景提出的一种新的物联网传输方案。其主要技术特点包括广覆盖、低功耗、大连接、低成本。NB-IoT 通过提高功率谱密度、多次重传及多天线增益实现了覆盖范围广的目标；采用控制相关的信道简化控制格式，采用节能模式（PSM）和扩展的非连续接收模式（eDRX）两项技术达到了增加深度睡眠模式和延长唤醒周期的目的，有效降低功耗；由核心网签约用户上下文管理及 IP 地址分配优化需求实现了高达 5 万个用户同时在线的大连接应用；支持频带独立部署、保护带部署及带内部署 3 种方式，可直接部署于 GSM、UMTS 或 LTE 网络，无须重新建网或部署基站。NB-IoT 与现存的几个低功耗广域网技术相比，在整体性能和产业化方面具有明显优势。NB-IoT 已经形成由芯片、模组、终端厂商和运营商组成的完整生态链。华为、中兴微电子、展讯等企业都积极投入 NB-IoT 芯片的研发，华为、华三、利尔达、中兴发布了多款 NB-IoT 模组。我国三大运营商积极开展 NB-IoT 的试商用。中国电信已经建成了全球首个 NB-IoT 商用网，中国联通于 2017 年完成全国 NB-IoT 商用部署，中国移动正在加快推进 NB-IoT 商用试验。

2.2.4 数据处理技术

物联网数据处理技术在 IT 技术的推动下不断发展与成熟，系统应用的推广速度与范围也越来越大。不同行业的物品和设备被纳入物联网的管理与控制范围之内，通过物联网的前端子系统进行数据采集进而传输及分析。物联网中传感设备种类繁多，需要对来自不同网络、不同子系统的海量异构数据进行统一的处理及存储，从而要求物联网的海量数据处理机制能融合多网、多源、异构的海量数据并对这些数据进行高效、快速的处理，从中获取有价值的信息，进而提供智能决策。同时，海量数据处理任务需要多种资源，包括计算资源、存储资源、网络资源等，对这些资源的统一规划和调度，可以有效地加快海量数据处理的速度。

物联网数据的基本特性概括而言有以下几种：海量性、多态与异构性、实时性。

多态与异构性：结构不同、性能各异的不同传感器及 RFID 系统中的不同标签和读写器，外加 M2M 系统中各种各样的微型计算机设备，导致物联网数据并不是统一的模式。在互联网中的数据有不同的表现形式，进一步加剧了物联网数据的多态与异构性，这使得建立在互联网基础上的物联网必定要兼容。而其最根本的原因则是物联网的应用模式和框架互不相同，缺乏可批量应用的系统方法。

实时性：物联网的设计原则决定了物联网数据实时性的基本要求。因此，不管是 RFID 系统还是 WSN 系统，都随时采集数据，每隔一个周期向服务器发送一次数据。物联网对数据实时性的要求，正是因为物联网需要随时对物体进行有效地管理和控制，记录瞬息万变的事物的状态，并且处理分析从而产生决策。

对于物联网数据的处理，必须满足屏蔽数据的异构性，正确采集前端产生的数据，并且将这些数据在不同物理硬件之间进行传递、过滤和融合，正确感知事物不断变化的基本状态。在接收到采集的数据后，决不能因需要处理的数据过于庞大、繁杂而产生延迟与拥塞，导致反应滞后，最后不能给予终端及时、正确的决策和有效的控制管理。

1. IPv6

物联网技术是基于数字系统与物理系统相连的技术，通过整合“物联网”，对整个物质世界进行智能化的管理和控制，以达到全球的“智慧”状态，最终实现的构想是“互联网+物联网=智慧地球”。目前，互联网使用的是 IPv4 寻址方式，还无法满足物联网的海量数据要求。物联网采用 RFID 技术，在物联网相连的系统中，若想对某件特定的物体进行寻址，必须得到其特有的标识码，如ID标识类型等。由于事物的繁杂及数目的难以估量，IPv6的应用将是实现这一构想的条件之一，而IPv4向IPv6的过渡，是一个漫长的过程，因此，一旦物联网使用了IPv6寻址方式，必定要考虑到目前IPv4系统与其的兼容性问题。

2. 中间件技术

传统的中间件（Middleware）是处于操作系统和应用程序之间的软件，传统中间件=平台+通信。使用中间件的原因是中间件可以屏蔽底层操作系统的复杂性。对物联网而言，物联网的中间件技术是作为一种数据处理平台被大家所熟知的。物联网数据的多态与异构性，导致对数据处理与分析非常困难。而中间件技术是解决物联网数据多态与异构性的关键技术之一。

例如，JCR SYSTEM物联网数据处理平台就是一种物联网的中间件软件平台，具有可扩展的开放性特点，能够支持“不同型号、不同厂家、不同数据方式、不同通信协议与方式”的物联网终端设备。它具有一种独特的技术，即“二次采集”技术，通过这项技术对终端设备的数据进行“二次采集”。不论数据相异还是相同，都能通过中间件软件平台输出统一标准化的数据，极大地缩短开发周期，降低开发门槛，实现物联网数据的真正“互通互联”[2]。

2.2.5 应用技术

根据亿欧智库发布的《2018中国物联网应用研究报告》和实际情况，对物联网产业的发展进行梳理，并总结出十大应用领域，分别为物流、交通、安防、能源、医疗、建筑、制造、家居、零售和农业。

1. 智慧物流

智慧物流是指以物联网、大数据、人工智能等信息技术为支撑，在物流的运输、仓储、包装、装卸搬运、加工、配送、信息服务等各个环节实现系统感知、全面分析及处理等功能。当前，智慧物流在物联网领域的应用主要体现在仓储、运输监测及快递终端3个方面，通过物联网技术实现对货物及运输车辆的监测，包括货物车辆位置、状态、油耗、车速及货物温/湿度等，物联网技术的使用能提高运输效率，提升整个物流行业的智能化水平。

2. 智能交通

智能交通是物联网的一种重要体现形式，利用信息技术将人、车和路紧密地结合起来，改善交通运输环境、保障交通安全，提高资源利用率。运用了物联网技术的具体的应用领域，包括智能公交车、共享单车、车联网、充电桩监测、智能红绿灯及智慧停车等。其中，车联网是近些年来各大汽车厂商及互联网企业争相进入的领域。

3. 智能安防

安防是物联网的一大应用市场，因为安全永远都是人们的基本需求。传统安防对人员的依赖性比较大，非常耗费人力，而智能安防能够通过设备实现智能判断。目前，智能安防最核心的部分在于智能安防系统，该系统对拍摄的图像进行传输与存储，并对其进行分析与处理。一个完整的智能安防系统主要包括门禁、报警和监控三大部分，行业中主要以视频监控为主。

4. 智慧能源环保

智慧能源环保属于智慧城市的一部分，其物联网应用主要集中于水、电、燃气等能源，以及井盖、垃圾桶等环保装置。例如，智慧井盖监测水位及其状态，智能水电表实现远程抄表，智能垃圾桶自动感应，等等。将物联网技术应用于传统的水、电、光能设备进行联网，通过监测提升利用效率、减少能源损耗。

5. 智能医疗

在智能医疗领域，新技术的应用必须以人为中心。而物联网技术是数据获取的主要途径，能有效地帮助医院实现对人的智能化管理和对物的智能化管理。对人的智能化管理指的是通过传感器对人的生理状态（如心率、体力、血压等）进行监测，再通过医疗可穿戴设备将获取的数据记录到电子健康文件中，方便个人或医生查阅。除此之外，通过 RFID 技术还能对医疗设备、物品进行监控与管理，实现医疗设备、物品可视化，主要表现为数字化医院。

6. 智慧建筑

建筑是城市的基石，技术的进步促进了建筑的智能化发展，以物联网等新技术为主的智慧建筑越来越受到人们的关注。当前的智慧建筑主要体现在节能方面，将设备进行感知、传输并实现远程监控，不仅能够节约能源，同时也能减少楼宇人员的运维。目前，智慧建筑主要体现在用电照明、消防监测、智慧电梯、楼宇监测及古建筑领域的白蚁监测。

7. 智能制造

智能制造细分概念范围很广，涉及很多行业。制造领域的市场体量巨大，是物联网的一个重要应用领域，主要体现在数字化及智能化的工厂改造上，包括工厂机械设备监控和工厂的环境监控。通过在设备上加装相应的传感器，使设备厂商可以远程随时随地对设备进行监控、升级和维护等操作，更好地了解产品的使用状况，完成产品全生命周期的信息收集，指导产品设计和售后服务；而厂房的环境主要是采集温/湿度、烟感等信息。

8. 智能家居

智能家居是指使用不同的方法和设备，提高人们的生活能力，使家庭变得更舒适、安全和高效。物联网应用于智能家居领域，能够对家居类产品的位置、状态、变化进行监测，分析其变化特征，同时根据人的需要在一定的程度上进行反馈。智能家居行业发展主要分为单品连接、物物联动和平台集成 3 个阶段。其发展方向首先是连接智能家居单品，其次走向不同单品之间的联动，最后向智能家居系统平台发展。当前，各智能家居类企业正处在从单品向物物联动的过渡阶段。

9. 智能零售

行业内将零售按照距离分为远场零售、中场零售、近场零售 3 种不同的形式，三者分别以电商、商场 / 超市和便利店 / 自动售货机为代表。物联网技术可以用于近场和中场零售，且主要应用于近场零售，即无人便利店和自动（无人）售货机。智能零售通过将传统的售货机和便利店进行数字化升级、改造，打造无人零售模式。通过数据分析，并充分运用门店内的客流和活动，为用户提供更好的服务，给商家提供更高的经营效率。

10. 智慧农业

智慧农业是指利用物联网、人工智能、大数据等现代信息技术与农业进行深度融合，实现农业生产全过程的信息感知、精准管理和智能控制的一种全新的农业生产方式，可实现农业可视化诊断、远程控制及灾害预警等功能。物联网应用于农业主要体现在农业种植和畜牧养殖两个方面。

2.2.6 使能技术

使能技术不是一种具体技术，而是技术创新链发展阶段中的一类技术，它具有承上启下的作用。做好使能技术的确认和投资发展，对于一个行业乃至一个国家的创新发展，都具有重要价值。目前我国对使能技术的研究在很大程度上还属于一个空白领域，因此还需要有识之士进行深入分析、研究，提出适合我国和有关行业的使能技术发展规划、战略。目前，物联网使能技术包括边缘计算、CPS 技术、人工智能等。

1. 边缘计算

边缘计算是指在靠近物或数据源头的网络边缘侧，融合网络、计算、存储、应用核心能力的开放平台，就近提供边缘智能服务，满足行业数字化在敏捷连接、实时业务、数据优化、应用智能、安全与隐私保护等方面的关键需求。边缘计算更聚焦于实时、短周期数据的分析层面，能够非常好地支撑本地业务的实时智能化数据处理及对任务的具体执行。由于具有靠近数据源的特点，边缘计算能够在本地网络中进行运算，所接触到的数据不用上传到云端，减少了数据往返云端和本地的时间及带宽成本。总而言之，边缘计算可以满足敏捷连接、实时业务、数据优化、应用智能、安全与隐私保护等方面的需求，而这些需求正是物联网行业需要解决的问题。

2. CPS 技术

信息物理系统（Cyber-Physical Systems，CPS），从广义上理解，就是一个在环境感知的基础上，深度融合了计算、通信和控制能力的可控、可信、可扩展的网络化物理设备系统，它通过计算进程和物理进程相互影响的反馈循环实现深度融合和实时交互来增加或扩展新的功能，以安全、可靠、高效和实时的方式监测或控制一个物理实体。CPS 的最终目标是实现信息世界和物理世界的完全融合，构建一个可控、可信、可扩展且安全高效的 CPS 网络，并最终从根本上改变人类构建工程物理系统的方式。

3. 人工智能

人工智能（Artificial Intelligence，AI）的概念要从人工和智能两个方面来理解。所谓人工，就是指人工智能脱胎于人类的文明，是人类智慧的产物；而智能则是指具有人工智能的计算机或其他子设备可以模拟人类的智能行为和思维方式。人工智能是计算机科学的一个分支，它近期的主要目标是研究用机器来模仿和执行人脑的某些智能功能，并开发相关理论和技术。当前的人工智能机器，可以在胜任一些复杂脑力劳动的同时，辅助人类进行记忆和逻辑运算等活动。现阶段学者已经研制出了一些可以模拟人类精神活动的电子机器，经过完善升级，这些电子机器将有希望超越人类的能力，协助人类完成一些执行难度较大的工作。但是，目前研制出的自动化系统或机器人虽然可以代替部分人类劳动，却还没有达到可以实现人类多方面协调和自我学习升级的智能水平，要制造出一款可以完全拥有人类智慧的机器，还需要进一步深入研究。还有一些人工智能产物经常应用于各种商业用途。例如，单位内部的客户信息系统、决策支持系统，以及在市面上可以看到的医学顾问、法律顾问等软件。

2.3 物联网发展趋势

2.3.1 物联网技术交叉融合

作为新一代信息技术的重要组成部分，物联网的跨界融合、集成创新和规模化发展，在促进传统产业转型升级方面起到了巨大的作用。当前，NB-IoT、5G、人工智能（AI）、云计算、大数据、区块链、边缘计算等一系列新的技术和题材将不断地注入物联网领域，助力“物联网+行业应用”快速落地，促使物联网在工业、能源、交通、医疗、新零售等领域不断普及，催生智能门锁、智能音箱、无人机等诸多单品成为物联网的新应用。未来几年，人工智能、区块链、大数据、云计算等和物联网的关系将会被理顺，进而构建出一个新的、泛在的智能 ICT（信息、通信和技术）基础设施，应用于全社会和全行业。同时，随着物联网的壮大，安全问题将被提上日程 [3]。

2.3.2 物联网标准趋于完善

1. 物联网标准工作进展

我国从 2009 年就开始开展物联网标准化工作，截至目前，已发布国家标准 49 项、行业标准 2 项、在研标准 15 项，涉及物联网基础共性、网络技术、应用支撑、测试等多个方面的技术标准和工业、农业等多个行业的应用标准。2009 年，国家标准化管理委员会批准成立传感器网络标准工作组，是全国信息技术标准化技术委员会（以下简称“信标委”）直属标准工作组，主要负责传感器网络的标准制定，目前传感器网络国家标准的制定工作已经全面启动，并取得了一定的成果。2016 年，国际上成立了 ISO/IEC JTC1 SC 41（物联网及相关技术分技术委员会）。2018 年，我国主导制定的国际标准 ISO/IEC 30141：2018《物联网参考体系结构》正式发布，这是国际上第一个也是目前唯一一个物联网总体架构标准，规定了物联网系统特性、概念模型、参考模型、参考体系结构视图（功能视图、系统视图、网络视图、使用视图等）及物联网可信性，为全球物联网实现提供体系结构、参考模型的总体指导。2019 年，信标委物联网分技术委员会获得批复成立，其工作范围包括物联网体系架构、术语、数据处理、互操作、传感器网络、测试与评估等物联网基础和共性技术标准，以及相关的物联网应用标准。

目前，国内外在研标准已经包含一些物联网的关键技术标准，如传感器网络、边缘计算、时间敏感网络、物联网信息共享与交换平台等，但是现有标准从广度或深度来看都不能满足物联网发展需求，还缺失物联网操作系统、支撑关键应用，以及与区块链、人工智能等前沿信息技术融合等关键技术标准。并且，物联网产业应用体系呈现跨行业、跨领域、深度融合的特点，不同行业的物联网标准化需求也各不相同，从总体上来看，缺少面向行业应用的物联网标准。

2. 物联网标准化趋势

针对目前物联网应用技术的标准化现状，未来，国内外标准化组织必将继续投入资源开展标准化工作，综合目前的动态，未来的标准化趋势如下。

（1）国际标准化组织，如 ISO、IEC 等，将对现有标准化组织进行调整，增加物联网应用技术研制组的数量，研制不同行业的标准化，集中针对关键技术和关键领域，提出一些标准化的方案。

（2）面向医疗、农业、林业、电力、能源等行业的共性物联网技术标准验证是未来的工作重点，在各个行业的关键技术标准化研制的基础上，共性的模型和体系架构的标准化工作也将不断开展。

（3）面向日益严重的网络安全问题，物联网应用的安全标准验证工作也将是未来工作的重点。

2.3.3　物联网平台逐渐成熟

一个完整的物联网系统包含多个参与方，具有较强的集成性，一个企业往往无法单独完成一个完整的解决方案，一个功能完善、技术先进、服务全面、界面友好的物联网系统，必将是由设备供应商、技术供应商、运营商、服务商等多方参与单位共同协作的结果。因此，随着技术及产业的不断发展，支持多种设备接口、不同连接协议的集成式服务平台将是物联网产业发展成熟的结果。物联网时代，移动设备、嵌入式设备、互联网服务平台将成为主流。随着行业应用的逐渐成熟，将会有大的公共平台、共性技术平台出现。无论终端生产商、网络运营商、软件制造商、系统集成商、应用服务商，都需要在新的一轮竞争中寻找各自的新定位。

2.3.4 物联网应用不断深入

随着万物互联的物联网时代的推进，数以百亿甚至千亿的设备接入网络，掀起新一轮的科技革命，物联网与传统行业的应用结合将更加深入。例如，在医疗领域，预计 2021 年，医疗信息化规模将超过 870 亿元，物联网在智能医疗市场规模的年复合增长率将维持在 20%左右；在工业物联网领域，我国市场规模 2017 年达到 4677 亿元，2018 年达到 5318 亿元，2019 年市场规模突破 6000 亿元。在车联网领域，行业渗透率将进入加速增长阶段，预计 2023 年，我国车联网用户规模将超过 9000 万户。

本章小结

本章给出了物联网的定义，从国外和国内两个方面分析了物联网产业发展现状，列出了物联网体系结构和标准体系。在物联网关键技术层面，分别介绍了基础通用技术、感知技术、网络技术、数据处理技术、应用技术及使能技术。最后，从物联网技术、物联网标准、物联网平台和物联网应用几个方面分析了物联网发展趋势。

参考文献

[1] 沈苏彬，杨震. 物联网体系结构及其标准化[J]. 南京邮电大学学报（自然科学版），2015，35（1）：1-16.

[2] 刘仰华. 物联网数据处理技术[J]. 信息与电脑，2012:87-88.

[3] 游大磊，王倩. 我国物联网发展现状及趋势分析[J]. 无线互联科技，2017，(8):95-96.

第3章

我国智慧养老建设

本章摘要

借助物联网手段的智慧养老模式，可以有效弥补养老产业服务质量参差不齐、医护人员稀缺、居家或机构老年人健康安全监护等问题，通过为老年人佩戴智能可穿戴设备及建设物联网智慧养老平台，为老年人打造集人身安全监护、物质与生活保障、文化与精神娱乐、医疗与健康管理于一体的智慧养老服务，物联网在养老产业中的创新与突破，展示出其在智慧养老领域的广阔应用趋势。

3.1　智慧养老综述

3.1.1　智慧养老的概念

早前，英国生命信托基金提出了“智慧养老”的概念，即打破时间和空间的概念，为老年人提供高质量的养老服务。从 1999 年开始，随着中国老龄化进程的不断加快，仅靠人力增加或单一的养老模式，已经越来越难以满足日益多样化的养老需求，国内“智慧养老”模式应运而生，国内众多学者对“智慧养老”也给出了相关定义。2007 年，智慧养老以“数字化养老”的概念出现在胡黎明发表的《新型数字化居家式养老社区解决方案》中，之后“信息化养老”的概念于 2010 年出现在学术界，2011 年出现了“科技养老”的概念，2012 年又提出了“网络化养老”的概念，进而发展成了“智能养老”“智慧养老”。2013 年以后，学术界开始统一使用“智慧养老”来代替上述的一些概念。“智慧养老”概念的提出为世界性养老难题提供了一个新思路，是切实解决老龄化问题的新路径。2017 年，工业和信息化部、民政部、国家卫生健康委联合印发《智慧健康养老产业发展行动计划（2017—2020 年）》（工信部联电子〔2017〕25 号），给出了智慧健康养老的定义。智慧健康养老利用物联网、云计算、大数据、智能硬件等新一代信息技术产品，实现个人、家庭、社区、机构与健康养老资源的有效对接和优化配置，推动健康养老服务智慧化升级，提升健康养老服务质量及效率水平。

综合各位学者、专家的不同观点，智慧养老的概念是指依托物联网、云计算、大数据和空间地理信息等新一代信息技术，集中运用现代老年服务业技术和智能控制技术，构建养老服务综合平台。整合老年人、企业、政府和其他相关机构的各方信息与资源，辅助养老决策分析，制造养老智能化产品，为老年人打造安全、便捷、健康、舒适的现代养老模式，以满足老年人的生理和心理等多种需求。将老年人、社区、医护人员、医疗机构、政府、服务机构整合成一个有机整体，在满足老年人的多样化、个性化需求的基础上，为老年人提供便捷、高效、物联化、互联化、智能化的养老服务。

3.1.2 智慧养老发展现状

智慧养老项目在发达国家已率先进行了相关的实践，并获得了一定的成效。在美国的弗吉尼亚州就有很多门诊安装了“远程医疗”网络，其中，有 30%的服务对象都是老年人，投入使用后既有效地提高了服务效率，又减少了护理费用。英国则使用机器人护士，服务于家庭或社区。机器人护士不仅可以完成日常护理，还能够与老年人互动，为老年人提供咨询建议。英国生命信托基金会将智慧的理念运用到老年公寓的建设中，通过在家具、地板中植入芯片等方式实现对老年人生活的远程监控。此外，日本一所大学专门为因肌肉萎缩、关节疼痛而不能自如活动的老年人设计了“机器外套”，并逐渐推广 [1]。

我国的智慧养老得到了政府和各领域的积极推动与大力发展，已有很多智慧养老项目落地实施。我国多地在积极开发基于信息化和技术化的城市智能养老服务系统。例如，2010 年 11 月，南京市鼓楼区开始试点利用物联网技术的智慧养老方案。南京养老服务物联网系统覆盖紧急呼叫、社区家政、远程医疗等内容，通过固网智能视频终端与家中主要电器及各种感应监测器件无线连接，实现远程监控。这套养老服务物联网系统对老年人，特别是对空巢独居老年人发挥了重要作用，切实减轻了老年家庭的养老压力，也满足了老年人的实际养老服务需求 [2]。2012 年，成都锦江区成立了“长者通”呼援中心。该中心以家庭为核心，以社区为依托，以政府为主导，广泛吸纳社会力量与资源，为居家老年人提供日常生活所需的各种服务。2013 年，北京市“智慧养老”基地落户北新桥街道。智慧养老为辖区内的老年人搭建智能化、信息化的综合服务平台，包括家庭服务、紧急求助、医疗保健、安全监控、精神慰藉五大内容。通过社区服务热线的方式，老年人不需要走出家门，只需要拨通社区服务热线，就能获得购物、送餐、洗衣、理发等多项服务。街道还通过多参数生命体征检测仪对老年人的血压、血氧、心电、体温等进行综合检测，随时监测老年人的健康状况 [3]。全国老龄办计划在全国推进“智能化养老试验基地”建设，并批准筹建全国智能化养老和全国老龄智能科技产业园；与此同时，全国各地都在积极响应老年信息科技产业的发展，北京、天津、山东、江苏、四川、浙江、福建等地纷纷建立智慧养老服务平台、打造“物联网+养老”居家养老服务照料中心等新兴项目，为老年人提供高科技养老服务。

综观国内智慧养老发展状况，可总结出发展过程中的以下特点。

首先，国内智慧养老发展速度逐渐加快。当“物联网技术+互联网思维”涉足养老产业时，智慧养老不再是空中楼阁，它离老年人的生活已越来越近。以无锡市为例，无锡市早在 2011 年就率先启动了智慧养老，走在全国前列。通过先行先试、示范引领，无锡市积极探索智慧养老管理服务的新模式。5 年间，全市先后建成 4 个居家养老信息服务平台，实现了居家养老服务的信息化全覆盖。无锡市把“智慧养老”作为普惠民生项目优先推进。到 2016 年年底，全市已完成 69 家智慧养老机构建设的推广应用任务；2017 年全市智慧养老机构建成总数突破 100 家 [4]。

其次，智慧养老产业拉动国内经济发展。近年来，中国智慧健康养老产业规模持续快速增长。据统计测算，2019 年中国智慧健康养老产业规模近 3.2 万亿元，近 3 年复合增长率超过 18%，2020 年产业规模约可突破 4 万亿元。预计，2030 年达到 8.6 万亿元，2040 年达到 17.5 万亿元。2014—2050 年，中国老年人口的消费潜力将从 4 万亿元左右增长到 106 万亿元左右，占 GDP 的比例将从 8%左右增长到 33%左右。一组组数据显示，我国养老产业正处于高速增长时期。养老产业是服务于“夕阳人”的朝阳产业，我国将成为全球老龄产业市场潜力最大的国家之一。巨大的养老和医疗市场将成为国内经济发展的下一块“蛋糕”[5]。

最后，政府和社会资本合作（Public-Private Partnership，PPP）模式政府补贴成为必要。养老市场规模不断扩大，社会资本逐渐参与到养老服务中，PPP 养老模式推行正当时。《关于促进医药产业健康发展的指导意见》（国发办〔2016〕11 号）、《关于金融支持养老服务业加快发展的指导意见》（银发〔2016〕65 号）

均就医疗养老市场准入、多样性养老服务体系建设、社保体系改革、医养服务金融体系改革提出了建设性的意见，也就社会资本参与养老服务、医养服务表现出了开放和鼓励的态度。PPP 模式自然成为促进我国养老产业均衡化、专业化发展的重要手段 [6]。

养老机构利用专业优势，为社区老年人提供短期照料、助餐、助洁等服务，可获得政府补贴支持。例如，北京市民政局、财政局、老龄办联合发布《关于做好 2016 年养老机构辐射社区居家养老服务工作的通知》，通过一次性项目补助方式，重点开展短期照料等 10 项辐射服务，鼓励全市养老机构利用自身资源优势开展社区居家养老服务 [7]。各区要把养老机构尤其是养老照料中心建成区域综合性养老服务平台，同时针对辐射区域重点服务人群，尤其是失能或衰弱老年人及其家庭，制订分类服务方案。对政府供养的托底服务对象，确定具体服务项目，提供全额补贴服务；对辖区内的困难或重点保障老年群体，尤其是失能、失智老年人提供专业化养老服务，对提供者给予阶梯式服务补贴支持。例如，常州市新北区智慧养老服务中心以政府购买服务的方式，优先为新北区分散的五保、低保孤老、抗战老兵、失独家庭老人等最需要关爱的老年人提供清洁、医护护理等政府援助居家养老服务及各类低偿专业化居家养老服务 [8]。

根据财政部 PPP 综合信息平台公布的数据，截至 2016 年 9 月，我国共有入库养老项目 228 个，总投资金额 1500 亿元。其中，老年公寓项目 41 个，医养结合项目 52 个，综合养老业项目 135 个。在这些项目中，财政部示范项目 32 个，省级示范项目 17 个，其他项目 179 个。由此可见，PPP 模式的推广潜力很大，具有较大的发展前景。

3.1.3 智慧养老的特点与模式解析

当前，世界上包括中国在内的许多国家进入老龄化社会，老龄化社会对老年人的权益带来诸多挑战。为了更好地适应老龄化社会，制定一系列相关政策和制度来保障老年人的人身安全、财产安全、精神健康和生活舒适等显得尤为重要。发展健全养老服务体系建设是全面贯彻落实党的十九大精神，坚持创新、协调、绿色、开放、共享发展理念，紧密围绕我国经济转型和社会发展的重大需求。而在互联网时代，如何能够更好利用高新科技为老年人定制符合需求的人性化产品、保障老年人的安全、丰富退休后的娱乐生活方式成为智能养老服务体系建设的关键。

根据养老地点的不同，可以把智慧养老划分为不同的模式类型，主要包括智慧养老的居家模式、智慧养老的社区模式、智慧养老的机构模式，每种模式都有自己的优势与特点。

1. 智慧养老的居家模式

近年来，英国、美国、日本等国发起了数项为老年人服务的智能家居技术应用项目，目的在于降低老年人的依赖程度，并且增加老年人的安全感。例如，乔治亚理工大学为实验研究设计了感知屋（Aware Home），在住宅中利用感知设备、分散式运算环境及网络对室内情景进行感知，即活动的辨识（包括身份、位置等信息），以协助老年人的生活，并有主动式的个性化温/湿度控制及紧急呼叫救助系统。因此，智能家居老龄产业是在需求的推动下发展起来的。

随着物联网和互联网技术的发展，智能家居在计算机科学、医学等众多学科领域的交叉与综合中获得极大进展。智能家居不仅具有传统的居住功能，还能将原来被动静止的建筑转变为能动、智能的生存空间，拥有全方位的信息交换功能，可保证家庭内部、家庭与外部信息的畅通。智能家居利用计算机技术、无线传感器等先进的设计理念，融合人的个性化需求，通过智能化的控制和管理，实现"以人为本"的家居生活。

智能家居通过在家居空间中的特定位置安置各种感知设备，完成对环境数据、人的位置和动作数据的采集，从而实现对环境信息、人的位置和动作乃至意图的感知。智能家居是一个系统或过程，它利用计算机技术、通信技术将与家居有关的各种子系统有机结合在一起，通过统筹管理，使得家居生活能够更加舒适、安全、环保。通过将 RFID 技术、无线传感器网络技术、多媒体视频技术与家用电器、消防设备及水、电、煤气、照明等有机融合，可以有效构建老年人智能家居环境。除此之外，智能家居还可以根据用户的不同具体需求给所有联网设备进行自定义的场景设置，通过网络通信或其他方式，实现对家居设备的最优控制，进而满足用户的当前需求。

总而言之，数字时代的智能家居应具备 5 个基本特征：自动化（自动调节设备或有自动功能）、多功能性（拥有不同功能和产生不同效果）、适用性（可通过调整来满足使用者的需求）、交互性（与用户互动，并允许用户之间互动）、效率（节省时间和成本、方便使用）[9]。

以浙江乌镇的"智慧养老"线上平台为例，这一平台为老年人在家中安装"智能居家照护设备""远程健康照护设备""SOS 呼叫跌倒与报警定位"，并利用阿里云服务器、微信、App 等进行远程管理。2017 年乌镇开启了"智慧养老

2+2 新模式”，该模式在乌镇原有智慧养老服务平台的基础上，把线上平台和线下医疗服务结合起来，实现了居家和社区养老、医疗服务的全覆盖。乌镇给每位老年人建立了电子健康档案，利用自动检测终端、健康管理 App，对老年人的健康状况持续跟踪，提供个性化养老、医疗服务，实现对老年人的全方位监护。例如，当老年人感觉身体有些不适时，可以用“按护宝”仪器来测量血压和血糖。测得的数据实时共享给几千米外的养老服务中心，工作人员可及时提出建议，并在养老服务中心通过网络视频连线专家，为老年人进行及时诊治。浙江乌镇的居家智慧养老新体系，正在改变着这里约 1.5 万名 60 岁以上老年人的生活方式，使老年人的晚年生活与“互联网+”紧紧联系在一起 [10]。

显而易见，居家智慧养老已经成为养老行业不可忽视的创新方向。我国的智能居家养老健康管理服务产业目前仍处于萌芽阶段，但巨大的服务需求，与广阔的产业发展前景，使其表现出强劲的发展势头和经济潜力。居家智慧养老的创新经过了前期的摸索期，即将进入快速发展时期。随着关注养老的人越来越多、资本投入不断加大、政策和制度环境不断完善、产品和服务不断走向应用，相信 5～10 年一个更加智慧的养老服务体系将成形，老年人将可以更好地安度晚年。

2. 智慧养老的社区模式

20 世纪 60 年代，西方国家提出了社区信息化服务的概念，经过近 60 年的发展，形成了一整套系统理论。1990 年沃德的《Fre-info 社区信息服务 10 年发展综述》在介绍西方国家社区信息服务发展状况的基础上，对社区居民有较高需求量的体育、娱乐、休闲、政府机构、商业服务和组织等信息进行了调查 [11]。简单来讲，社区服务信息化就是在社区范围内为政府、居委会、居民和包括企业在内的各种中介组织和机构运用各种信息技术和手段搭建互动平台，打通沟通服务渠道，从而达到更有效的管理，提高服务质量。

中国社区养老服务依旧面临着许多不完善的现状。随着信息技术及物联网技术在医疗领域应用的日渐深入，新兴信息技术是社区新型养老服务模式转型的依托与突破口。《我国城市居家养老服务研究》显示，城市居家养老、护理服务的潜在市场规模超过千亿元，如果其中 1%的市场使用传感网进行监测，市场规模将达到百亿元。因此，开发基于物联网的社区智能养老服务应用系统，具备良好的社会效益和经济效益。当今传统居家养老模式存在诸多弊端，由于当前老年人对于智能设备的操作能力普遍较低，因此该模式并不能适应大多数老年人的日常照料需求。基于目前的实际情况，应建设基于物联网和移动互联应用技术的社区智能养老服务系统，让老年人连接到专用的监护仪器或各种通信终端上 [12]。

社区智能养老服务系统具有温度、湿度、烟雾和光照等自动数据采集功能，社区视频监控功能，社区护理服务监测功能，服务信息追溯功能。社区居民及家属可以通过互联网随时查看服务内容和监测数据。系统监测过程中出现任何异常情况都会及时通过短信或其他报警形式及时通知家属及社区管理人员。同时，系统预留 WebService 接口，方便为其他医疗系统或政务网提供对接服务。此外，系统每天统计社区居民的服务需求信息，根据老年人的普遍需求制定社区服务项目，社区同时提供家庭日常护理服务，由专门的护理人员为老年人进行护理。

社区管理人员会定期对服务对象进行回访，并对护理人员和护理机构的服务情况进行评分。系统还提供服务过程的查询功能，方便亲属及时查看老人的护理信息，了解老人在社区享受养老服务的整个过程。系统硬件中的环境传感器、人体传感器等安装在社区老人居住的房间里，人体传感器由护理员进行测量。传感器监测的数据通过家庭接入网关实时发送给社区数据服务中心。如果出现异常状态，系统自动通过短信方式进行信息提醒；社区监护人员借助 RFID 读写器进行日常管理，系统软件部分主要集中在社区数据服务中心，实现社区老人基本信息管理、护理员信息管理、家庭接入网关/摄像头等设备管理、信息综合查询、监测数据采集传输、对外 Web 接口等工作 [13]。

以北京市东城区北新桥街道的“北新桥智慧养老综合服务平台”建设工作为例，北新桥智慧养老示范基地探索出了一条采用大数据、移动网络、物联网等技术实现的新型养老模式。北新桥智慧养老社区同时运用多个平台从多方面关注老年人的日常生活。从清晨起床之后的医疗保健平台，到上午外出散步的家庭服务平台、下午的健康监测平台、晚上的精神慰藉平台，以及针对老年人突发状况的紧急救助平台，形成了一个统一的信息服务平台，5 个子平台所有的数据最终通过一个综合平台集中展示，所有数据分别被传送至老年人的子女及社区。

此外，各项子系统在技术上进行了较大的创新。例如，家庭服务平台与某大型家政服务机构合作，建立了北新桥服务平台，利用搜索、定位、精细化匹配、多网融合等信息化技术和手段，整合和培育地域分散的各类家政服务企业，并通过统一市民家政服务需求入口，或者通过拨打 95081 热线，获得保姆、小时工、送餐等上门服务，实现服务预订、服务受理、服务派单、服务过程跟踪、服务质量回访等全程闭环式服务流程。在紧急救助方面，在老年人出行摔倒需要帮助的时候，可以利用健康终端手机的一键呼叫功能，通过 GPS 定位，呼叫中心就可以电话通知其家人或街道服务站，该项目采用的长虹关护通基于位置服务和家庭物联网，结合云服务技术、无线网络技术，支持北斗定位系统，同时为街道老人及家人专门提供位置查询、远程监控、语音提醒、报警求助、社区服务、医疗救助等服务；在健康监测方面，老年人可到社区服务站或由定点医院基层工作人员上门检测，通过一套健康管理的系统，将血压、血糖、体温等检测数据定期汇集发送给主治医师及子女，形成整套预防措施，随时了解老人健康状况 [14]。

由此可见，与传统社区养老相比，智慧社区养老更加便捷，并且在成本上更具优势。传统社区养老模式主要是依靠热线电话、志愿者及街道社区人员，专人负责成本较高，给政府部门带来较大的压力。利用信息化手段之后减少了人力、物力，提高了监控水平，从人与人交互转变为人与系统交互，着重将精力放到特别重点的老人家庭进行精神慰藉和关护，一方面提升了街道整体服务能力，另一方面也使老年人足不出户就可以联系到街道工作人员，身心得到关怀。对于一些失去自理能力的老人还可以通过拨打热线电话的方式让专门人员提供上门送餐、日常护理等服务 [15]。

社区是老年人生活的主要场所，也是老年人日常活动的主要场所，在提供养老服务方面具有地缘和亲缘优势。社区养老能满足老年人养老的亲情需求，也能满足老年人接触社会、融入社会的需求。社区能向老年人提供就近而便利的服务。社区养老和居家养老相结合的服务模式不仅能够减轻社会养老机构不足的问题，还能有效地发挥和利用个人、家庭、社区与社会的力量和资源，使老年人的养老服务需求得到保障。

3. 智慧养老的机构模式

我国长期以来实行以家庭养老为主的养老模式，但随着生活节奏的加快，工作压力的增大及经济社会的转型，需要赡养父母的子女压力日益增大，而人口向一线城市的流动也使得空巢家庭不断增多。家庭规模与结构的一系列变化使得家庭养老功能不断弱化。在这样的背景之下，我国对专业化养老机构和社区服务的需求与日俱增。与此同时，养老机构的管理与服务面临着诸多不完善。传统养老机构的信息化水平低，对机构内部人员的管理效率低下，现代化服务装备严重欠缺，从而使得养老机构缺乏合理监管老人、专业护理失能老人的有效手段，无法满足老人的护理要求。这一状况不仅给养老机构的管理和服务带来了极大的困难，还给社会带来了许多潜在问题。近年来，为积极应对人口老龄化带来的挑战，国家颁布了许多事关养老的政策。例如，国务院在《中国老龄事业发展“十二五”规划》中明确指出“推进养老机构的信息化建设”，提出建立老龄事业信息化协同推进机制，建立老龄信息采集、数据分析平台，健全城乡老年人生活状况跟踪监测系统。在《社会养老服务体系建设规划（2011—2015 年）》中再次强调提高社会养老服务装备水平，鼓励研发智慧养老护理设备、辅具，加强养老服务信息化建设，依托现代技术手段，为老年人提供高效便捷的服务，规范行业管理，不断提高养老服务水平，从而建立与社会发展相适应的养老管理体制和运行机制，促进养老事业健康、有序地发展。面对传统养老机构的现实缺陷，在政策的推行之下，机构养老的改革是当前亟待解决的问题。

养老院的智能化建设，需要依托物联网、大数据、互联网等技术，对养老服务供给方式进行创新与尝试。“智慧养老管理服务平台”本着贯彻国家“养老信息化建设”政策精神，结合养老机构现状，旨在提高养老机构的管理和服务水平，规范内部管理流程，加强养老服务体系的信息化建设，从而提高养老机构的保障、服务能力，使老年人群体老有所依。

第一，智慧养老的机构模式提高了工作效率与科学性。养老院的智能化建设，通过智能终端、可穿戴设备等智能化工具，可以有效监测老人的心率、血压并第一时间获取老人的定位信息，如同一个“电子围栏”，有利于提高养老院工作的科学性与效率性。

第二，智慧养老机构降低了运营成本。养老院通过智能化、信息化的技术手段，利用各种智能终端等，可以对老年人进行全天候、科学性的监控与服务；利用机器人等辅具可以帮助身体不便的老年人完成基本的活动，从而减轻了护理人员的负担。在我国人力资源成本不断攀升的背景下，智能化养老的实现在一定程度上降低了养老院的运营成本。

第三，智慧养老机构满足了老年人的个性化需求。养老院的智能化建设，通过健康档案、电子病历、性格、爱好等信息，可以对每位老年人的身体、爱好、心理等情况做到全面了解与及时照护，从而有效改善以往养老院“一刀切”式的服务方式，为老年人提供定制型、个性化的服务。

第四，智慧养老机构提高了政府决策的科学性。养老院的智能化信息系统，综合了老年人各方面的信息数据，是一个储量巨大的数据库。以大数据、云计算为代表的数据处理技术，可以对数据进行综合分析，并深入挖掘老年人的真实需求，从而为政府购买服务的对象确定、具体项目等提供依据，利于提高政府的决策科学性。

以天津市养老院智能化建设为例，天津市已开展了信息惠民试点工程，开始了对养老院智能化的探索。天津市政府在 2017 年政府工作报告中，明确提出了建设智慧城市的目标——“加快发展城市物联网，推广应用云计算、大数据等技术，实现城市智能管理。”天津市开展了惠民信息养老服务和智能化养老服务的改革探索，确定了和平区劲松养护院、南开区鹤童养老院等 7 家养老机构作为信息惠民试点。南开区养老中心建成了全市首个养老服务管理云平台，成为全国首批“养老机构信息惠民试点”。南开区智慧养老服务管理云平台以居家、社区和机构养老模式为基础，覆盖三级养老服务管理网络、24 个社会养老机构、5 家社区日间照料中心及电商提供的以日间照料基本功能为基础的各类为老服务，通过手机、电话、电视、互联网等多入口，实现老人信息和为老服务信息的共享与交互。该养老中心为老人配备了智能终端，具有心率测量、即时提醒、一键呼叫、防走失等功能，并通过“一卡通”实现了门禁、水电、就餐等多种功能[16]。

天津市还开展了养老机构社区延伸服务，通过智能化系统，把养老机构的专业服务引入社区家庭，养老院中的护理人员入户为老人提供生活照料、精神慰藉等服务。例如，龙福宫养老院将服务引入社区，以满足老人的不同养老需求。天津市部分养老机构建立了自己的信息系统，拥有智能腕表等可穿戴智能设备，拥有一卡通、一键呼叫器等众多智能终端，还配备了智能机器人、智能床垫等智能辅具。天津市养老院服务智能化已初见成效。

3.1.4 智慧养老面临的挑战

随着我国养老需求的不断增大，信息化、互联网与物联网技术的发展及相关政策逐渐完善，智慧养老市场方兴未艾。然而，智慧养老迎来巨大机遇的同时，也面临着亟待解决的挑战。

1. 行业缺乏规范化的管理机制与标准

行业标准和市场规范是推进智慧养老服务工作的重要前提，是更好地提供为老服务、加强行业管理的准则和依据。但是，就目前来说，智慧养老行业缺乏规范化管理机制，导致养老服务质量参差不齐、养老需求不均衡释放，造成相关资源的浪费，制约智慧养老产业的发展。

目前，我国与智慧养老相关的政策法规建设总体上为建设性意见，只有地方性的规章制度，缺乏统一的系列政策文件专门规范智慧养老行业的发展，对养老服务相关实践的指导作用还有待完善。从各地的实践来看，虽然绝大部分省市都主动应对养老市场的转变，积极响应国家政策号召，但部分科技、经济发展较为落后的地区在推进养老服务信息化的过程中进展比较缓慢。智慧养老的复制推广，持续、稳定及高效发展迫切需要相应的法律和政策作为坚实的基础。同时，由于目前养老行业未建立质量管理、风险预防、评估评价、纠纷处理、信息互联互通等共同认可和遵守的标准和规范，服务的可及性与纠纷处理的公信力之间还有待衔接[17]。

因此，当下智慧养老行业，应推动建立统一的养老服务标准体系，包括服务机构准入标准、服务产品质量标准、服务质量评价、服务对象评估、服务人员管理标准等多方面。这些标准相互结合形成合理的整体制度结构，宏观层次与微观层次相结合，有条理、有层次地规范智慧养老产业的各个方面。

2. 缺乏适老化设计

众所周知，老年人对新产品的接受力明显弱于年轻人。当今智能产品设计、质量各不相同，老年人在使用过程中存在不适应、难操作、安全隐患等问题，在人性化处理上还有所欠缺。老年人由于身体机能的退化、思维方式的局限与固化，在操作智能产品的过程中会遇上不同程度的困难，甚至会产生排斥心理，导致智能产品的高级功能不能得到有效应用，使多样的精细化服务难以得到传递。例如，2013 年武汉市率先在汉阳区试点开通“一键通”服务，通过对汉阳区某社区近 200 名 65 岁以上老人的问卷调查，认为需要配置一键通手机的有 61 人，不需要的有 132 人，实际需求为 31.6%[18]。

因此，在智慧养老产品的设计方案上，要充分地考虑老年人对新事物的适应性较慢这一特征，否则难以开发出适用性强的智慧养老产品。一款合理的智慧养老产品首先要考虑老年人的生理特点和切身需求，在涉及智能产品时要兼顾便捷、简明、可操作性强的特点；其次还要特别考虑老年人心理慰藉需求、老年人的信息安全和个人隐私等问题。

3. 缺乏专业的人才队伍

目前智慧养老行业，从事服务的人员大多是缺乏专业性知识的人员，其专业化程度低、流动性大，不利于为老年人提供连续的、专业化的服务，智慧养老服务品质也无法得到保障，这一情况会大大影响老年人对智慧养老新模式的认可。

老年服务业人才匮乏的局面，要求大力培养与引进多元化的专业人才，不断扩大人才培养规模，加强养老服务相关专业建设，加快建立养老服务人才培养培训体系，全面提高养老服务业人才培养质量，适应养老服务业发展需求。智慧产品的设计与生产、技术和平台的开发等需要吸纳高新技术人才；养老平台、系统的维护与运营、机构的正常运转需要大量专业的管理人员；老年人的护理、心理疏导，需要具有专门医疗护理、心理辅导知识的护理人员。此外，智慧养老产业链上的所有人员都必须具备相应的信息化知识、能力。由此，将我国老年服务业从人才培养规模小、层次单一、质量参差不齐的状态，转变为人才培养规模显著扩大、人才培养质量不断提升、从业人员素质明显提高的局面，以人才队伍专业化促进老年服务业的高水平、高质量发展。

3.2 智慧养老业务需求

自 20 世纪 70 年代开始，我国全面推行计划生育政策，1982 年，党的十二大把计划生育政策确定为基本国策，2015 年 10 月，十八届五中全会决定全面放开二胎，2016 年 1 月起生育二孩合法化。在计划生育期间，大量家庭带着“只生一个好、政府来养老”的美好憧憬，积极响应国家计划生育政策号召，只生一个孩子，形成了大量独生子女家庭。根据调查分析，1982 年后，城市家庭基本是独生子女家庭，农村家庭约 28%是独生子女家庭。近几年来，早期响应国家计划生育政策号召的独生子女父母已逐渐步入老年，年龄大的在 70 岁左右。此时，独生子女肩膀上开始承担起越来越多的社会责任，不能陪在父母身边成为常态。这样的现实造成独生子女家庭老年人注定要经历漫长的“空巢”生活，面临着严峻的养老困境，同时给子女无论是精神上还是经济上都造成严重的养老负担。

按照中国 65 岁以上的老年人 5%痴呆患病率估算，我国有将近 1000 万的痴呆患者，其中的 5～6 成是阿尔茨海默病患者，因此老人走失情况时有发生。除阿尔茨海默病之外，造成老年人痴呆的原因还有很多，一部分心脑血管病患者会因出现认知损害，导致痴呆；有些帕金森病患者也会出现痴呆。无论在室内还是在室外，失智老人一旦走失，诸多不可控的危险因素就会随之发生，尤其以跌倒和交通意外伤害居多，造成的后果对老人及其家人的生活质量影响很大。因此开发便于老人佩戴或携带、适用于室内和室外的身份识别及定位告警产品是非常有必要的，一旦老人发生走失、跌倒等意外情况，家属可第一时间获知老年人方位或告警信息，及时进行救援，陌生人也可以通过智能设备获知老人的身份及联系到老人的家属。

老年人群是各种慢性病的高发多发人群，会有较多的身体异常变化与风险隐患，借助健康监测设备及互联网，基于健康数据的监测结果，建立专属健康管理档案，给出健康状况评估，帮助老年人在疾病形成之前进行有针对性的预防性干预，可以成功地阻断、延缓，甚至逆转疾病的发生和发展进程，并有针对性地提出个性化健康管理方案，使老年人生理、心理、运动等多个角度得到全面的健康维护和保障服务，实现维护健康的目的。慢性疾病的发生发展过程非常复杂，生命体征参数背后隐藏着极大的医疗价值，需要对生命体征数据进行有效整合和特征分析，提供慢性病老年人个人健康预警和群体性慢性病防控预警。2016 年 8 月 26 日，中共中央、国务院印发《“健康中国 2030”规划纲要》，将国民健康提高到国家战略高度，以“共建共享、全民健康”为健康中国的战略主题，强调要以人民健康为中心，坚持以预防为主，推行健康生活方式，减少疾病发生，强化早诊断、早治疗、早康复，将健康作为制定实施各项公共政策的重要考量，力求将各种健康危害因素降到最低，实现全民健康。

依国际惯例，每 3 位老年人需要 1 名护理人员。以我国 4060 万位失智失能老人为基数测算，护理人员需求量至少 1000 万名。2017 年年底的数据显示，全国取得养老护理员资格证的仅 30 万人。为加快推进养老服务业发展，开放养老护理员培训市场，扩大培训规模，减少政府层面的鉴定、认证，民政部门 2018 年年底取消了养老护理员国家职业资格。此前，人力资源和社会保障部颁发的养老护理员证，考取门槛并不高，文化程度要求是初中水平，这也是当前养老护理员的平均文化教育程度。在 30 万名持证护理员中，其中 40 岁以上的占到 50%以上，高中以下学历占 7 成，养老护理队伍的人数和专业技能都远远落后于现实需求，造成我国养老服务专业人才培养始终处在“两难”的发展困境中，养老服务人才的稀缺与从业人员的大量流失并存，养老服务专业人才队伍的发展现状严重制约了我国养老服务行业的发展，影响到老年人养老服务需求的满足。依据老年人身体状况和自理能力，需要提供不同程度的照料，针对失能失智老年人而言，需要 24h 照料；针对有自理能力的慢性病老年人而言，除适当进行日间照护之外，夜间和睡眠时段属于慢性病高发时段，更需要做好护理防范。针对居家老人而言，儿女一旦上班，则无法进行全天照护，仅有少数经济条件较好的老年人会请护工照料。对于很多经济状况欠佳的独居老年人来说，请护工照料是难以企及的事情，这就需要智能监测设备监测老人心率、呼吸、血压等生理指标，一旦发生指标异常或跌倒，子女端会第一时间接收到异常告警信息，采取救助措施。独居老年人存在很多安全隐患，一旦发生健康危害，几乎没有自救能力，同样需要智能监测设备将异常信息传送给亲属或社区相关人员。针对在社区进行日间照料的老年人而言，同样面临护理人员数量短缺、护理水平不高、护理设备不完善的窘境，这就需要智能电子设备分担护理人员的工作，提高其护理效率。部分经济条件较好的老年人选择在养老机构养老，目前养老机构多采用人工巡视的方式，不仅容易打扰老年人休息，也增加了护理人员的工作量和工作压力，需要改变传统护理方式，在不干扰老年人正常睡眠的前提下，对老年人的生命体征数据进行监测，并对异常情况进行及时告警，进而提升护理效率。

新时代老年人已不再满足于衣食无忧了，除要满足他们的健康安全需求之外，“老有所托，老有所系，老有所学”成为新时代老年人的追求。老年人的消费观念、生活方式不断更新，消费观念由节俭、节省逐步向花钱买快乐、花钱买健康的消费理念转变，消费支出持续扩大，将更多的支出用于提升生活质量，加大了旅游、文体活动、文化教育等休闲娱乐方面的支出，在德、智、体、美、育各方面全面提升。通过合理安排自己的支出结构不断提高自己的消费生活质量，实现年轻时未能实现的消费愿望，越年轻的老年人群体消费能力相对越强。尤其空巢老人，若缺乏社交娱乐活动，易感到情感孤寂，导致老年抑郁症患者增多，应将其作为公共卫生问题和社会问题予以重视，全方位关注，全面谋求改善。打破老年人的被动孤立状况，让他们互通、互助、融入社会，让老年人拥有社会依存感。居家养老服务内容除基本的生活照料和康复护理之外，还应逐步向精神慰藉领域拓展，包括定期开展精神慰问活动和各种文娱活动及入读老年大学等。老年大学应大力向基层发展，加强对街道、社区老年学校或办学点的投入，解决供需矛盾。精神慰藉居家养老服务是对传统家庭养老模式的补充与更新，对破解日趋严峻的养老服务难题、切实提高老年人健康及生活质量具有十分重要的意义。富有闲暇时间的老年人的休闲问题，已成为老龄工作中日益突出且亟待解决的问题。随着物联网应用的推进，物联网技术正在与社交网络结合，形成一种以私有物体信息上网为媒介，以社交娱乐为目的的新的网络——社交物联网。社交物联网与智慧养老的深度结合，可协助老年人与志愿者沟通服务，帮助志愿者和福利机构精准对接需要帮助的老年人，根据数据分析的结果在精神和物质上提供切实的帮助；并且通过信息互动和交流功能，可组建虚拟社区以促进老人的社交活动，提升精神愉悦感；为老年人提供除基础医疗、护理、健康服务之外的特色服务，丰富智慧养老的多样化服务模式。

3.3　智慧养老技术架构

基于物联网的智慧养老体系技术架构如图 3-1 所示，共分为 4 层，分别是应用层、平台层、网络层及感知层。

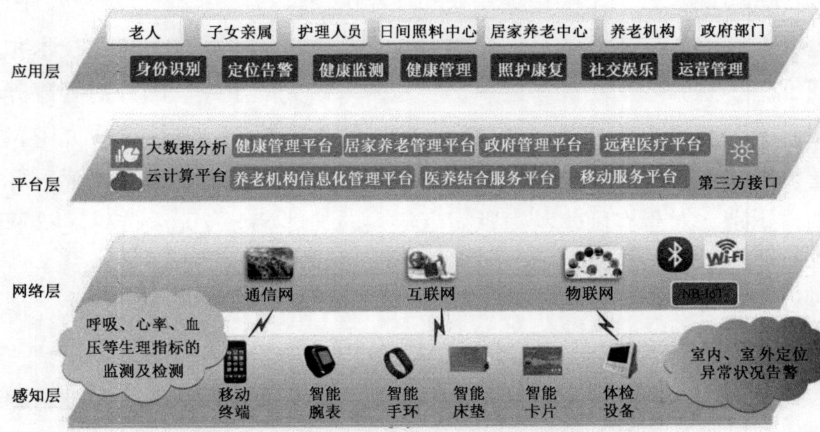

图 3-1　基于物联网的智慧养老体系技术架构

应用层面对老人、子女亲属、护理人员、日间照料中心、居家养老中心、养老机构、政府部门等不同对象展现相应的业务场景，包括身份识别、定位告警、健康监测、健康管理、照护康复、社交娱乐及机构的运营管理等多维度的业务场景。

平台层针对不同的业务场景需求同时基于大数据分析及云计算开发相应的平台，包括健康管理平台、居家养老管理平台、政府管理平台、远程医疗平台、养老机构信息化管理平台、医养结合服务平台及移动服务平台等，同时可以根据客户需求提供第三方接口。

网络层包括通信网、互联网及物联网。采用的是支持低功耗近距离的蓝牙及 Wi-Fi 无线通信技术，以及支持低功耗远距离无线传输的 NB-IoT 技术，实时针对老人行踪进行定位及激活呼叫告警功能。网络层同时可以将健康数据传送至平台。

感知层包括各种移动终端设备、智能监测设备及移动体检设备等，用于获取老人的呼吸、心率、血压、血氧等各种生理参数指标，通过网络层上传健康数据，生成健康体检报告或健康档案，为老人的日常健康监护提供参考数据。

3.4 物联网技术在智慧养老中的应用

研究表明，国内智慧养老研究围绕物联网、养老方式和模式、养老体系建设及城市建设等方面展开，其中物联网技术处于核心地位。物联网仍将是未来研究的热点领域，其衍生的相关产业和产品的研究也将得到广泛关注。国外智慧养老研究围绕智能家居的具体应用功能、无线传感网展开，侧重技术和应用功能研究，智慧养老的功能和应用仍将是未来研究的重点。国外对智慧养老的研究以基于智能传感的智慧养老功能系统设计为开端[19]，在后续研究中，主要围绕智能家居的具体应用功能（如老年人护理、健康监护、远程医疗、环境辅助、动作识别、对患有阿尔茨海默病老年人的护理等）及无线传感网[20]展开，关联性比较强，侧重技术和应用功能研究。

在顶层设计方面，国家相关机构与时俱进，相当重视物联网技术，特别是将物联网与智慧养老相结合的模式。面对我国“未备先老”“无人养老”“未富先老”的情况，国家从顶层设计上关注智慧养老事业，借助物联网技术解决养老难题。工业和信息化部、民政部、国家卫生健康委印发《智慧健康养老产业发展行动计划（2017—2020 年）》。该计划利用信息化手段、互联网和物联网技术，研发面向居家老人、社区的物联网系统与信息平台，并在此基础上提供实时、快捷、高效、低成本的物联化、互联化、智能化的养老服务，将智慧养老上升至国家战略层面，有序打开超过万亿元的市场空间 [21]。我国在国家政策或国家战略层面出台了一系列关于信息技术智慧养老规划，设立了有关智慧养老的专项顶层设计，结合物联网的发展特点创建“物联网+智慧养老模式”，智慧健康养老产业体系将基本形成。在政策方面，对从事养老服务的护理人员、社工人员等在落户积分、升学等方面予以奖励，引导社会各界进行“养老大开发”，同时为养老行业的从业者提供优惠。《物联网“十二五”发展规划》指出：把物联网技术用于医疗领域的智能健康行业将成为未来给予重点支持的行业之一；支持移动医疗和移动医联网，把老年健康信息化服务作为重要产业[22]。

在数据治理方面，研究养老的数据治理问题，明确不同利益相关者的数据职责。智慧养老的一系列数据具体应该由谁收集、由谁管理、由谁拥有及如何实现数据共享，都需要行业给出规范。在接口规范方面，不同部门系统、不同提供商系统应该互联互通。智慧养老系统的接口设计不仅涉及系统开发，更多的是需要顶层设计及数据治理层面的指导，防止无效的、冗余的接口设计。同时，强调平台和产品的持续使用问题，无论是智能养老产品还是智慧养老平台，都需要保证老人使用的连续性和黏性，尽量避免搁置、闲置、空置的情况出现。

在社会关注与舆论引导方面，学术界和企事业单位强调物联网的重要性，并且呼吁将物联网技术应用到智慧养老领域。例如，很多单位或机构设立了专门网站，对智慧养老案例进行归纳整理和推送，并宣传最佳养老实践案例，借助舆论引导年轻人从事有关爱心的事业和工作，改善我国养老服务人才结构。同时，探索智慧养老及其范例，通过近几年养老科技的突破等进行在线示范宣传。在产品的界面和交互方式上，进一步考虑“适老性”设计，保证为老服务产品的设计符合老人的生理特征，满足“好用”和“爱用”的要求。

在物联网技术工具及其应用方面，物联网智慧养老模式的运用解决了老年人走失及空巢老人的安全等问题。物联网技术与养老产业快速融合，智慧养老设备与服务与时俱进，在健康风险预测、慢性病日常管理、疾病应急响应等方面为老年人群提供高质量的创新服务，助推我国大规模的养老服务模式的建立和发展。养老虽然是一个“夕阳红”的事业，但依然充满了科技时尚感，通过物联网技术贴近养老服务，让养老资源切实落地，促进养老事业的发展。目前，世界各国的物联网基本都处于技术研究与试验阶段。我国的互联网技术和物联网技术不断取得突破与发展，应用范围不断扩大，其中养老产业是物联网应用的重要领域之一。物联网在养老产业中的创新与突破，展示出其在智慧养老中的广阔应用趋势。

根据老年人的不同需求，智慧养老产品一般可以归纳为六大类。一是穿戴式。通过可穿戴电子产品，实时对老年人的特定生理参数进行采集。二是移动式。移动式主要通过安装在移动工具上的产品对老人进行生理监测。三是非接触式。利用声光电感应技术，分析老年人的正常和异常行为，完成对老年人的非接触式监护。四是便携式。便携式分为家庭便携和社区医生便携两种。五是固定式。设备固定安装在不可轻易拆卸或移走的地方，实现必要的监控管理、康复和生活照料服务。六是无意识触摸式。该系统利用遍布在床、坐便器等处的无线传感器，分析和跟踪老人的活动性或轨迹[23]。

3.4.1 老人监护技术的应用现状

在智能设备逐渐普及、物联网迅速发展的背景下，利用多样化、小型化的传感器进行智能监控是可预期的趋势之一。借助智能监护系统，被监护对象的各种行为信息可以被及时加以分析利用。例如，针对异常事件如老年人跌倒、摔碎物品、求救呼喊等可以给出警报，对日常行为时间点进行挖掘得出行为模式，用于指导作息、判断行为主体是否异常，长时间无活动需要判断老年人是否已悄然离世等。基于物联网技术的老年人监护系统逐渐成为判断的依据。在此，对典型的物联网监护技术进行分析。

1. 基于可穿戴式传感器的老年人监护技术

随着物联网和信息技术的发展，利用物联网技术设计专门适用于老年人的科技产品越来越多，其中智能腕表或智能手环就是典型的利用传感技术设计的可穿戴式的老年人监护产品，如图 3-2 所示。智能腕表或智能手环对老年人来说，是最便利、最适合监测他们行为与健康的设备。它能够实时监测老年人的身体状态并将身体状态信息及时地传递至其子女，这在很大程度上解决了老年人生活中的不便，使其生活质量得到提高，进而提升了幸福指数。

图 3-2　智能腕表和智能手环

人工智能在养老方面最大的用处就是进行老年人健康的识别。健康识别主要是通过收集用户的外在行为和体征变化而进行的。通过这些数据对用户的身体状态进行推断，通过脉搏、体温、行为、心率，甚至言谈来判断用户的健康状态变化。手环或腕表的设计内置 GPS 定位、加速度传感器、心率传感器、体表温度传感器、实时时钟模块、OLED 显示模块、蓝牙无线通信模块、语音模块、定时模块，以及锂电池的充电、升压、稳压电源电路。同时将支持向量机运用在语音识别系统中，在存储大量数据后，通过分析语音的速度、语调对用户的健康进行监护。通过采用 TI 的心电呼吸监测模拟转换器将数据直接上传至子女的移动终端或养老院的客户终端、后台服务器。硬件监测到的数据通过蓝牙模块传输到医疗计算平台中心服务器，进行大数据分析。在云计算与大数据的背景下，借助目前比较流行的大数据处理技术及数据挖掘算法进行面向用户健康服务的大数据分析与处理，并返回用户的健康状态[24]。

智能手环可以从多个方面对老年人进行监护。首先，对老年人的日常运动进行监测，并实时生成健康报告。老年人期望对自身的运动和健康状况有一定的了解，智能手环从平时的监测与生成运动报告两方面进行设计，并针对老年人的个体情况给出保健和运动的建议，同时把平时数据传输至平台，让平台研究后推送给子女与医院，院方提供有关保健和运动方面的建议书，而子女能够进一步掌握父母的健康状况，进而依据相关建议实现对父母有针对性的关怀。其次，可对老年人进行实时定位监护，智能手环可利用 GPS 记录老人每次运动的里程图，子女能够实时查看父母的运动轨迹，如果路上走失，子女在查看定位后也能更快找回，以确保父母的人身安全。再次，可呼救的快捷急救功能有利于及时向医院或子女反馈老年人的状态。智能手环的一键呼叫（急救）功能，使老年人在突发意外时也能够采取措施挽救生命，一键急救功能直接将信号发送给医院和子女，帮助老人最快获救[25]。最后，智能手环可为老年人提供具有针对性的医疗服务和救治，由于智能手环记录了老年人日常生活的数据，通过数据联网到医院，医生能从各种数据更加直观地分析老年人的身体状况，减少误诊。此外，智能手环还提供天气预报、生活常识提醒等生活服务。例如，老年人想要知道第二天的天气状况，他只要喊出天气预报等语句即可获取最新天气状况，不用再等每天傍晚 7 点的天气预报了。此外，天气骤变手环会提前一个小时进行提醒。老年人可根据自身情况及时安排生活中的事务，避免因赶时间而造成意外。

除智能手环外，还可利用可穿戴式传感器技术进行跌倒监测的老年人摔倒监护系统，基于可穿戴式传感器的老年人监护技术是指将加速度传感器等可穿戴式传感器穿戴在老年人身上，然后利用获取的加速度等相关信息来判断监护家庭中的老年人是否有跌倒等异常行为发生。老年人摔倒监护系统主要可以分为两类：基于足底压力传感器跌倒监测技术和基于三轴加速度传感器跌倒监测技术。这里首先分析基于三轴加速度传感器跌倒监测技术，这种技术通过建立人体三维空间模型，利用三轴加速度传感器采集 3 个轴的加速度数据进行判断，具有较高的精确度。

这个系统主要包括摔倒状态监测模块、人体生理状态监测模块、GPS 定位模块及远程监护模块等。当用户摔倒时，摔倒状态监测模块通过三轴加速度传感器监测，微控制器对测得的加速度信息进行判定，并通过心率测量模块采集心电信号，计算心率，确认摔倒后立刻与远程监护平台通信，告知监护人，并通过穿戴式生理状态监测模块实时监测其心率信息，利用 GPS 定位，通过无线通信的方式将摔倒位置及生理信息实时反馈给监护人。其中，心率监测模块采用的是功耗低、准确度高，且较为简单方便的单导联心电测量方式，从心电电极得到的心电信号通过缓冲电路、前置放大电路、滤波电路得到心电信号波形，再进行一系列的计算，确定心率数。GPS 定位是通过 GPS 定位模块与远程监护平台之间通信实现的，通过 GPS 定位，利用手机内置的远程监护平台调用百度地图实现位置信息测量 [26]。

在日常生活中，人体最基本的静态姿势包括仰卧、俯卧、侧卧、直坐、前倾坐、后倾坐、直立、前倾立、后倾立、蹲等情况。在研究摔倒时，将立姿身体左倾、立姿身体右倾、坐姿身体左倾、坐姿身体右倾也看作人体静态姿势。这几种基本静态姿势之间相互组合就构成了人体的基本活动姿态，包括躺下、趴下、起身、弯腰、坐下、起立、行走、慢跑、小跳、上楼梯、下楼梯及摔倒。摔倒可以按摔倒方向的不同分为前向摔倒、后向摔倒、左向摔倒和右向摔倒 4 种情况 [27]。人体在进行这些活动时，身体的加速度和姿态角会发生变化，通过对不同动作的加速度和姿态角变化来判断是否发生了摔倒 [28]。此外，摔倒监测算法不仅对处在同一水平面的动作进行监测，还对跳跃这种很可能发生在两个不同水平面的动作进行监测，通过建立三维坐标轴来测算加速度幅值和姿态角，三轴加速度传感器能够直接测出三维坐标系的数据。这种基于穿戴式的老人摔倒监测系统的设计，通过对人体正常活动与摔倒发生时重力加速度、加速度向量幅值及人体姿态角之间的对比，得到了一种方便实用的老人摔倒判断方法。这种方法能够有效地监测摔倒状态，及时对摔倒老人进行救助，降低伤害，具有良好的经济价值和社会价值[29]。

2. 基于音频信号的老年人监护技术

除智能手环和智能腕表这种基于可穿戴式传感器的老年人监护技术之外，还有以音频信号为基础的老年人监护技术。首先是一种基于麦克风传感网络的老年人监护系统，该系统将室内音频信号作为唯一监测信号（在这里待定位声源并没有限定，既可以是人的语音、动作声音，也可以是家居环境中的各种自然声响，如物品摔落、碰撞等），利用搭载麦克风的智能终端进行音频信号采集，利用无线网络传输数据与指令，并将基于能量比的声学几何定位算法作为监控的核心功能，然后对采集的声音进行分析，得出相应的结论。

这种音频监护系统分为采集端、信息融合分析端和可视化监护三部分。采集端通过麦克风采集音频信息并做简单的处理，通过无线网络发送数据到服务器端。信息融合分析端是指服务器监听并接收从各个终端设备发送的音频数据，按照时间窗口计算累计能量。时间窗口结束时读取所有设备的累计能量值及各自的空间坐标作为定位算法的输入。使用多进程程序进行定位计算，返回估计的声源位置坐标。可视化监护包括实时监护与历史查看两部分。实时监护用于显示各个采集端的数据发送活动，在三维空间展示估计声源与各采集点之间的位置关系；历史查看用于显示指定时间段其估计声源的位置变化情况。

这 3 个系统具体的工作过程为采集端负责从麦克风获取音频数据并上传至信息融合分析端，具体又细分为几个子流程。初始化用于终端程序的启动、设置坐标参数、服务器网络参数及开启和服务器的连接。初始设定完成，接收到采集命令后开始对采集缓冲区的数据进行操作，包括实时显示（观察调试）、对数据进行网络格式转换（数据位宽、大小端处理）、封包和发送。融合部分需要不断监听来自采集端的连接，接收到数据后首先做格式识别并转换为归一化格式，然后视需求对原始数据进行保存。信息融合分析端应该按照本地的时钟自行划分时间窗口，如每 1/3 秒作为一个计算窗口，在此窗口内接收音频数据计算能量值并累加到设备对应的能量和上，窗口结束，读取所有设备的累积能量值作为定位算法参数进行计算。由于时间窗口较短，而定位计算程序时间较长，为了避免计算对程序形成阻塞，需要为计算子程序开启进程池。每个时间窗口结束就从进程池提取空闲的进程进行运算，完成后返回结果并释放资源再等待计算任务。决策部分利用融合部分获得的定位结果实时反馈给监护者，用以判断被监护人的活动位置。同时，原始的音频数据及定位事件数据也需要进行存档，它们可以作为异常声音报警决策和历史数据分析的依据 [30]。

不仅要为老年人设计适合他们的音频监护系统，还要对发生在老年人身边的异常事件进行报警。往往是这类事件对老年人的身体健康状况和生命财产安全构成了威胁。为居家老年人设计的异常事件报警系统所涉及的声音类别涵盖自然声和语音，同时排除了部分声音种类，是一个具有一定特殊性的信号集合。例如，烟雾报警器的报警声、玻璃窗户被打破的碎裂声等自然的声音和老年人摔倒在地、老年人持续的咳嗽，甚至老年人呼救的声音等关乎老年人身体健康的语音。在多数情况下，由监护的场景和被监护对象的特殊性来决定遇到的声音是否具有特殊性。例如，对于患有睡眠呼吸暂停综合征的老年人，睡眠时出现打鼾及鼾声不规律都可能导致呼吸暂停甚至猝死，因此鼾声可以作为判断老年人健康是否异常的依据之一；许多老年人身体虚弱，容易感染风寒，进而咳嗽不止，这也可以用于初步判断老年人的键康状态。由此可见，对异常事件的划分具有一定的个性化特征，监护不同的老年人采用不同的异常划分，可以体现出被监护对象之间的差异。

对异常事件报警的音频监护系统关注公共数据集中区域，并且结合本地录制的分类标记采样组成原型数据集。此外又处理了音频样本，包括提取、预处理及选择原始数据群的流程，此后将形成的特征矩阵输入分类器进行交叉验证试验，根据数据分类的精度、流畅度等指标对该流程进行整体评价并及时反馈到数据算法当中。当分类器的识别效果达到饱和时，或者数据处理流程持续稳定时，再将算法上线运行，对实际采集到的信号进行分类。这里的分类是需要不断进行精确划分的，并将错误样本的反馈调整纳入异常事件报警系统进行不断训练的过程。

3. 基于视觉传感器的老年人监护技术

基于视觉传感器的老年人监护技术是指利用单个或多个视觉传感器作为前端数据采集设备，然后通过前景提取技术、动作识别技术、目标跟踪技术和异常行为分析技术判断老年人当前的行为是否正常，而一旦发生异常，系统便会自动报警且将信息发送给医护人员或监护人。这种监护系统的工作原理是：首先，获取客厅内的全景视频图像；其次，利用图像处理技术、人工定制环境信息技术和行为分析技术对视觉范围之内的异常行为进行分析；最后，利用老年人日常生活规律分析视觉范围外的异常行为。为了保护老年人的日常生活隐私，系统将视频图像中获取的有用信息（如时间、姿态、动作、环境等信息）保存到本地数据库中，然后经过网络将这些信息传送到远程监护端，并转化成虚拟人实时地显示在远程监护端的监护网页中。远程监护者可以在不侵犯被监护者生活隐私的情况下及时了解被监护者的情况，以便做出相应的处理措施。该系统不仅能通过老年人日常生活规律分析视觉范围之外的异常行为，还可以利用人工定制技术定制的环境信息和行为分析技术分析视觉范围之内的跌倒等异常行为，如老年人由于绊倒因素引起的跌倒、老年人由于某种身体疾病躺在不该躺的区域等异常。同时，该系统具有保护老年人日常生活隐私功能，保证了老年人日常生活隐私免受侵犯。该系统采用的作为前端数据采集的设备，具有设备成本低、视角范围广、监控时不需要瞄准目标、一幅图像所含的信息量大等优点，使监护成本大大降低，使检测算法变得相对简单 [31]。

依靠视觉传感器，不仅可以设计出对老年人进行全方位监控的智能系统，还能进一步设计出老年人突发失能检测系统。近几年，随着老龄化趋势不断加强，越来越多的智能产品被设计出来并用于全方位监护老年人，但突发失能是一种突发性的、不可预测的肢体运动能力的丧失，严重威胁老年人的健康，因此对于老年人突发失能的监测显得尤为重要。对于老年人突发失能的监测远远不止于对老年人跌倒检测系统的设计，更是对于突发情况有较强的敏感性和及时的信息反馈。这种基于视觉传感器搭建的老年人突发失能监测系统，针对目标长时间静止定位失效问题，采用目标包围盒选择性更新策略，解决老年人在静止状态下的监测问题。在数据采集方面，采用视频图像网格化处理和占据状态标记方法，有效统计老年人进入不同子区域的次数和驻留时间，建立基于驻留时间的高斯模型实现对老年人的突发失能监测。这种监测系统实时性和稳定性较好、准确度高，可有效实现老年人突发失能的监测。首先，利用 ViBe 背景建模方法定位监控范围内的老年人，并统计老年人在室内不同区域的驻留时间。其次，利用采集的老人驻留时间数据建立老年人区域驻留时间高斯模型，获取老年人在不同区域驻留时间的阈值，并实现突发失能监测。这种方法能够有效监测老人坐、卧状态下的突发失能 [32]。

4. 基于压力传感器的老人监护技术

前面讨论了专为老年人设计的加速度跌倒监测系统，在此，继续讨论为老年人设计的基于足底压力传感器的跌倒监测技术。这种基于压力传感器的跌倒监测装置可以划分为 4 个模块：压力采集模块、基于微处理器的数据处理模块、无线通信模块和后台。压力采集模块是将其设计成鞋垫放入鞋内，用来监测足底的压力，这种设计简易方便、实用便捷。鞋垫由较薄的塑料材料制成，在前脚掌和后脚跟分别安装一个压敏电阻器，通过测量电阻器的阻值变化来判断压力变化，用于收集压力值。基于微处理器的数据处理模块负责采集从压力采集鞋垫获得的数据信息，通过线路与压力采集鞋垫连接，对收集的数据进行分析处理。无线通信模块的任务首先是将经过微处理器的数据处理模块处理后的数据实时地无线传输到后台，它可以实时地监测并将脚底的压力反馈给监测者；其次采用高采样率的无线传输方式使得距离在 5m 范围内的情况能够得到高准确度的反映，降低误差率，使得整个系统可靠、精确。通过无线通信模块的传输使后台得到压力传感器采集到的数据，经过后台基于支持向量机的跌倒监测方法及时准确地判断老年人是否跌倒，并以多种方式发出警报（如警报铃声、警报闪光和警报信息等）。

基于压力传感器的跌倒监测系统是结合微传感器、数据采集及无线通信等技术，利用压力传感器感应人体行动中对鞋底产生的压力信息并分析处理而设计的，用于监测老年人的跌倒等意外状况。这个系统具有较高的准确性和可靠性，可以为老年人提供安全保障和准确的监护，同时不会侵犯老年人的隐私及改变其生活习惯[33]。除基于压力传感器的跌倒监护系统之外，老年人监护技术还为老年人设计了一套基于分布式压力采集技术的养老监护系统，这个系统主要由监护终端、RS485 总线通信、监护中心 3 个部分组成。其中，监护终端由传感器、调理电路、A/D 转换电路及单片机模块等组成，主要负责数据采集处理工作；RS485 总线通信负责将各节点的信号汇总并传输到监护中心；监护中心主要对数据进行处理，包括老人状态判断显示、数据存储和异常状态报警等。该系统的 3 个部分相互配合，共同实现对老年人的全方位的监护。

系统监护终端在采集压力分布信息的同时，对压力分布信息进行分析，判断出老年人的状态信息，主要包括觉醒状态、睡姿状态、离床状态、异常滞留等[34]。通过对老年人各种状态的分析对老年人进行全方位实时监护，并及时采取措施。基于分布式压力采集技术的养老监护系统监测是无捆绑、无粘贴的，减轻了老年人的心理负担。该系统具有老年人睡姿监测、觉醒监测、离床警告、异常滞留警告等功能。利用该系统能够对整个养老院范围内的老年人进行实时监护，对老年人出现的异常状态进行短信警告，防止意外事故发生，提高对老年人的监护质量，同时减轻了护理人员的工作负担[35]。

3.4.2 基于物联网建设智慧养老信息平台

结合当前物联网技术及 IT 技术成果，早在 2015 年中国科学院物联网研究发展中心就提出了针对养老机构的“智慧养老院管理服务平台”解决方案，该平台的研发成果可以推进养老机构的信息化和智能化，为管理部门和养老机构带来更高效的管理模式，为老年人带来更加优质的服务，是一套适用于养老机构的管理及服务平台。这一平台类似一个虚拟养老院，利用呼叫中心的技术，建设了一个城市的网络社区平台，能够及时为老年人提供优质服务。这一信息平台服务更加快捷，发起方式极为便利，服务内容更加全面，取得了较好的成效。除机构养老信息化平台之外，近几年基于物联网的社区养老信息化平台的开发建设水平也同样突飞猛进，平台集成了传感技术、传输技术及云计算等技术，基于传感技术的多种智能家居设备、视频设备、可穿戴设备已逐渐市场化，并且具备一定的可靠性和效益性；基于传输技术的光纤线路、无线网络、移动通信网络也日渐准确、快捷；基于云计算技术的可扩展、弹性化的技术服务已成为主要趋势。智慧养老信息平台是信息技术与养老服务深度融合创新的成果，应当具备实时感知、集成共享、智能处置、整合协同及远程交互等智慧化特征 [36]。

3.4.3　物联网在健康医疗养老服务中的应用

在医疗领域，物联网应用主要集中在人体的监护和生理参数的测量等方面，可以对人体的各种状况进行监控，并利用各种传感器把监测数据通过无线方式传送到专用的监护仪器或各种通信终端，如 PC、手机、PDA 等。研究表明，人体表面或内部可以部署 10 ~ 20 个传感器。健康物联网可以将传统实体医疗资源从特定的时空内抽取出来，进行虚拟化处理，分享到公众的身边；它将在突发疾病的应急响应和日常生活中的慢性病管理两个方面发挥关键作用，与传统的实体医院相辅相成，共同打造智能便捷的健康养老服务 [37]。

3.5　发展基于物联网技术的智慧养老产业迫在眉睫

智慧养老是指基于云计算、互联网、物联网、人工智能等先进的信息技术手段及智能设备，开发连接老年人、社区和机构的物联网服务平台，为老年人提供便捷、高效、专业与智能的信息化养老服务。通过智慧养老服务平台，将政府、医疗服务机构、家庭及个人连接起来，从身份识别、定位告警、健康监测、照护康复、社交娱乐等不同维度满足老年人多样化的养老需求。智慧养老是将现代科技与养老服务相结合的一种创新型养老模式，它不仅符合当前我国国情、顺应民意，还为养老产业的未来发展指明了方向，拓宽了养老服务的内容，减少了时间成本和人工成本，减轻了子女照看老人的压力，提高了养老服务的质量和效率。近年来，我国关于倡导智慧养老的政策密集出台，说明智慧养老的发展迫在眉睫，实施智慧养老服务是政府关注民生的一部分，也体现了我国建设服务型政府的要求。但我国智慧养老在全面实现过程中可能会遇到制度、技术、资金等问题，这需要通过政府、社会、企业的共同努力，在不断评估的基础上将风险降到最低，以顺利度过“银发浪潮”，推进养老事业升级，真正实现我国老龄人口“老有所养”“老有所依”。

本章小结

物联网将是未来研究的热点领域，其衍生的相关产业和产品的研究也将得到广泛关注。毋庸置疑，物联网作为新兴的信息网络技术，将对我国智慧养老产业发展起到巨大的推动作用。

参考文献

[1] 白玫，朱庆华. 智慧养老现状分析及发展对策[J]. 现代管理科学，2016(9): 63-65.

[2] 席恒，任行，翟绍果. 智慧养老：以信息化技术创新养老服务[J]. 老龄科学研究，2014，2(7): 12-20.

[3] 贾伟，王思惠，刘力然. 我国智慧养老的运行困境与解决对策[J]. 中国信息界，2014(11):56-60.

[4] 祝雯隽，陈轶. 物联网技术让养老服务延伸至家庭刷卡提供定制服务[EB/OL]. http://wx.sina.com.cn/news/wxnews/2016-10-28/detail-ifxxfysn7932077.shtml，2016-10-28.

[5] 徐志立. 首都智慧养老服务模式研究[M]. 北京：中国铁道出版社，2018:16.

[6] 管清友，唐川. PPP养老模式推行正当时[EB/OL]. http://www. cfen.com.cn/rwcj/sxh/201605/t20160512_1987961.html，2016-05-12.

[7] 金可. 北京：十类养老服务辐射社区可获补贴[EB/OL]. http://www. gov.cn/xinwen/2016-10/19/content_5121245.htm，2016-10-19.

[8] 徐志立. 首都智慧养老服务模式研究[M]. 北京：中国铁道出版社，2018:17.

[9] 朱勇. 智能养老[M]. 北京：社会科学文献出版社，2014:105-107.

[10] 段菁菁. 居家智慧养老：未来养老新模式[EB/OL]. http://www.xinhuanet.com/politics/2017-01/02/c_1120229503.htm，2017-01-02.

[11] 薄欣. 城市社区信息化建设及其发展研究[D]. 大连：东北财经大学，2011.

[12] 石刚，李子平. 社区智能养老服务系统构建研究[J]. 电子政务，2015(4): 82-89.

[13] 沈苏彬，范曲立，宗平，等. 物联网的体系结构与相关技术研究[J]. 南京

邮电大学学报：自然科学版，2009，29(6): 1-11.

[14] 高盼. 通过“综合服务平台”推动智慧养老建设——北京市东城区北新桥街道智慧养老工程[J]. 中国信息界，2014(5): 65-67.

[15] 朱勇. 智能养老[M]. 北京：社会科学文献出版社，2014: 115-117.

[16] 李昊. 天津市养老院智慧养老进程中的障碍及对策[J]. 管理观察，2017(15): 132-134.

[17] 屈贞. 智慧养老：机遇、挑战与对策[J]. 湖南行政学院学报，2016(3): 108-112.

[18] 毛羽，李冬玲. 基于 UTAUT 模型的智慧养老用户使用行为影响因素研究——以武汉市“一键通”为例[J]. 电子政务，2015(11): 99-106.

[19] Williams G，Doughty K，Cameon K，et al. A Smart Fall and Activity Monitor for Telecare Applications[C]. Engineering in Medicine and Biology Society，Proceedings of the International Conference of the IEEE. 1998(3): 1151-1154.

[20] Suryadevara N K，Mukhopadhyay S C. Wireless Sensor Network Based Home Monitoring System for Wellness Determination of Elderly[J]. IEEE Sensors Journal，2012，12(6) : 1965-1972.

[21] 刘艳. 智慧养老升至国家战略[N]. 中国老年报，2017-3-2.

[22] 郑世宝. 物联网与智慧养老[J]. 电视技术，2014，38(22): 26.

[23] 杨静，张晓，许春秀. 物联网在智慧养老建设中的应用[J]. 产业与科技论坛，2015，14(19): 60-61.

[24] 张文绮. 基于智慧养老的可穿戴计算设备的设计与挑战[J]. 科技经济导刊，2018(16): 1.

[25] 王珊. 老年人可穿戴运动健康监护产品研究——以智能手环为例[J]. 工业设计，2016(9): 65-66.

[26] 蔡靖. 基于穿戴式平台的老人摔倒监测系统设计[J]. 传感器与微系统，2017(7): 130-132.

[27] 石婷，贺志楠，姜宁. 基于 Android 平台的老人摔倒检测系统设计[J]. 电子科技，2014，27(9): 82-84.

[28] 崔英辉，詹林. 基于三轴加速度传感器的老人摔倒检测[J]. 现代电子技术，2013，36(3): 130-133.

[29] 蔡靖，樊毅尧，董子健，等. 基于穿戴式平台的老人摔倒监测系统设计[J]. 传感器与微系统，2017(7): 132-133.

[30] 张贤华. 基于音频的老年人居家监护系统研究[D]. 杭州：浙江大学，2016: 5-51.

[31] 马宝庆. 基于全方位计算机视觉的独居老人监护系统[D]. 杭州：浙江工业大学，2014: 6-7.

[32] 王业逢. 基于视觉传感器的老人突发失能检测[J]. 计算机系统应用，2015(6): 159.

[33] 石欣，熊庆宇，雷璐宁. 基于压力传感器的跌倒检测系统研究[J]. 仪器仪表学报，2010(3): 719.

[34] 杜文忠. 吉林某养老福利中心看护定位系统的设置[J]. 上海建设科技，2014.

[35] 关天民，熊亮，马宇飞. 基于分布式压力采集技术的养老监护系统[J]. 大连交通大学学报，2017.

[36] 李彩宁. 构建智慧养老服务体系及平台[N]. 北京：中国人口报，2019-2-22，（3）.

[37] 徐志立. 首都智慧养老服务模式研究[M]. 北京：中国铁道出版社，2018: 94.

第4章

智慧养老中的身份识别与定位

本章摘要

物联网的发展，将智慧养老的概念进一步具体化，在介绍智慧养老整个体系之后，我们将关注点落在个体身上，老龄化的加剧会使老年人越来越多，老年人的问题也就成了社会问题，常有这样的情况：老年人行动不便，家人或社区负责人想知道老年人在家里的情况；老年人记忆力变差，进出小区或养老院时，需要系统能够自动识别身份而不用纠结有没有带身份证或钥匙。为了解决这些问题，避免发生不测，需要做到对老年人身份的准确识别和定位。本章重点阐述基于 RFID 的身份识别系统和基于蓝牙的室内定位服务系统的优势和技术要点，首先介绍当前该类技术的发展趋势；然后分别从软件、硬件详细说明设计思路、整体结构；最后展望这两种技术的应用前景。

4.1 应用现状

身份识别技术和定位技术在生活中都有非常广泛的应用。RFID 身份识别可以用在物流过程中的货物追踪、信息自动采集、仓储管理、港口、邮政包裹、快递等；制造业中的生产数据实时监控、质量追踪、自动化生产、个性化生产等；医疗行业中的医疗器械管理、患者身份识别、婴儿防盗等，更常见的门禁、考勤、电子巡更、一卡通、消费、电子停车场等都有应用。在智慧养老的概念中，老人的出行及独处室内的安全性是我们必须考虑的，因此识别老人的身份和室内定位显得尤为关键。

这两项技术的成熟发展，不仅为社会很多行业带来了便利，对智慧养老来说，还为老人单独出行或独处时可能会遇到的问题提出了解决方案。在以下几种场景中这些技术都能发挥重要的作用。例如，当老人外出回到小区或养老院时，如果忘记携带钥匙或忘记住在哪栋楼或哪个房间，老人就会焦虑甚至会独自漫无目的地寻找，这就给老人带来了很多危险因素，如果采用身份识别和定位技术，那么小区大门 RFID 会自动识别老人，报出老人需要的信息，并由定位系统完成定位及规划路径；当老人独自在养老院的时候，老人想找最近的厕所或医务室，对于行动不便的老人来说非常不安全，有了室内定位就可以通过室内定位技术精确高效地找到目标，而不用四处寻找。

4.1.1 身份识别技术的应用场景

实体间的身份识别主要基于某种形式的证据。这种能用来证明实体身份的证据有以下几种形式：实体知道的东西，如口令、密钥等；实体所拥有的东西，如智能卡、网络钥匙等；实体所具有的某种特征，如人的指纹、声音等特征[1]。因此发展应用身份识别技术对于社会发展有很大的益处，对于智慧养老来说，在以下几个典型的场景，身份识别技术有很重要的价值。

在门禁方面：一般来说，人上了年纪，记忆力就会变差，家人不可能时时刻刻陪着，忘记带钥匙是一件经常发生的事，即使对于年轻人来说也不可避免，如果采用身份识别技术，那么就很容易解决这种问题，因为身份是时时刻刻跟着自己的，只要能识别出老人的身份，就不用再提醒老人住在几栋几号、钥匙带身上。

在社会保险方面：离退休人员的养老金发放逐步过渡到社会化管理，但社保机构很难管理到离退休人员的健康及生存状况，冒领养老金成为一个具有普遍性的严重问题。在医疗保险方面，社会保障卡已被广泛使用，医保定点医院、药店费用联网即时结算，大大方便参保人员就医、购药，但由于身份确认的特殊性和困难性，冒名顶替住院、定点医院“偷梁换柱”、过期社保卡（参保人员死亡）非法购药等现象时有发生。社会保障工作涉及每位参保人员的切身利益，建立完善、安全、可靠的社会保障体制是实现社会稳定的重要保证。因此有效识别社保待遇享受人员的身份，遏制社保基金流失，保障全体参保人员的合法权益，显得非常重要。

在用药方面：拥有一个完善的身份识别系统，后台保存被识别人的各种基本信息如姓名、年龄、病历等，按照姓名、病历等信息就可以让机器自动出药、自动取药，可以大幅度缩短老人就医拿药的时间，这在未来智慧养老发展中是一个趋势。

4.1.2　室内定位技术的应用场景

在智慧养老中，我们的焦点是老人，因此能够时刻知道老人在哪儿对于我们来说显得非常重要。在智慧养老体系中，定位技术处于核心地位。

实时看护：对老人的安全情况和身体健康状况（生理体征数据）进行实时跟踪监测。对监测和跟踪的结果，采用先进的数据分析系统，将分析结果及时通知家属和医护人员，以便于家属及时掌握老人的情况，使医护人员及时制订有针对性的医疗护理方案。

边界报警：在养老院各出入口和围墙或家里门窗上安装红外边界报警系统。当外人闯入或老人擅自离开时，自动向监控中心报警。系统及时响应，当老人遇到紧急情况需要救助时，可随时用智能手表进行呼救。响应时间小于 3 秒。可对老人的行为活动进行智能分析，对可能发生的危险进行预警。例如，当老人长时间处于卫生间内时，系统可发出预警等。

位置导航：适合比较大的小区或敬老院。老人记忆力差，在处于比较复杂的环境时，容易迷路，有了位置导航功能，就能让老人清楚地知道自己处于什么位置，更方便前往自己的目的地，如回家或者上厕所，也可以去找自己的好朋友。

4.2　关键技术应用原理

4.2.1　身份识别的关键技术

1. 常见的几种身份识别技术

1）基于口令的认证识别技术

基于口令的认证是最简单、最易实现的一种识别技术，也是目前应用最广泛的认证方法。例如，操作系统及邮件系统等一些应用系统的登录和权限管理，都是基于口令认证的。其优势在于实现的简单性，无须任何附加设备，成本低、速度快，但口令认证的安全性较差。随着计算机及网络分布计算能力的提高，简单的口令系统很难抵抗穷举攻击。使用口令的另一个不安全因素来源于网络传输，许多系统的口令是以未加密的明文形式在网上传送的，窃听者通过分析截获的信息包，可以轻而易举地获得用户的账号和口令 [2]。通过一些措施可以有效地改进口令认证的安全性。例如，通过增加口令的强度，提高抗穷举攻击和字典攻击的能力；将口令加密可防止在传输过程中被窃听；采用动态的一次性口令系统防止口令的重放等。

2）基于密码的认证识别技术

基于密码的认证的基本原理是密钥的持有者通过密钥这个秘密向验证方证明自己身份的真实性。这种鉴别技术既可以通过对称密码体制实现，也可以通过非对称密码体制来实现。当前有两种典型的认证系统：Kerberos 系统和 PKI/CA 系统。Kerberos 系统是基于对称密码体系的可信第三方认证鉴别协议[3]，可以提供安全的网络鉴别，允许个人访问网络中不同的机器。Kerberos 系统具有保存所有客户的密钥的数据库，对来访客户身份进行鉴别的服务器、要访问此类服务器的客户，需要在 Kerberos 系统注册其密钥，由于 Kerberos 系统知道每个人的密钥，因此能产生消息向一个实体证实另一个实体的身份；PKI/CA 系统是基于公钥的认证系统。它包括如下几个部分：用于用户注册和接受用户的证书请求的注册机构（RA）；负责生成密钥、发放和管理证书的权威机构（CA）；对密钥、证书及废止证书列表的存储和管理目录服务器；在密钥丢失时，自动恢复密钥、恢复数据和消息的服务器；实现对整个系统的控制和管理的模块。其中，CA 是 PKI 的核心部分，CA 认证的依据是数字证书。

这两个典型密码系统各有优劣。Kerberos 系统的优点是能为网络中的所有实体提供一个集中的、统一的认证管理机制，而一般的认证协议仅局限于客户与服务器两者之间的交换过程；运用 Kerberos 票据的概念，使一次性签放的机制得以实现，每张票据在时限到来之前，可多次用来连接应用服务器；支持分布环境下的认证服务和双向认证服务，但 Kerberos 系统仍存在几个潜在的安全弱点。例如，在票据有效期内旧的鉴别码可能被存储和重用；基于鉴别码是与网络中所有时钟同步的事实，如果能欺骗主机，使其时间发生错误，那么旧的鉴别码就会很容易地实现重放。PKI/CA 系统提供的认证鉴别机制安全性较高，比较适合网上的安全认证，也是目前应用较多的身份认证方法，但它也存在一些缺陷。例如，在发布最初的证书时，CA 如何验证一个远程用户提供的信息的真实性问题；用户私有密钥保存的安全问题；用户用于取出私钥的通行字的质量问题；证书废止与证书废止列表（CRL）刷新的时间差问题等。这些问题从理论上看并不是很大的困扰，但在实际运用时却不容易解决。

3）基于生物特征的认证识别技术

这种认证方式以人体具有的唯一的、可靠的、终生稳定的生物特征为依据，利用计算机图像处理和模式识别技术来实现身份认证。生物特征识别技术目前主要利用指纹、声纹、虹膜、视网膜、脸部、掌纹这几个方面的特征进行识别。从理论上说，生物特征几乎无法被造假和冒用，因此它具有其他的认证技术不可比拟的安全性和可靠性。声纹、虹膜、视网膜、脸部特征识别，都是非接触方式进行的，易于被用户接受。但目前多数仍处于研究试验或小范围应用阶段，由于识别设备成本高、对识别正确率没有确切结论、采取的特征会因某些因素呈现不稳定性等，目前还很难真正推广到应用中。

其中，指纹识别是相对比较成熟的技术。指纹验证就是通过把一个现场采集到的指纹与一个已经登记的指纹进行一对一的比对来确认身份的过程。所以在验证之前，接收验证者的指纹必须在指纹库中已经注册。指纹以一定的压缩格式存储，并与每个人的标识（ID 或 PIN）关联。验证过程是：首先由用户输入识别系统 PIN，然后出示指纹，识别系统计算出指纹的特征值，并根据 PIN 从指纹库中提取相应的指纹特征值，两者比较得出认证结果。

4）基于智能卡（芯片）的认证识别技术

智能卡一般是形状与信用卡类似的矩形塑料片，但也有许多其他的形式，如钥匙状令牌、移动电话中的 SIM 芯片[4]。它们的共同特点是：包括一个内置的处理器，并且是可编程的，能够安全地存储数据。智能卡具有硬件加密功能，有较高的安全性。每个用户持有一张智能卡，智能卡存储用户的个人信息，同时在验证服务器中存放该信息。在进行认证时，用户输入 PIN（个人身份识别码），智能卡认证 PIN 成功后，即可读出智能卡中的秘密信息，进而利用该秘密信息与主机之间进行认证。但智能卡认证，需要在每个认证端添加读卡设备，增加了硬件成本，不如口令认证方便和易行。基于智能卡的认证方式是一种双因素的认证方式（PIN+智能卡），除非 PIN 或智能卡被同时窃取，否则用户不会被冒充。智能卡提供硬件保护措施和加密算法，可以利用这些功能加强安全性能。例如，可以把智能卡设置成用户只能得到加密后的某个秘密信息，从而防止秘密信息的泄露。

射频识别（Radio Frequency IDentification，RFID）技术可以归类为智能卡认证识别技术的一种，是一种可以将无线射频信号通过空间作用进行实时、快速、准确采集与处理的非接触式的自动识别技术[5]。由于物体本身不具备信息的传输及交换能力，但只要嵌入 RFID 标签，便能通过标签进行通信，传输自身信息并接收信号，使原本静默的普通实物变得“智能”。RFID 标签本身具备能够存储 96 比特的 EPC ID，其标识能力得到了大幅提升，为物与物的联网提供了保障。以节点和传感器为基础，使各物体之间能够交换信息与通信，将所有物体连接至互联网，构成了物与物相连的网络，可以将物联网理解为互联网的一项扩展与延伸[6]。因此，主要负责物联网感知层信息采集和目标识别的 RFID 技术将长期成为物联网领域研究的热点及关键技术之一。RFID 技术具备远距离数据传输的能力且能识别并处理多目标，其功耗较低、传输数据快和存储容量大的特点是传统条码技术无法比拟的。

与条码技术相比，RFID 技术具有使用寿命长、穿透性强和防水、防磁效果好等良好的环境适应力[7, 8]。RFID 的应用除数据读取之外，还能同时完成信息传输及反馈、数据整合和存储等功能。自 1990 年起，RFID 技术逐步延伸至制造业、大型畜牧业养殖、物流管理、城市交通及海关安全等领域，并在其中得到了快速的发展。目前，RFID 技术已经遍布我们周围，鉴于其独特的优势，众多的知名电子企业正不遗余力地加紧研发和生产。

RFID 技术最开始使用是在 20 世纪 30 年代。敌我识别系统（Identification Friend or Foe，IFF）作为技术的萌芽标识，在第二次世界大战中，由美国海军研究实验室（Naval Research Laboratory，NRL）提出并用于盟军舰船身份的识别。随后在 1940—1961 年，Harry 提出“利用反射功率通信”，奠定了射频识别技术的理论基础。1961 年“电子防盗器”的问世标志着 RFID 技术开始进入应用阶段，20 年后 RFID 技术开始投入商业应用。麻省理工学院（MIT）Auto-ID 实验室的成立不仅为 RFID 技术的全球化做出了巨大的贡献，还制定了相关行业标准协议，并在 2004 年建立了 EPC global Generation-2 协议，简称 Gen2 协议[9]。Gen2 协议规范了物理层（Physical Layer）和介质访问控制层（Medium Access Control，MAC）等要求，定义了 RFID 标签在 860 ~ 960MHz 进行通信的标准[10]。Gen2 协议具有全面的框架结构及较强的功能，并且符合全球管制条例。对标签的处理而言，读取的正确率及速率有一定提高，安全性也有所加强。

国外的 RFID 技术发展相对较早也较快。进入 21 世纪以来，部分发达国家在制造业、智能交通、物流及零售业等领域均已经拥有较为先进的 RFID 技术，同时这些发达国家共同参与并制定了相关标准。综观全球，欧美国家关于 RFID 标准的建立和软硬件的开发均处于行业的领先地位，美国的发展尤为突出，一直是 RFID 技术发展的风向标，主导着 RFID 技术的发展方向，日、韩政府早期也着重研究 RFID 技术，并制定了 UID 标准，但主要的应用领域在本国厂商。从目前的 RFID 技术应用格局可知，欧美国家关于 RFID 软硬件的发展相对超前，其生产的 RFID 芯片及中间件得到了广泛的认可，生产出了相当优质的硬件设备。

就国内而言，虽然我国 RFID 技术比一些国家发展相对落后，但是政府予以高度关注，并在国家“十一五”科技发展规划中提出了“组织实施射频标签（RFID）技术与应用重大项目”[11]。2006 年 6 月，为了促进 RFID 技术的推广及应用，我国政府正式发布了《中国射频识别（RFID）技术政策白皮书》[12]，此项举措表明我国 RFID 技术的发展已经步入加速时期。同一时段，RFID 技术被列入国家的“十二五”规划，标志着 RFID 技术的发展已经被纳入国家级项目之一。2009 年 10 月，为了进一步促进 RFID 技术产业的发展与应用，并明确发展的具体要求，我国政府发布了《中国射频识别（RFID）技术发展与应用报告蓝皮书》[13]。2013 年 12 月，我国政府又发布了《信息技术射频识别 800/900MHz 空中接口协议》。现如今，由于政府部门的积极倡导和产业的发展需求，我国在 RFID 技术市场的培育已初步开花结果。在 RFID 技术研究及产品开发方面，国内已具有了自主开发低频、高频与微波 RFID 电子标签与超高频读写器的技术能力及系统集成能力。与国外 RFID 先进技术之间的差距主要体现在 RFID 芯片技术方面。尽管如此，在标签芯片设计及开发方面，国内已有多个成功的低频 RFID 系统标签芯片面市。在我国，RFID 技术有一些比较典型的应用。例如，铁道部铁路车号自动识别系统（Automatic Train Identification System，ATIS）是我国最早应用 RFID 技术的系统，也是应用 RFID 技术范围最广的系统。

2. RFID 识别系统的基本模型

典型的 RFID 系统主要由电子标签（Electronic Tag）、阅读器（Reader）、天线（Antenna）和软件系统构成[14]，每个部分担负着不同的功能作用。RFID 系统的基本工作原理是当阅读器工作时，阅读区的电子标签被唤醒，且将其内部信息通过天线发送给阅读器，通过阅读器翻译将信息送往服务器，服务器做出相应的处理，并将结果反馈给阅读器。下面将分别介绍电子标签、阅读器、天线和软件系统的工作原理。

1）电子标签

电子标签由电子芯片及耦合元件组成，每个标签有唯一的编号，用以区别不同的标签。电子标签通常被安装在物体表面，可以采用佩戴、粘贴、内嵌、挂贴等方式。电子标签能够存储物体的数据信息。电子标签的作用是与阅读器之间实现信息交流功能，接收阅读器的激活操作，正确地接收和发射载波信号，是射频识别系统的数据信息载体。电子标签可分为有源标签和无源标签，其基本构成如图 4-1 所示。

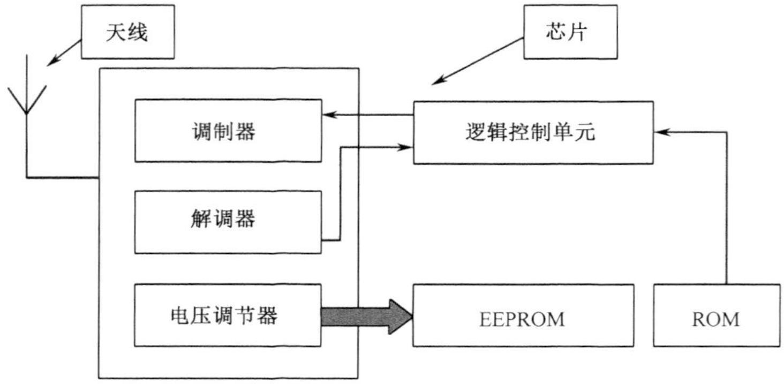

图 4-1　电子标签

2）阅读器

阅读器也称为读写器，是用于读取或写入电子标签信息的设备，其构成如图 4-2 所示，通常由耦合模块、射频模块、高频模块、控制模块及接口单元等组成。阅读器是 RFID 系统的重要设备，对电子标签的读写等操作均是由阅读器来完成的。其主要功能有：唤醒电子标签，建立通信联系；查询阅读电子标签中当前存储的数据信息、编辑修改或重新写入电子标签中的数据信息；及时响应来自控制端的指令并执行相应操作。

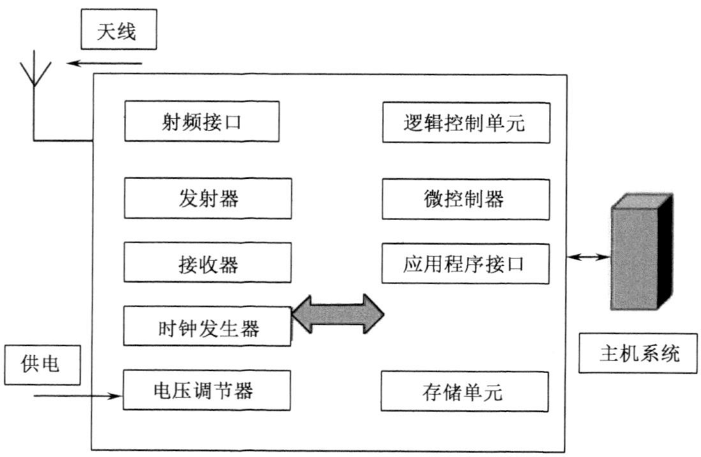

图 4-2　阅读器

3）天线

天线需要完成的任务有作为标签的应答器，调制反调标签携带的数据信息，以及捕获阅读器发射的电磁波等。在实际应用过程中，标签需要附着于其他物品上，因此标签的体积和质量都比较小；在一般情况下标签芯片的阻抗达不到 50Ω，这就要求标签天线在与芯片共轭匹配时，阻抗小于 50Ω；在制作 RFID 系统时，需要大量的标签天线，因此标签天线的做工比较简单且价格不高。阅读器天线的任务是通过发射电磁波来激活标签，电磁波之所以能够激活标签是因为电磁波携带一定的能量，在激活标签的同时把指令信息传输给标签，除此之外，阅读器天线还能够接收标签传来的信息。[15]

4）软件系统

软件系统又被称为 RFID 系统的“灵魂”，主要对阅读器回传的信息进行处理、汇总、分析和计算，将信息精确、完整地传递给服务器，并进行进一步的分析处理，相当于系统的“神经中枢”。软件系统是直接面向 RFID 应用最终用户的人机交互界面，协助使用者完成对阅读器的指令操作，使用可视化界面进行展示。由于应用软件需要根据不同应用领域的不同企业进行专门制定，因此很难具有通用性。从应用评价标准来说，使用者在应用软件端的用户体验是判断一个 RFID 应用案例成功与否的决定性因素之一。

3. RFID 技术系统分类

由于 RFID 系统关联层很多，因此 RFID 系统的分类方式也很多，既可以根据标签进行分类，也可以根据阅读器工作频段进行分类，这里不再一一列举。下面主要介绍 RFID 系统根据其功能进行分类，主要分为四大类。

1）ESA 系统

当携带有特殊性质的标签进入读写区时，阅读器会接收到标签发来的信号，通过微处理器对信号进行分析控制报警器的发声。这类系统主要应用在超市、零售店和图书馆的出入口。

2）便携式数据采集系统

该系统的一个显著特点就是阅读器都是手持式的，需要通过人工采集标签携带的数据。它既可以实时地进行数据传输，又可以采用阅读器暂时存储数据，在某个时刻共同传给服务器。该类系统主要应用在不适合安装固定式阅读器的 RFID 系统上，如书籍标识和仓库管理。

3）物流控制系统

在给定的区域，对阅读器进行部署以便于可以覆盖整个工作区。一旦移动的物品即移动的标签进入工作区内，与阅读器直接相连的数据管理系统就会自动读取标签上的信息，并把信息进行分析处理和存储，实时把握标签动向，达到监控物流的目的。这类系统一般主要用在大型超市的仓库和快递行业。

4）定位系统

该类系统的特点是标签能够存储位置识别信息。阅读器直接与主信息管理系统连接，当接收到发射机发射的标签位置识别信息时，通过信息管理系统就可以实时掌握标签的动态。这类定位系统主要应用在工业自动化流水线上，以及对车辆、船舶进行运行定位上，其中标签是移动的物品。具有定位功能的RFID 系统成本一般较高。

4. 标签身份识别中的碰撞问题

通常标签与阅读器之间的无线通信是直接利用共享信道进行数据传输的。在无线传输的过程中，当同时有多个标签和多个阅读器发送信息时，如果多个信息同时要求被判断读取，就会出现信息相互干扰导致信息无法被识别的问题，即碰撞问题。防碰撞协议就是为了解决这一问题而提出的，其核心思想是通过制定相应规则使信息按照一定的顺序进行传递，达到阅读器或标签可以正确读取信息的目的。在系统的实际运用过程中，由于阅读器的成本远高于标签，因此多标签的部署情况最为常见，即经常会发生标签碰撞问题。

当有标签向阅读器发送信息时，周围其他阅读器也在其作用范围内，这样标签可以同时与多个阅读器发生信息传递，但当标签不知道将信息发送到哪个阅读器时，阅读器碰撞问题就产生了。阅读器碰撞模型如图 4-3 所示。

当有两个或两个以上的标签同时向一个阅读器发送信息且标签都工作在相同频率下时，就会产生数据冲突和标签之间通信相互干扰问题，可能会使阅读器接收不到标签发送的数据，导致信息丢失，这就是标签碰撞问题。标签碰撞模型如图 4-4 所示。

5. 标签身份识别中的防碰撞算法

在 RFID 系统中，最常遇到的问题是阅读器的工作范围内有多个标签且相互之间都可以进行信息传输，即“多路存取”问题。由于防碰撞问题主要由无线通信的数据包大小和比特率决定，因此传播延时和吞吐量是衡量防碰撞算法优劣的两个重要指标。标签经典防碰撞算法分类如图 4-5 所示。

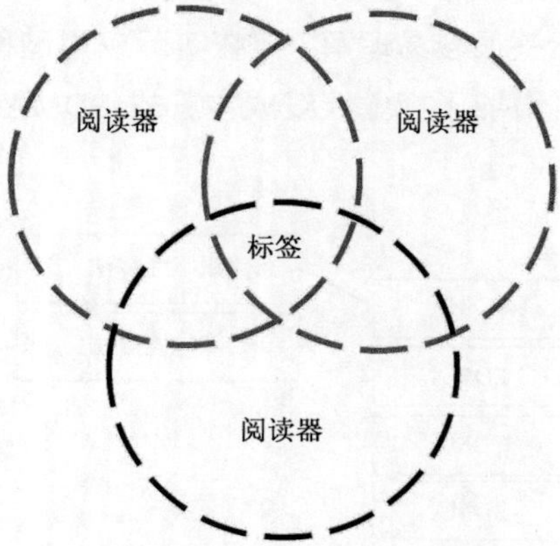

图 4-3　阅读器碰撞模型

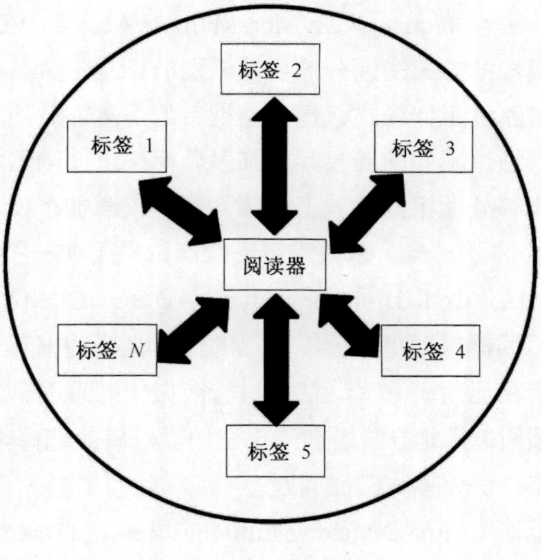

图 4-4　标签碰撞模型

在无线通信技术的标签防碰撞问题当中，最常用的解决碰撞问题的方法如下。

（1）空分多址法（Space Division Multiple Access，SDMA）[16]。这种方法主要从空间上区分需要被识别的标签，其具体的实现方式分别是划分读取距离和采用特殊天线。其中，划分读取距离实际上是按照标签的分布情况对识别区域进行排序区分的识别过程，而采用特殊天线的方法主要是针对通信过程中的信号强弱来划分的，先识别信号最强的标签。根据 SDMA 的具体实现方式，用此方法在理论上区分标签很容易理解，但在实际应用过程中，对标签和阅读器的功能要求相对严格且增加了标签天线成本，故 SDMA 方法很难得到广泛的应用。

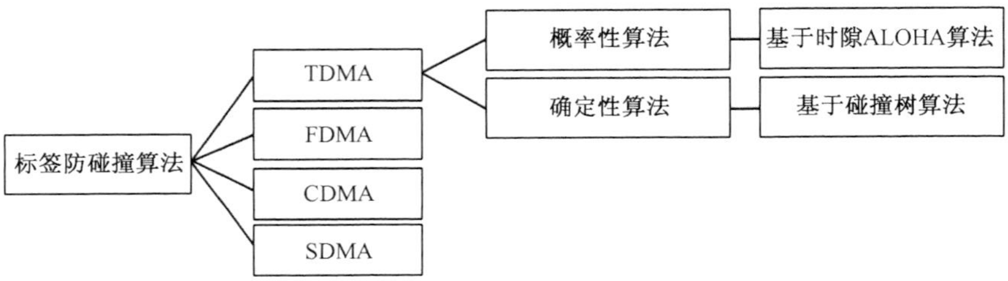

图 4-5　标签经典防碰撞算法分类

（2）频分多址法（Frequency Division Multiple Access，FDMA）[17]。这种方法主要采用划分频段的方式来区分需要被识别的标签，其具体实现方式是只需要改变标签反向链路的工作模式，把标签携带的信息加载到不同的载波上进行传递，这时阅读器通过不同的接收频段来区分标签之间的信息。此方法中阅读器和标签都要求能够处理不同载波上的信号，不仅增加了技术难度还提高了产品成本，与 SDMA 方法一样，都很难得到推广，只用在一些特殊场合。

（3）码分多址法（Code Division Multiple Access，CDMA）[18]。这种方法主要的实现方式是阅读器根据每个标签自己的伪随机码的相互正交的特性来识别不同的标签。由于在运用码分多址法来进行防碰撞处理时，发现所有的标签都使用单一的载波频段，且此方法增加了正交伪随机码的选择难度，因此在 RFID 系统中很少使用该方法处理防碰撞问题。

（4）时分多址法（Time Division Multiple Access，TDMA）[19]。在 RFID 系统中，处理碰撞问题采用的最普遍和运用最广泛的方法就是此方法。基于时隙 ALOHA 算法和基于碰撞树（Querry Tree，QT）算法都属于时分多址法。基于时隙 ALOHA 算法处理碰撞问题的方式主要通过选择不同的时隙来识别标签。基于 QT 算法处理碰撞问题的方式主要根据标签自主随机地选择子集来识别标签。

基于时隙 ALOHA 算法：随着 RFID 技术的不断进步，对 RFID 系统的适用性要求越来越高。考虑到通信方式、功耗、成本及功能的复杂性对 RFID 系统的影响，TDMA 算法是最常用的 RFID 系统防碰撞的方法。根据能量供应对象的不同，可以将其分为标签驱动和阅读器驱动。由于标签结构简单无法控制数据的传送，因此采用异步通信方式，一般主要用在有源电子标签的防碰撞问题上。

在基于时隙 ALOHA 算法中，标签是通过随机选择不同时隙来进行数据传输的。在这个过程中，若只有一个标签进入这个时间点，则没有碰撞产生，识别成功。若多个标签同时进入一个时间点时，则识别失败。由于标签可能一直选择了有碰撞的时间点，因此容易出现阅读器始终没办法识别成功的问题，这种问题被称为标签的“饿死”问题。

基于 QT 的防碰撞算法：随着社会的不断发展，RFID 系统的应用领域越来越广泛。标签数量的增加使得基于时隙 ALOHA 算法的性能越来越不能满足人们的需求，“饿死”问题尤为突出。为了解决这一问题，业界提出了一种确定性的防碰撞算法，即基于 QT 的防碰撞算法。该算法的工作原理是运用递归的思想，将标签集合划分为两个子集，依次遍寻直到识别所有的标签。

随机二进制树的防碰撞算法就是让标签自主随机地选择集合。进行此算法的前提是标签要自带一个计数器。在第一个时隙时，所有标签的计数器都为 0。当标签发生碰撞时，标签会自主随机地选择在自己的计数器上加 1 或 0，没有响应的标签则自加 1。当标签没有发生碰撞时，会出现两种可能：当前时隙为空闲时隙或成功时隙。已经被成功识别的标签会一直处于休眠状态，而没有被识别的标签的计数器会自减 1。如此反复遍寻，直到整棵树被识别完成。

有 4 个待识别的标签，且它们的 ID 分别为 0010、0110、1001 和 1110。下面将给出具体实例以说明 4 个标签被识别的过程，如图 4-6 所示。

首先阅读器发送第一轮识别指令，只有 ID 为 1001 标签的计数器值为 1，其他 3 个标签的计数器值都为 0，则这 3 个标签产生冲突。然后阅读器再次发送指令，只有 ID 为 0110 标签的计数器值为 0，其他两个标签计数器值为 1，即这一轮 ID 为 0110 的标签识别成功，随后进入休眠状态，另外 3 个还没有被识别的标签计数器值减 1。接着又一轮阅读器指令，标签计数器值随机加 1 或 0，只有 ID 为 0010 标签的计数器值为 0，即 ID 为 0010 的标签被识别成功，其他两个标签的计数器值减 1。被成功识别的标签会立即接到阅读器的休眠指令进入休眠状态。再来一轮阅读器指令，只有 ID 为 1110 标签的计数器值为 0，即也被成功识别。最后一轮阅读器指令，ID 为 1001 的标签被识别成功。经历了 5 轮指令后，4 个标签就全部被阅读器识别完成了。

步骤	阅读器命令	树形图	步骤	阅读器命令	树形图
1	request	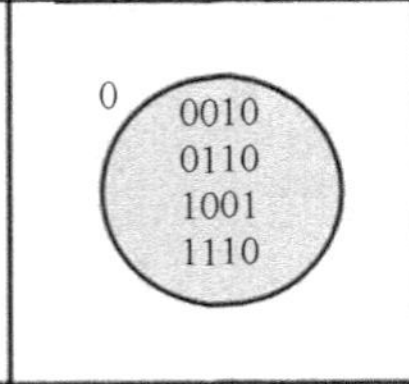	5	1001 1110 冲突	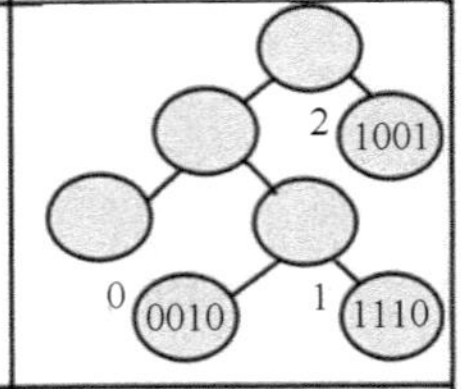
2	0010 0110 1110 冲突	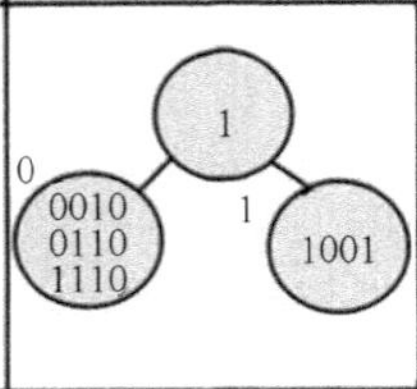	6	0010 成功 识别	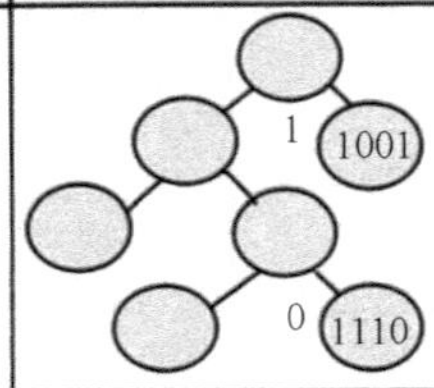
3	0010 1110 冲突	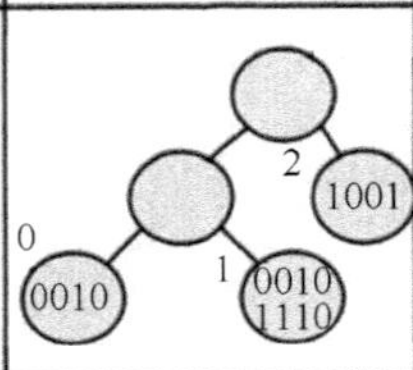	7	1110 识别 成功	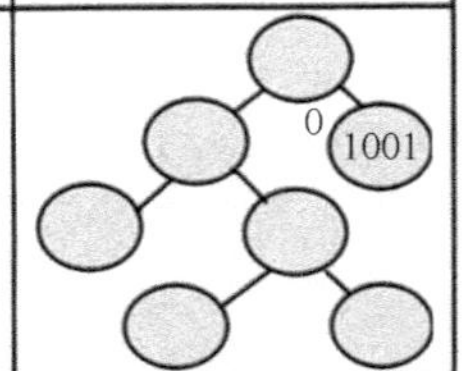
4	0110 成功 识别	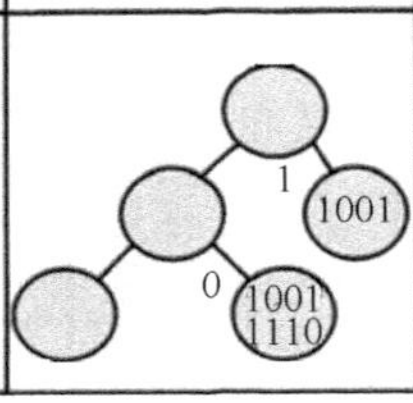	8	所有 标签 识别 成功	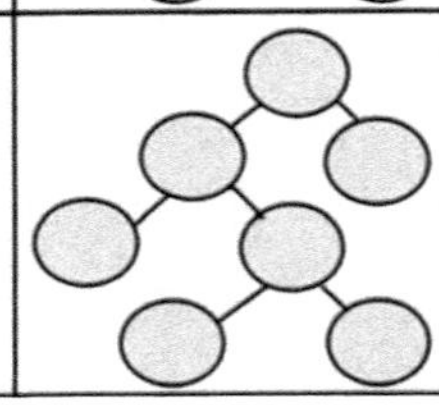

图 4-6　4 个标签被识别的过程

基于随机二进制算法在 RFID 系统实际运用中，不会出现标签“饿死”的状况，并且算法的性能不会受标签 ID 设置的长度和分布的影响，但是该算法会出现较长时间的识别延迟现象。

查询二进制树算法是按照标签的标识符进行查询识别的。在查询二进制树防碰撞算法中阅读器都会带有二进制前缀，每次阅读器广播，标签都会将二进制前缀与标识符进行比较。当二进制前缀与标识符相同时，说明没有冲突，该标签被成功识别，否则就产生了碰撞，下次广播之前会在二进制前缀后面增加 0 或 1，再次进行下一轮查询，直到整个标签被识别完成。

有 6 个待识别的标签，且它们的 ID 分别为 0010、0011、1001、1100、1101 和 1110。下面将给出具体实例以说明 6 个标签被识别的过程，如图 4-7 所示。

步骤	请求比特串S	标签的响应
1	0	冲突
2	00	冲突
3	000	空闲
4	001	冲突
5	0010	0010
6	0011	0011
7	01	空闲
8	1	冲突
9	10	1001
10	11	冲突
11	110	冲突
12	1100	1100
13	1101	1101
14	111	1110

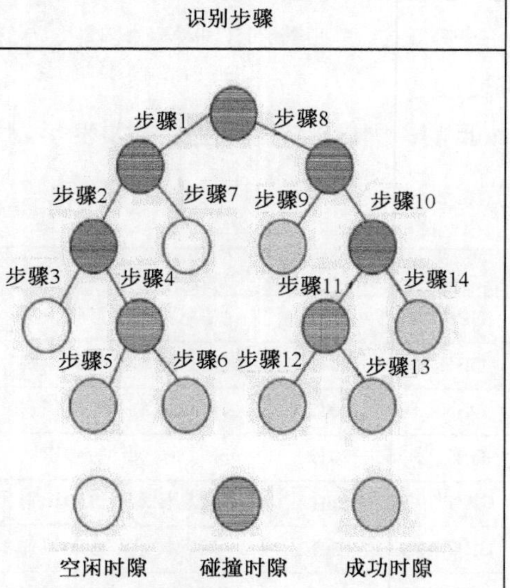

图 4-7　6 个标签被识别的过程

阅读器首先发送比特串 0 产生冲突，再发送 00 也产生冲突，这时阅读器会发送更长的比特串 000，且 001 压入堆栈。如果没有标签响应，阅读器会将堆栈的 001 也发送出去，此时 0010 和 0011 这两个 ID 的标签发生碰撞。紧接着阅读器发送比特串 0010，这时 ID 为 0010 的标签将会被成功识别。由于 0010 被识别成功，阅读器会再把堆栈的 0011 发送出去，则 ID 为 0011 的标签将会被成功识别。依次进行上述对比识别操作，直到所有电子标签被识别完成。

二进制树算法虽然不会出现标签“饿死”的状况，但是标识符长度和分布都会影响系统的性能，且该算法会出现较长时间的识别延迟现象。

6. RFID 协议标准

标准化的制定是指通过依从章程和工作流程，为需要制定规则的过程服务，以促进创新技术的交流和贸易向国际化进阶。RFID 技术已经成为 21 世纪全球自动化技术发展的主要方向，这都归功于物联网技术和 RFID 技术的融合。虽然每个标签都有自己唯一的 ID，但是由于不同标准规定的数据格式不同且不能兼容，导致不同协议标准的产品不能通用，这样不仅违背了全球经济一体化的发展趋势，还带来了不可估量的经济问题和安全问题。目前，全球共有 EPC Global、

UID、ISO/IEC、AIM Global 和 IP-X 五大 RFID 标准化组织。其中，ISO/IEC 是唯一全球公认的非营利工业标准组织，大部分的标准都是由 ISO/IEC 组织制定的[20]。

目前，国内 RFID 行业标准如表 4-1 所示。

表 4-1　国内 RFID 行业标准

标 准 号	标准名称
GB/T 29768—2013	《信息技术　射频识别　800/900MHz 空中接口协议》
GB/T 28925—2012	《信息技术　射频识别　2.45GHz 空中接口协议》
GB/T 28926—2012	《信息技术　射频识别　2.45GHz 空中接口符合性测试方法》
GB/T 29266—2012	《信息技术　射频识别　13.56MHz 标签基本电特性》
GB/T 29261.3—2012	《信息技术　自动识别和数据采集技术　词汇　第 3 部分：射频识别》
GB/T 29261.4—2012	《信息技术　自动识别和数据采集技术　词汇　第 4 部分：无线电通信》
GB/T 29272—2012	《信息技术　射频识别设备性能测试方法　系统性能测试方法》
SB/T 10772—2012	《信息技术　射频识别　支持安全协议的 800/900MHz 空中接口通信协议》

国家技术标准 GB/T 28925—2012 主要制定 2.45GHz 射频识别空中接口协议，定义频率为 2.45GHz 的 RFID 系统中标签的相关规范，具体包括物理层、数据链路层、标签存储区结构、标签状态转移、阅读器命令与标签响应、协议工作方式、防碰撞方法、安全协议、空中接口参数等一系列标准。在协议工作方式中，此标准规定 RFID 系统采用阅读器先工作。每次通信过程均是由阅读器先发送命令的，标签对收到的阅读器命令进行响应，标签在未收到阅读器命令的情况下不主动发送信息。在防碰撞算法方面，规定采用一种成帧二进制算法来解决标签同时响应带来的碰撞问题，完成多标签的接入。在阅读器命令与标签命令中，分别对命令的类型、命令的代码表和各种指令的格式进行了规定。

4.2.2　个体定位的关键技术

在国家政策的支持和时代发展的要求下，个体定位技术得到了快速的发展，依靠 GPS、Wi-Fi、蓝牙、基站等当前时代的硬件或软件技术实现个体定位。就目前来说，个体定位的技术有很多种，市面上常见的有蓝牙定位技术、超声波定位技术、红外定位技术、UWB 定位技术、RFID 定位技术、WLAN 技术等。

（1）蓝牙定位技术。蓝牙定位是基于信号场强指示（Received Signal Strength Indication）定位原理来实现定位的。根据定位端的不同，蓝牙定位方式分为网络侧定位和终端侧定位。

网络侧定位系统由终端（手机等带低功耗蓝牙的终端）、蓝牙 beacon 节点、蓝牙网关、无线局域网及后端数据服务器构成。终端侧定位系统由终端设备（如嵌入 SDK 软件包的手机）和 beacon 组成。

（2）超声波定位技术。超声波定位技术是根据声波的反射原理来实现定位的。一般情况下，超声波定位系统由一个主测距器和若干个电子标签组成，主测距器可放置于移动物体上，各个电子标签放置于室内空间的固定位置。定位过程为：先由上位机发送同频率的信号给各个电子标签，电子标签接收到信号后又反射传输给主测距器，主测距器根据反射回来的声波计算出各个电子标签到主测距器之间的距离，从而得到相应的坐标[21]。

这种技术成本低、功耗小、精度高。但是，超声波在传输过程中衰减比较明显，而且容易受到其他物体反射的影响，导致定位的有效范围受到严重的限制，并且在用于多目标定位方面存在一定问题。此外，该定位方法需要在现有的室内环境中布置成套的定位装置，需要专门的定位终端，在推广方面难度比较大。

（3）红外定位技术。常见的红外室内定位系统是在待定位的物体上附带一个电子标签，该标签通过红外发射机向室内固定放置的红外接收机周期发送该待测物的唯一 ID，接收机再通过有线网络将数据传输给数据库，最终获取位置信息。这种定位技术功耗较大且常常受到室内墙体或物体的阻隔，实用性较差[22]。

（4）UWB 定位技术。超宽带（Ultra Wide Band，UWB）定位技术是一种传输速率高（最高可达 1000Mbps 以上）、发射功率较低、穿透能力较强的一种基于极窄脉冲的无线技术。超宽带室内定位技术常采用 TDOA 演示测距定位算法，通过信号到达的时间差、双曲线交叉来定位[23]。

超宽带定位系统包括 UWB 接收器、UWB 参考标签和主动 UWB 标签。在定位过程中由 UWB 接收器接收标签发射的 UWB 信号，通过过滤电磁波传输过程中夹杂的各种噪声干扰，得到信号的有效信息，再通过中央处理单元进行测距定位计算分析。超宽带定位技术定位精度极高，可达到 6～10cm，但是该系统造价非常高，不能大规模推广应用。

（5）RFID 定位技术。RFID 定位技术的典型系统是 LANDMARK 系统，该系统主要根据计算参考 RFID 标签和待定 RFID 标签的信号强度 RSS_i，然后利用最近邻算法或其他的经验公式估算得到待定 RFID 标签的坐标[24]。

LANDMARK 系统有不可避免的缺点。第一，LANDMARK 系统定位精度由参考标签的位置决定，参考标签的位置影响定位精度；第二，LANDMARK 系统定位精度与参考标签的布置密集程度相关，但是随着密度的不断增大，参考标签之间的通信干扰也不断增加，限制定位精度的提高；第三，在得到标签的大量的信号强度 RSS_i 数据后，LANDMARK 系统要进行大量的运算得到参考 RFID 标签和待定 RFID 标签之间的距离，再根据该距离和参考标签的位置确定待定 RFID 标签的坐标。

（6）WLAN 技术。基于 WLAN 技术的定位系统原理是，根据测得 WLAN 环境中 AP 接入点无线信号强度 RSS_i 建立指纹库，然后通过匹配信号强度指纹的方法进行定位。

其中，最早采用该原理的是微软开发的 RADAR 室内定位系统。该系统工作分两个阶段：离线阶段和在线阶段。在离线阶段，先在定位系统覆盖区域对设置的若干个 AP 固定点进行离线采集其位置信息及相对应的信号强度 RSS_i，并将其制成指纹库；在在线阶段，根据实时测算的相关 AP 的信号强度 RSS_i，然后与制成的指纹库进行匹配，找出实时情况下测得的信号强度 RSS_i 在指纹库中对应的位置坐标信息[25]。

与其他几种室内定位技术相比，基于 WLAN 技术的室内定位技术迎合了当前无线局域网的发展，尤其是很多室内环境已经有 WLAN 网络覆盖，在建立定位系统的时候不需要对室内环境做很大的改变就可以实现，从而受到了很多研究机构和厂商的关注，是一种最接近实用和推广意义的室内定位解决方案。

此外，该定位技术可以充分运用智能终端上的 Wi-Fi 硬件资源，最终将室内定位服务在现有的终端上实现。但是，运用指纹匹配算法的定位技术，由于需要建立数据量庞大的指纹库，在实际应用过程中仍存在较大的问题。

由于篇幅原因，下面将介绍 3 种定位技术所包含的关键技术。

1. 基于蓝牙的定位关键技术

1）蓝牙技术

蓝牙技术始于爱立信公司 1994 年的方案，它最初研究如何在移动电话和其他配件之间进行低功耗、低成本的无线通信连接[26]。蓝牙标志的设计来源于 10 世纪的一位丹麦国王 Harald Blatand 的名字，Blatand 在英文里可以被解释为 Bluetooth，蓝牙的标志就取自 Harald Bluetooth 名字中的 H 和 B 两个字母，将这两个字母用古北欧字母来表示，然后将这两者结合起来，就成为蓝牙现在的LOGO，如图 4-8 所示。

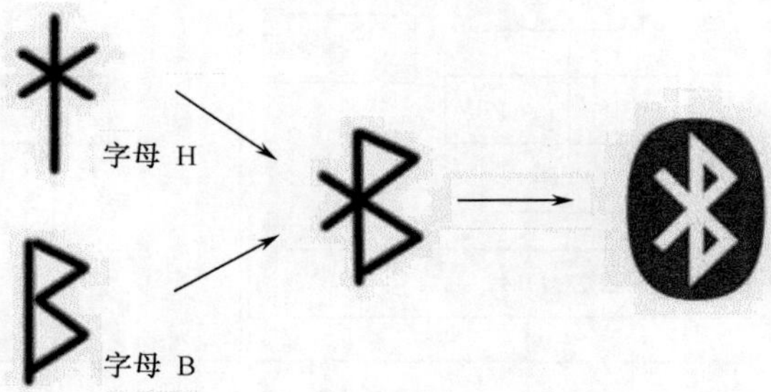

图 4-8　蓝牙标志的设计

截至目前，蓝牙共有 6 个版本（V1.1/1.2/2.0/2.1/3.0/4.0）。V1.1 为最早的蓝牙版本，设计初期的产品大多受同频率的干扰比较严重。V1.2 添加了抗干扰跳频功能，解决了同频干扰的问题。蓝牙从 V2.0 开始飞速发展，先后经历了蓝牙 2.0+EDR、蓝牙 2.1+EDR、蓝牙 3.0+HS、蓝牙 4.0、蓝牙 5.0。

蓝牙从 2.0 版本才开始大规模应用，目前应用最广泛的蓝牙版本就是蓝牙 2.1+EDR 及蓝牙 4.0。由于当前支持蓝牙 4.0 版本的终端数量仍比较少，价格与蓝牙 2.1+EDR 相差也比较大，因此综合考虑，在基于蓝牙的室内定位服务系统中采用支持蓝牙 2.1+EDR 版本的蓝牙节点。

（1）蓝牙协议。蓝牙协议栈如图 4-9 所示，图中显示了所有协议之间的相互关系，但这种关系在某些应用中是有变化的。

蓝牙协议栈依照其功能可分为 4 层：内核协议层（HCI、LMP、L2CAP、SDP）、线缆替换协议层（RFCOMM）、电话控制协议层（TCS-BIN）、选用协议层（PPP、TCP/IP、UDP、OBEX、vCord/vCal、WAP、WAE）。

蓝牙核心协议由 SIG 制定的蓝牙专用协议组成，绝大部分蓝牙设备都需要核心协议（加上无线部分），而其他协议则根据应用的需要而定。完整的协议栈包括蓝牙专用协议（如连接管理协议 LMP 和逻辑链路控制应用协议 L2CAP）及非专用协议（如对象交换协议 OBEX 和用户数据报协议 UDP）。

（2）蓝牙通信。一般情况下，蓝牙之间通信需要经历以下几个过程，如图 4-10 所示。①设置蓝牙，扫描附近蓝牙。②发现已经配对或附近的蓝牙设备。③连接设备。④在不同设备之间传输数据。

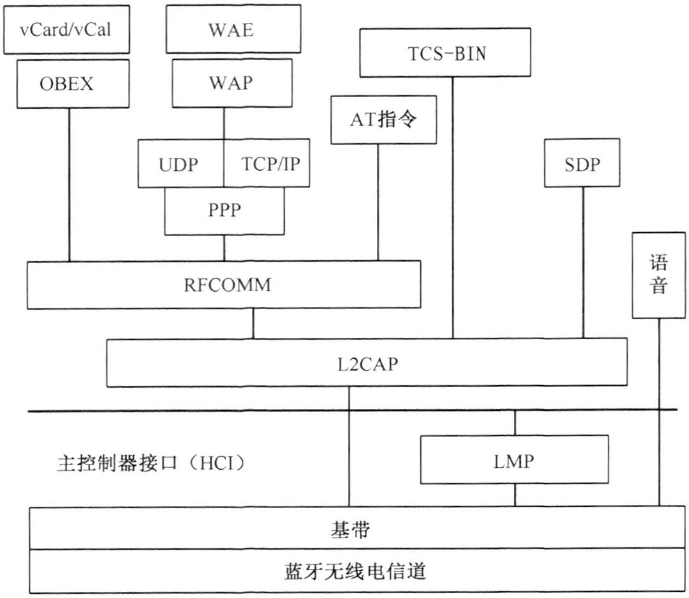

图 4-9　蓝牙协议栈

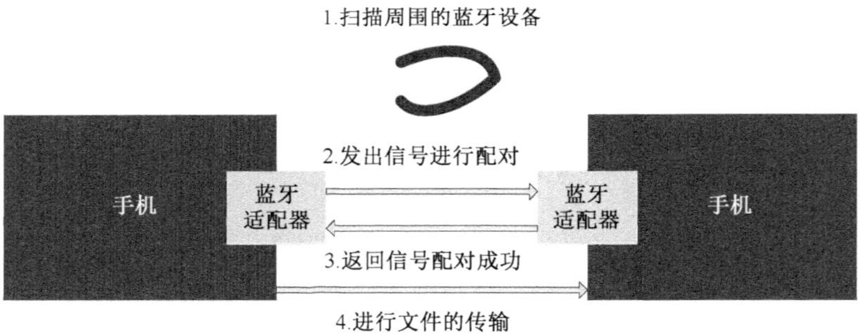

图 4-10　蓝牙通信过程

在基于蓝牙的室内定位系统中，主要运用基于安卓操作系统的智能手机终端实现对蓝牙从设备节点的扫描，所以在此主要介绍关于 Android 的蓝牙系统通信。

Android 包含了对蓝牙网络协议栈的支持，这使得蓝牙设备能够无线连接其他蓝牙设备交换数据，Android 的应用程序框架提供了访问蓝牙功能的 APIs[27]。

运用安卓 API 能够实现下列功能。

①扫描其他蓝牙设备。

②查询本地蓝牙适配器（Local Bluetooth Adapter）用于配对蓝牙设备。

③建立 RFCOMM 信道（Channels）。

④通过服务发现（Service Discovery）连接其他设备。

⑤数据通信。

⑥管理多个连接。

（3）蓝牙通信。蓝牙通信过程中一般要经过前述 4 个步骤，从蓝牙通信过程可以知道，一个设备被发现需要共享一些信息，如设备名称、类别和唯一的 MAC 地址，再对发现请求作出响应。在基于蓝牙的室内定位服务系统中，由于确定用户的位置信息仅与用户发现的蓝牙设备信息有关，不需要与发现的蓝牙节点进行配对、连接和通信，即实现定位所需要的只是被发现蓝牙设备的名称信息。因此不与被发现蓝牙设备配对和连接，节约了蓝牙通信过程中实现配对和连接的时间。

基于此种设计，在基于蓝牙的室内定位服务系统中，所有的蓝牙从设备节点都被设置为可发现，在发现蓝牙设备的信息后就将其显示在 TextView 中，然后在触发定位按钮后，这些被发现的蓝牙设备名称信息将被打包上传至服务器，用于计算当前用户的位置。

2）CELL-ID 技术

1993 年 11 月，美国一个叫詹尼弗·库恩的女孩遭绑架之后被杀害，在这个过程当中，库恩用手机拨打了 911 电话，但是 911 呼救中心却无法通过手机信号确定她的位置，最终导致了悲剧的发生。由于这个事件，美国通信委员会在 1996 年 6 月通过了一项法令强制推行 911 无线服务（E911），法令要求构建一个公众安全网络，即无论在任何时间和地点，都能通过无线信号追踪到用户的位置。

（1）CELL-ID 技术原理。在蜂窝移动通信系统中，蜂窝小区的小区标识 CELL-ID 都存储在蜂窝移动通信系统数据库中，在需要查询蜂窝移动网络中某一个移动通信台的位置时，通过查询当前移动通信台注册的蜂窝小区，即可根据该基站小区的位置信息来近似确定当前移动通信台的位置。

CELL-ID 技术定位原理是通过获取目标手机所在的蜂窝小区 ID 来确定其所在的位置的。它不需要移动台提供任何定位测量信息，也无须对现网进行改动，只需要在网络侧增加简单的定位流程处理即可，比较容易实现。

基于 CELL-ID 技术的定位分类，如图 4-11 所示。若小区覆盖范围分扇区，可以将定位精确到某个扇区。若知道到达小区基站的时间，即 TA，可以进一步精确定位范围。此外，还可以根据移动通信台的信号强度确定更为精确的位置。

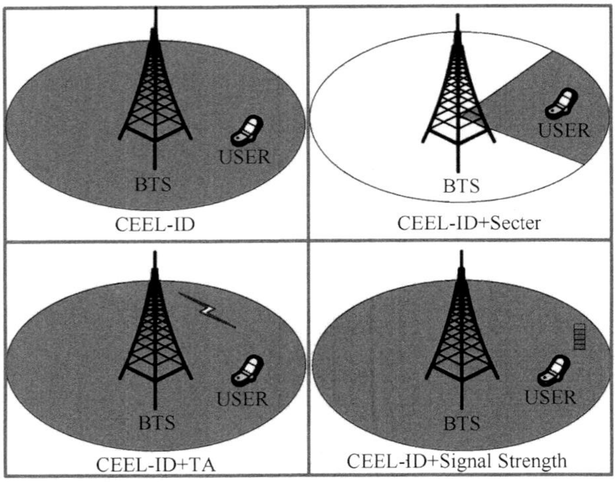

图 4-11　基于 CELL-ID 技术的定位分类

基于 CELL-ID 的定位方法的精度完全取决于移动台所处小区覆盖范围的大小。在小区的覆盖范围很大的地方，CELL-ID 的定位精度就差些，在小区覆盖范围较小采用微蜂窝的区域，CELL-ID 的定位精度会比较高。

（2）改进的 CELL-ID 技术。基于 CELL-ID 技术的定位技术，结构简单不需要对现有网络进行修改，即可实现对用户当前位置的定位。但是，在基于 CELL-ID 技术的定位系统中，基站蜂窝移动通信系统数据库需要登记各移动终端所处蜂窝小区的标识，并且保持移动终端在小区切换后及时进行更新，因此对基站要求比较高[28]。

在基于蓝牙的室内定位服务系统中，需要考虑蓝牙从设备节点的硬件资源能力，因对蓝牙节点要求太高而难以实现，而且系统数据库内容还要实时更新，整个系统运行稳定性受到一定影响。因此，在基于蓝牙的室内定位服务系统中，对 CELL-ID 技术进行了修改，蓝牙从设备节点类似基站，所有的蓝牙从设备节点被分配唯一的小区标识，但所有的蓝牙从设备节点不负责移动终端的注册，也不与系统服务器进行通信，而且定位系统的数据库不更新移动终端所在小区的切换信息。用于计算判断当前移动终端位置信息的蓝牙节点 ID 由硬件资源能力强大的移动终端发送至定位服务器，然后计算当前移动终端的位置并发布到用户手机的客户端界面上。

采用改进的 CELL-ID 技术，大大降低了对蓝牙从设备节点的要求，充分发挥了目前越来越强大的移动终端资源，实现了在室内环境改变极小的情况下进行定位。

3）指纹定位算法

（1）指纹算法原理。指纹定位算法中，指纹定位分为两个阶段。

①离线阶段在定位环境中确定若干指纹采样点，记录每个指纹采样点位置场景的特征信息，如用户所处位置的 RSS_i、信噪比、TOA 等，构建一个关于场景特征信息和采样点位置（可以是物理位置，也可以是逻辑位置）关系的位置指纹库。

②在线阶段定位时终端通过测量获取当前位置的场景特征信息，并将其与位置指纹库中离线阶段建立起来的位置信息和场景特征信息关系库进行匹配，从而估计该终端的位置。

由于信号强度 RSS_i 易于测量，不需要额外的软硬件支持，因此受到广泛关注，常见的用于室内定位系统的场景特征信息就是采用信号强度建立指纹库的。

以信号强度作为场景特征信息实现室内定位的原理如图 4-12 所示。

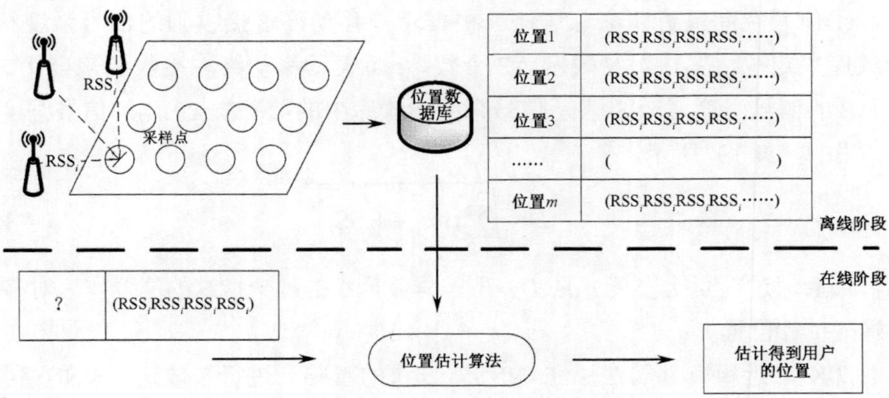

图 4-12　指纹定位算法原理

离线阶段，其目标在于建立一个位置指纹识别的数据库。首先，选择合理的参考点分布，为在线定位阶段的准确位置估计提供足够的信息。然后，依次在各个参考点上测量来自不同 AP 的 RSS_i，并将相应的参考点的位置信息记录在数据库中。由于 RSS_i 受环境的影响比较大，测得的值往往很不稳定，为了减少 RSS_i 在在线阶段定位造成的误差，通常还需要做误差平均。

在线阶段，在离线阶段制定好位置指纹数据库后，当用户进入定位区域后

会采集当前位置的 RSS_i，将其上传至定位服务器，定位服务器依据一定的指纹匹配算法将待测点上接收到的 RSS_i 与指纹数据库中的指纹数据进行比较，计算出当前用户的位置。

指纹定位算法的定位精度和响应时间严重依赖于建立起来的指纹数据库，指纹数据库的建立和更新会随着定位区域的扩大而急剧增长，从根本上限制了该定位算法的实际应用。

（2）常见的指纹定位匹配算法。根据位置匹配方法的不同，指纹定位匹配算法可以分为两类：确定性算法和基于概率的算法。确定性算法主要有 K-最近距离邻居法（K-Nearest Neighbor，KNN）、神经网络、支持向量机（Support Vector Machine，SVM）、最小 M-顶点多边形（Small M-vertex Polygon，SMP）等，基于概率的算法利用条件概率为位置指纹建立模型，并通过贝叶斯推理来估计用户的位置[29]。

其中，基于概率的算法比较复杂，难以应用到实际场景。常见的指纹定位匹配算法有信号空间最近距离邻居法（Nearest Neighbor of Signal Space，NNSS）、K-最近距离邻居法（K-Nearest Neighbor，KNN）。

①信号空间最近距离邻居法。根据用户移动终端接收到的信号强度和指纹库来定位，其中，N 表示 AP 个数，rss_i 表示移动终端接收到来自第 i 个 AP 的信号强度，RSS_i 表示信号强度指纹库中的第 i 个 AP 点的信号强度值，如式（4-1）所示，

$$D=\sqrt{\sum_{i=1}^{N}(\mathrm{rss}_i-\mathrm{RSS}_i)^2} \tag{4-1}$$

最后通过判断比较最小的 D，即差异值最小的那个指纹的位置作为对移动终端的估计位置。

②K-最近距离邻居法。在 NNSS 方法的基础上进行了改进，KNN 利用 NNSS 算法得到各参考点的距离值 D，按照从小到大的顺序对其进行排序，然后从中选出距离最小的 K 个参考点，利用式（4-2）对这些参考点的位置坐标求平均值，得到的坐标作为用户的估计位置坐标，即

$$(X,Y)=\frac{1}{K}\sum_{i=1}^{K}(x_i,y_i) \tag{4-2}$$

式中，K 为所选择的参考点数；（x_i，y_i）为第 i 个参考点位置坐标；（X，Y）为估计的用户位置坐标。

2. 基于超声波的定位关键技术

1）定位原理

超声波定位技术的定位原理如图 4-13 所示，是通过测量待测点到至少 3 个坐标已知的固定点之间的距离，然后通过距离交会法求出待测点位的三维坐标。

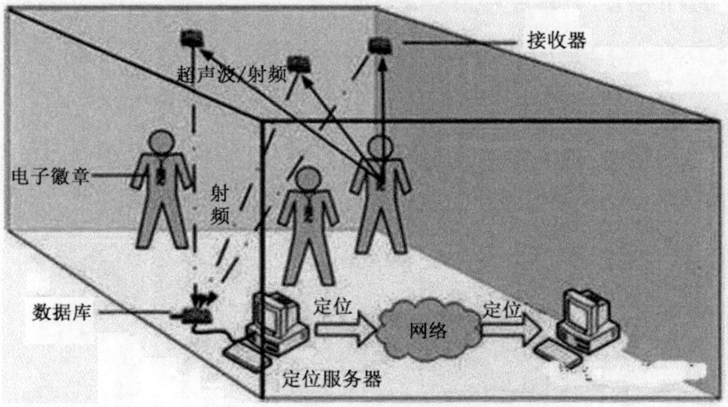

图 4-13　超声波定位技术的定位原理

2）解方程确定待测点

在测得待测点到坐标已知点距离后，通过距离交会法解方程求出待测位点的三维坐标，方程如下。

$$\begin{cases} D_1^2 = (X - X_1)^2 + (X - Y_1)^2 + (X - Z_1)^2 \\ D_2^2 = (X - X_2)^2 + (X - Y_2)^2 + (X - Z_2)^2 \\ D_3^2 = (X - X_3)^2 + (X - Y_3)^2 + (X - Z_3)^2 \end{cases} \tag{4-3}$$

式中，(X,Y,Z)为待测点坐标；(X_1,Y_1,Z_1)、(X_2,Y_2,Z_2)、(X_3,Y_3,Z_3)分别为固定点 1、2、3 的坐标。在该方程组中，只有(X,Y,Z)为未知数，可以求解出来。

3）距离测量

待测点到固定点的距离测量是通过测量超声波在两点之间的传播时间，根据超声波在空气中传播的速度计算出来的。当然还要考虑超声波传输的延迟现象，根据经验，在 30m 以内的范围，误差范围大概为 3cm。计算方式为：

$$s=vt/z \tag{4-4}$$

式中 s 为待测点到固定点的距离；v 为传播速度；t 为传播时间。

3. 基于超宽带（UWB）的定位关键技术

1）超宽带无线通信信号的实现方式

UWB 信号的实现可以采用脉冲无线电（Impulse Radio，IR）和多频带

（Multi-Photon）的方式。通常采用脉冲无线电方式，多频带方式是从美国联邦通信委员会的超宽带脉冲信号标准中得到的，其对频谱范围和功率要求都进行了说明。

（1）脉冲无线电方式。脉冲无线电传播信息是通过冲击脉冲完成的。在该方法中，通过低占空比 IR 信号发送数据，并且通过信号的位置或极性来传送符号的信息。每个符号对应一个或多个信号。在图 4-14 中，两个连续的 IR 信号表示一个符号，IR 信号可以占据帧（T_f）内的码片间隔（T_c）中的一个，TH（Time-Hopping）码用于专用时间帧中确定信号的准确位置，以减少 IR 系统之间的干扰概率。在下面的例子中，符号的 TH 码分别为{2,1}、{2,3}和{1,0}，因此第一信号和第二信号分别移位两个和一个码片间隔，以此类推。在该举例中，信息对应信号的极性，因此 IR 流表示二进制数据“101”。

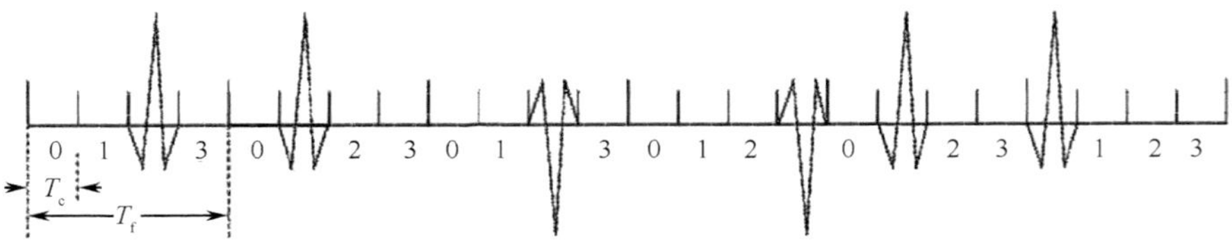

图 4-14　IR 信号举例

（2）多频带方式。为了使频谱的利用率提高，人们已经开始考虑使用多频带调制。在该情况下，一个 UWB 信号不是一个脉冲，而是仅占用 500MHz 的带宽。这就为传统的无线电通信系统设计理论和 UWB 优势相结合提供了机遇。为了有效地提升频谱的使用率，很多公司都已经开始开发多频带的超宽带传输系统。多频带传输系统将 UWB 频谱划分成若干带宽宽度不小于 500MHz 的子带。超宽带传输系统可以根据信息速率、系统损耗要求及和其他系统共存的要求，动态使用部分或全部的子带进行通信。它是通过同时发送多个不同频带的 UWB 信号来提升频谱的利用率的。由于信号的频率不同，因此信号之间也不会相互干扰。

为了提升信息的传输速度和多址接入，使更多用户可以进行同时通信，多频带信号可以被同时发送。每个 UWB 信号都可以使用一些标准的调制方法进行调制，同时 UWB 信号在接收端解调前必须被分离。

2）基于 UWB 的常用室内无线定位测量方法

（1）基于 AOA 的定位算法。AOA 定位是通过基站天线或天线阵列测出终端发射电波的入射角（入射角是光源与法线的夹角），从而构成一根从接收机到终端的径向连线，即方位线。利用两个或两个以上 AP 接入点提供的 AOA 测量值，按 AOA 定位算法确定多条方位线的交点，即待测终端的估计位置，如图 4-15 所示。

（2）基于 TOA 的定位算法。TOA 技术是指由基站向移动站发出特定的测距命令或指令信号，并要求终端对该指令进行响应。基站会记录下由发出测距指令到收到终端确认信号所耗费的时间，该时间主要由射频信号在环路上的传播时延、终端的响应时延和处理时延、基站的处理时延组成。如果能够准确地得到终端和基站的响应和处理时延，就可以算出射频信号的环路传播时延。因为无线电波在空气中以光速传播，所以基站与终端之间的距离可以估算出来。当有 3 个基站参与测量时，就可以根据三角定位法来确定终端所在的区域，如图 4-16 所示。

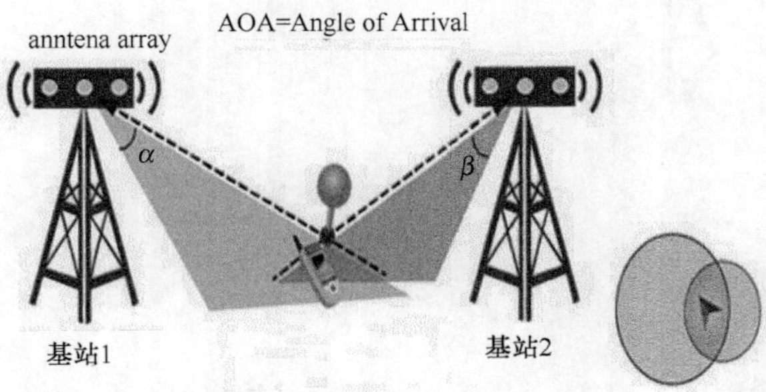

图 4-15　AOA 测量方法

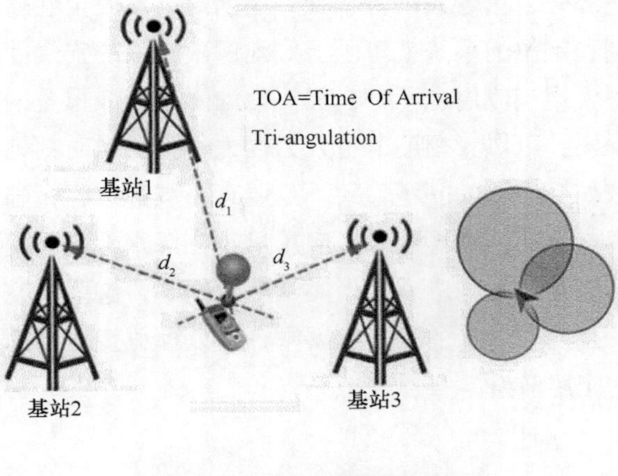

图 4-16　TOA 测量方法

（3）基于 TDOA 的定位算法。TDOA 定位算法是一种利用时间差进行定位的方法，通过测量信号到达基站的时间，可以确定信号源的距离，利用信号源到多个无线电监测站的距离（以无线电基站为中心，距离为半径作圆），就能确定信号的位置。通过比较信号到达多个基站的时间差，就能作出以检测站为焦点、距离差为长轴的双曲线的交点，该交点为信号的位置，如图 4-17 所示。

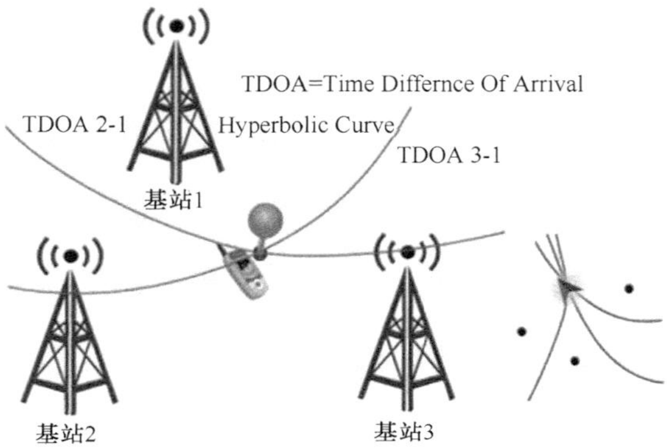

图 4-17　TDOA 测量方法

4.3　解决方案

在未来的发展中，城市、小区、家庭智慧化是社会发展的必然结果，但同时，中国社会存在一个急需解决的问题——人口老龄化，因此关心老人必然成为社会责任的一部分，当老人出行或独处室内时，不安全性随之提高，一个能够提供身份识别和定位的系统就可以很好地解决老人的安全问题，而且得益于系统成本不高，大规模应用也不存在经济上的困难，最重要的一点是，传感器代替了家人或保姆，可以大幅度节省人力物力，更能时时刻刻管理老人。但也存在一些问题，如标准化的问题导致不是所有领域都兼容，国内和国外也不一样；用户需求多样性的问题导致很多应用只是在探索阶段，使研发的压力和成本变大。当然，随着科技的进步和人类认知的提高，这些问题在不远的将来都能够一一解决，因此在未来的社会发展中，可以预见智能化的身份识别和定位系统具有良好的应用前景。

4.3.1　身份识别终端产品

身份识别带：在每个人手腕上佩戴一个身份带，身份带上有一个电子标签；电子标签上记载了该人员的身份信息，包含姓名、年龄、性别、身高及体貌特征等；在一切通道、大门等重要节点上安装电子标签读取设备，一旦有人经过某一节点，读取设备立即自动记载，并与管理数据库中的信息核对。一些机构在身份识别终端产品中开发了消费功能，老人可在特定范围内进行读码消费，系统会自动更新该人员的消费记录，从而增加了产品的智慧功能。

在养老院中，每位老人都有唯一的一个身份识别码，利用该识别码，可在护理或用药时确认老人的身份，以便提供正确的医疗护理，系统可以依据老人的唯一识别码，对老人的个人信息、护理记录及用药信息进行管理。在室内外的任何场合、任何处理过程都可以十分方便地随时查看、核对老人的资料，确保老人在且仅在预订的空间和时间内从事预订的活动。使用电子标签上的信息进行有效的身份识别，便于养老机构、医疗机构等为老服务单位有效管理老人数据、共享信息，确保为老服务、活动管理的安全性。

4.3.2　智能定位终端产品

1．智能手环

在养老机构、医疗机构等一些特殊环境下，采用手机定位不能满足管理方对于老人管控的需求时，手机蓝牙定位便显得不再适合。为了满足此类环境下的定位，一些物联网科技公司研发出能够扫描并接收蓝牙信号的蓝牙网关，通过为养老机构内的老人佩戴智能手环来广播蓝牙信号，在房间内铺设蓝牙网关，扫描并感知智能手环广播的蓝牙信号，达到实时定位的作用。蓝牙网关部署在房间内 3～5m 的高度，蓝牙信号覆盖半径约为 10m，考虑到信号衰减，蓝牙在实际定位时，定位终端在距蓝牙发射点 5m 以内最佳。在定位时，定位算法必须收集到至少 3 个蓝牙信号才可定位，相较于 Wi-Fi 定位，蓝牙信号更为稳定，定位精度更高，一般为 1～3m。蓝牙网关采用 POE 供电，电压为 5V，由于采用 POE 供电，后期维护成本大大降低。

2．智能胸牌

智能胸牌的应用其实很广泛，尤其是在第三产业，智能胸牌可作为无拘束老年智能终端产品，其开发能带来很多的便利。目前市场上智能胸牌的基本功能大部分都包括温度检测、湿度检测、光线检测、蓝牙定位、UWB 定位、GPS 定位、RFID 标签。其基本的功能如下。

权限管理：详细的角色和权限定义，赋予胸牌不同的功能及管理权限。

精准定位：支持通过蓝牙或 GPS 方式进行位置定位，定位信息通过网络传送至后台服务器。

路径记录：能查看佩戴胸牌人员的行走轨迹。

门禁控制：通过门禁和刷卡控制器的整合，以及角色和权限的配置，自动授权开启对应的门禁系统。

设备控制：通过设备及刷卡控制器的整合，授权的胸牌可控制对应的设备。

自动考勤：自动化的考勤服务，详细记录员工上下班时间、外出情况等一系列活动。

外出行径管理：与移动端绑定，自动提供外出的位置及数据共享，实时了解相关人员的行径及外出的真实情况。

电子围栏：支持设置电子围栏区域，当佩戴者超出区域则主动告警，并将告警信息和定位信息传送至后台。

身份识别：支持基于 RFID 的身份识别功能，与企业传统的刷卡设备配合，提供更多丰富的功能，如实现门禁和支付等功能。

一键呼救：具有 SOS 报警按钮，佩戴者按下按钮，定位装置即启动报警功能，并将报警信息和此时的定位信息传输到后台。

智能胸牌信息登记注册后，当佩戴智能胸牌的老人出现走失、晕倒等意外情况时，移动端能够及时发出告警，提醒家人或服务人员采取紧急措施，及时帮助老人平安回家。

3. 智能定位卡

采用多种技术，通过 GPS、IBeacon、NB-IoT、GIS、GSM、RFID、AI 语音、陀螺仪等技术的整合设计，实现移动紧急报警保障，通过一张卡实现多重功能。面向老年人，定位卡可在紧急情况下发送报警，同时提示报警地点信息，提供视频联动功能，及时报告现场情况，还可以提供住区内外居民定位信息查询，如图 4-18 所示。面向访客，定位卡提供访客的参观路线、访客最近一次上报的位置等信息，用于访客行为与偏好的信息获取。通过定位和时间信息展示访客的活动路线、停留时间等，基于此信息进行行为、兴趣点分析。面向员工，定位卡获取员工服务动线、最近一次上报位置等基础数据，用于员工动线管理与岗位职责梳理。

图 4-18　智能定位卡

本章小结

基于智慧养老的思想，为了准确、安全地对老人进行管理和照顾，本章首先分析了 RFID 和蓝牙的特点，并结合老人所处的环境，阐述了基于 RFID 的身份识别系统和基于蓝牙的室内定位系统，从软件设计到硬件选择，以及最后整个系统的完成都做了详细的介绍。它们能够有效地减少老人单独行动时的不稳定因素，同时提高老人独处时的安全性。它充分地利用物联网中物物相连、人物相连的思想，把需要人参与的工作交给“物”，突出了智慧养老的“智”，节约了人力成本。传感器可以不间断工作，这是人所做不到的。可以预见，在未来的生活中，物联网的便捷性和高效性将进一步得到展示，我们的生活将变得更加“智慧”。

参考文献

[1] 戚文静，张素，于承新，等. 几种身份认证技术的比较及其发展方向[J]. 山东建筑工程学院学报，2004(2):84-87.

[2] 聂元铭，丘平. 网络信息安全技术[M]. 北京：科学出版社，2001.

[3] Schneier B.Applied cryptography: protocols，algorithms，and source code in C(Second edition) [M]. John Wiley&Sons.Inc, 1996.

[4] Gask G, Looi M. Integrating smart cards into authentication systems[A]. Advances in Cryptology-EUROCRYPT'1995 Proceedings[C]. Berlin: Spring

Verlag, 1995:271-281.

[5] 康东，石喜勤，李勇鹏. 射频识别（RFID）核心技术与典型应用开发案例[M]. 北京：人民邮电出版社，2008.

[6] 钱志鸿，王义君. 面向物联网的无线传感器网络综述[J]. 电子与信息学报，2013 (1): 215-227.

[7] 罗春彬，彭龚，易彬. RFID 技术发展与应用综述[J]. 通信技术，2009，42(12): 112-114.

[8] 周海涛. RFID 技术和应用发展现状[J]. 电信科学，2009(7): 91-94.

[9] EPC Global, Inc, EPC™ Radio-Frequency Identity Protocols Class 1 Generation-2 UHF RFID Protocol for Communications at 860 ~ 960MHz Version1.1.0[J]. IEEE International Conference on RFID，TX，USA，2007: 26-28.

[10] Wang C G, Daneshmand M， Sohraby K, et al. Performance Analysis of RFID Generation -2Protocol[J], IEEE Transactions on Wireless Communications, 2009, 8(5): 2592-2601.

[11] 李志坚，肖熠琳. 一种基于二进制码调制的射频识别防碰撞算法[J]. 计算机工程，2015，2.

[12] 中国科技部. 中国射频识别（RFID）技术政策白皮书[S]. 2006，9.

[13] 中国射频识别（RFID）技术发展与应用报告编写组. 中国射频识别（RFID）技术发展与应用报告蓝皮书[S]. 2009，10.

[14] Abad E，Palacio F，Nuin M，et al. RFID smart tag for traceability and cold chain monitoring of foods: Demonstration in an intercontinental fresh fish logistic chain[J]. Journal of food engineering，2009，93(4): 394-399.

[15] 王海. 用于 RFID 系统的天线设计探讨[J]. 论文网，2016，1.

[16] Yu J，Liu K，Yan G.A novel RFID anti-collision algorithm based on sdma[C]. Wireless Communications，Networking and Mobile Computing，2008. Wi COM' 08.4th International Conference on. IEEE，2008: 1-4.

[17] Liu H C，Ciou J P. Performance analysis of multi-carrier RFID systems[C]. Perform ance Evaluation of Computer&Telecommunication Systems , SPECTS2009. International Symposium on. IEEE，2009，41: 112-116.

[18] Maina J Y，Mickle M H，Lovell M R, et al. Application of CDMA for anti-collision and increased read efficiency of multiple RFID tags[J]. Journal of Manufacturing Systems，2007，26(1): 37-43.

[19] Cha J R, Kim J H. Novel Anti-collision Algorithms for Fast Object Identifi-cation in RFID System[C]. Parallel and Distributed Systems，2005. Proceedings 11th International Conference on IEEE，2005，2：63-67.

[20] 黄露. 基于 RFID 身份识别系统的研究[D]. 武汉：武汉工程大学，2016.

[21] 汪苑. 基于 ZigBee 无线网络的室内定位算法研究[D]. 南京：南京工业大学，2011.

[22] 汪苑，林锦国. 几种常用室内定位技术的探讨[J]. 中国仪器仪表，2011(2):54-57.

[23] Jinsong Xu，Xiaochun Lu. Design and Simulation of Indoor Positioning System Based on UWB[C]. E-Business and E-Government (ICEE)，2010:3872-3875.

[24] Kuo-Fong Kao，I-EN Liao，Jia-Siang Lyu. An Indoor Location-Based Service Using Access Points as Signal Strength Data Collectors[C]. International Conference on Indoor Positioning and Indoor Navigation (IPIN)，2011:1-6.

[25] 刘君. 室内定位系统研究[D]. 安徽：安徽大学，2011.

[26] 蓝牙—维基百科[EB/OL]. http://zh.wikipedia.org/zh/%E8%97%8D%E7%89%99.

[27] 刘晓霞. 基于 AT89S51 单片机实验开发系统设计[D]. 呼和浩特：内蒙古大学，2009.

[28] 张晓波. 基于 CELL-ID 位置服务系统的设计与实现[D]. 呼和浩特：内蒙古大学，2011.

[29] 张明华. 基于 WLAN 的室内定位技术研究[D]. 上海：上海交通大学，2009.

第5章

健康监测

本章摘要

本章首先介绍健康监测的基本现状与发展趋势，以及健康监测在智慧养老中的应用，如居家养老、社区养老及机构养老；其次概述健康监测涉及的关键技术，如传感技术、体域网技术、通信技术、人工智能及新一代信息技术；最后给出健康监测在智慧养老中的具体解决方案。

5.1 应用现状

在智慧养老中，健康服务是老年人关注的核心焦点之一。健康监测作为健康管理的基础，通过健康信息的采集、分析、评估以提示风险，据此可对突发状况及时报警，对疾病进行针对性干预和及时治疗，从而实现老年人的健康监测。

近年来，随着人口老龄化的加速、慢性病人群的增加、收入水平和购买力的提高，以及人们对健康消费意识的增强，健康监测产品的全球市场规模逐年增长。目前，健康监测的主要需求集中在经济发达及相对比较发达的区域和国家。随着用户对产品需求的提高，健康监测产品的发展呈现出智能化、多功能、可穿戴及远程医疗等趋势。健康监测产品的智能化主要是指赋予产品数据传输、数据存储及数据分析功能。随着人们对健康需求的日益加强，单纯的健康数据检测已经很难满足用户的需求，健康监测产品的智能化可以使用户通过计算机或手机等智能终端随时随地了解个人的健康数据，建立个人的健康档案，通过智能化的健康数据分析，获得健康指导。多功能是指赋予一个健康监测产品多种功能，如一个设备兼具测量血压、脂肪、血糖等功能。人的各项健康数据之间或多或少存在一定的关联，如心血管疾病在发病前，都会伴随高血脂、肥胖、高血压、糖尿病等，如果可以及时监测到这些数据，找到主导因素，并改变不良生活习惯，就可以很好地控制心血管疾病。另外，产品的多功能，还可以节约用户的购买成本。对于一些疾病，可能在患者自觉症状明显时，监测数据较为明显，而一旦自觉症状缓解，就很难从监测数据看出问题，对此需要利用可穿戴的健康监测产品进行长时间的动态健康数据监测，以提供更全面的健康数据信息，从而提高诊疗水平。可穿戴健康监测产品在长时间的数据监测中，一旦发现异常的数据信息（患者本身往往还没有意识到）便可发出预警。远程医疗是建立在智能化的健康监测产品基础上的，个人健康数据可传送至健康云平台，健康云平台再将数据传送至相应的医院或医生，由医生出具初步的诊断或直接在线交流回答患者的紧急咨询，从而达到远程医疗的目的。

5.1.1　居家养老中的健康监测

居家养老以专业化服务为依托，为居住在家的老年人提供以解决日常生活困难为主要内容的社会化服务。服务内容包括生活照料、医疗及精神关爱服务。

随着人口老龄化的进展，“空巢”老人的出现已是人们生活方式、观念转变当中产生的一种客观必然现象。根据全国老龄委公布的《我国城市居家养老服务研究》报告，我国城市“空巢”老人达 49.7%，国外有的已高达 80%，甚至更高[1]。随着老人年龄增长、身体功能退化，居家老人需要照顾而身边无子女或子女无暇照顾的问题日益突出，这使居家养老服务显得尤为重要。受中华民族传统的家庭伦理观念的影响，我国大多数老年人不愿意离开自己的家庭和社区到一个新的环境去养老。居家养老服务采取让老年人在自己家里接受生活照料的服务形式，适应了老年人的生活习惯，满足了老年人的心理需求，有助于他们安度晚年。然而，现有的居家养老模式难以缓解人口老龄化带来的压力，老年人在安全、健康、快乐等方面的需求难以得到满足。随着人们生活水平的不断提高，人们对社会养老服务功能的强化和养老服务形式的多样化提出了新的要求。智慧养老是面向居家老人、社区及养老机构的传感网系统与信息平台，并在此基础上提供实时、快捷、高效、低成本的物联化、互联化、智能化的养老服务。

面对居家老人，特别是“空巢”老人，智慧养老可远程监控他们的生活，不仅时刻保护老人的安全，还能全方位地监测老人的健康状况，提供及时有效的医疗服务，让老年人在日常生活中可以不受时间和地理环境的束缚，在自己家中过上高质量的生活，充分享受物联网带来的便捷和舒适。在具体的健康监测应用中，可以借助可佩戴的监测设备及部署在住所周围的传感节点，利用传感技术、通信技术及信息技术等先进手段构建监测系统，再基于这些监测系统搭建信息化的服务平台，从而为老年人提供安全保障及健康管理等服务。

借助智能腕表等可穿戴设备，可随时监测佩戴人的血压、血氧、心率等基本健康数据。当出现老人摔倒或生命体征异常等特殊情况时，监测系统中的监测设备能立即发出报警信息，或者通过设置一键呼救、亲情拨号等简易操作功能，通知医护人员或亲属，使居家老人能及时得到救助服务。当老年人因饮食不节制、生活不规律而带来各种亚健康隐患时，健康监测系统也能第一时间发出警报，提醒老人及其子女、社区或医疗服务中心注意，还可提醒老人准时吃药和平时生活中的各种健康事项。

智能腕表等监测设备还可以通过移动互联网实现监测数据与老人亲属、社区卫生服务中心云同步。此外，还可以利用健康监测系统，通过移动终端收集老人的生理数据，并自动传入云端，进行自动数据分析与处理，再将结果发给主治医生，给出诊断或康复建议。通过监测老年人的健康状态，包括饮食量、活动量、睡眠质量等，特别对于一些高危人群，如高血压、糖尿病患者，可以每天进行日常的健康监督、运动及饮食指导，实现全天候的日常管理，并为每个人定制个性化的健康管理流程。

5.1.2　社区养老中的健康监测

社区养老是指以家庭为核心，以社区为依托，以老年人日间照料、生活护理、家政服务和精神慰藉为主要内容，以上门服务和社区日托为主要形式，并引入养老机构专业化服务方式的居家养老服务体系。社会养老服务具体包括：举办养老、敬老、托老福利机构；设立老人购物中心和服务中心；开设老人餐桌和老人食堂；建立老年医疗保健机构；建立老年活动中心；设立老年婚介所；开办老年学校；设立老年人才市场；开展老人法律援助、庇护服务；等等。这种养老方式吸收了家庭养老和社会养老的优点和可操作性，把家庭养老和机构养老的最佳结合点集中在社区[2]。

面对社区养老服务，智慧养老可以通过信息技术将居家老人、社区、政府、服务提供者联系起来，实现对老年人的应急救助、健康管理、生活照料等全方位服务。例如，可运用互联网、物联网和智能监测产品，以健康数据为基础，建设社区老年人应急救援服务平台，为社区老年人提供健康管理、安全监测、应急救援、精准医疗急救等生命安全保障服务。运用互联网、物联网、大数据等信息技术手段，建设社区智慧健康养老信息平台，对接整合各级健康养老服务资源信息，实现健康养老大数据的智能分析处理，提供便捷、精准、高效的健康养老服务。

此外，在社区可以建设设施齐备的健康监测中心，如医疗保健中心、体检中心等，定期采集社区老人的健康数据，运用互联网、物联网技术，配置便携式和自助式健康检测、监测设备，建立社区智慧健康管理服务中心，并以此为依托建立社区居委会健康服务站点，构建覆盖社区居委会和社区单位的健康管理网络。

5.1.3　机构养老中的健康监测

机构养老是指以养老机构为主导，为老年人提供解决日常生活困难的社会化养老服务模式。养老机构是为老年人提供饮食起居、清洁卫生、生活护理、健康管理和文体娱乐活动等综合性服务的机构，直接为老人提供养老服务。养老机构可以是独立的法人机构，也可以是附属于医疗机构、企事业单位、社会团体或组织、综合性社会福利机构的一个部门或分支机构。

面对机构养老服务，智慧养老可以运用信息技术手段，提供机构内老年人的智慧健康养老服务，包括各类健康监测、无线定位求助、跌倒监测、夜间监测、老人异常行为监测、阿尔茨海默病患者防走失、视频智能联动、门禁系统联动、移动定位、消费娱乐等服务。

由于机构养老具有集中化、专业化等特点，因此在养老机构内可以部署监测节点，建设监测网络，进行系统化管理。通过智能健康监测设备及监控网络可以实现在机构内对老人看护管理，保障老人生命安全、医疗健康及精神健康。例如，可以在机构内的纺织用品和服装上安装监测节点，或者向老人发放智能手环等可穿戴的监测设备，通过接入智能健康监测设备对老人的健康进行实时监测，当出现异常时就会发出报警信号。同时，可以建立机构内老人的健康数据档案，实现个性化健康状况分析，根据老人的健康数据向老人提供设定护理计划、安排护理任务等健康服务。

5.2 关键技术应用原理

在健康监测领域，健康信息的采集涉及信息的获取、存储及传输等环节；数据信息处理涉及信号处理、模式识别、数据挖掘等人工智能方法；健康数据的分析评估涉及云计算技术、大数据处理技术等诸多技术门类。本节为读者梳理智慧养老中实现健康监测所涉及的关键技术，包括传感技术、体域网、通信技术、人工智能及新一代信息技术。

5.2.1 健康监测传感技术

传感技术是从自然信源获取信息，并对之进行处理和识别的一门多学科交叉的现代科学与工程技术，同计算机技术与通信技术一起被称为信息技术的三大支柱，在许多现代工业应用中发挥着不可或缺的作用，特别是在医疗、健康和环境监测中尤为突出。

在健康监测应用中，传感技术主要用于获取人体运动、生理参数及环境指标信息，监测与这些信息相关的物理量、化学量等参量，并将这些参量转化为电学、光学等形式的输出信号进行处理。例如，可以监测人体血压、脉搏、体温、肌电、血糖等相关参量，也可以监测人体的各种运动状态，如加速度、肌肉延展度和足部压力等，还可以监测与周围环境相关的参数，如位置坐标、温度、湿度和大气压等。

在传感技术中获取信息依靠各类传感器，如压力传感器、振动传感器、温度传感器、流速传感器和电化学传感器等，它们有各种物理量、化学量或生物量。在健康监测领域，传感器的主要功能包括运动和行为监测、生理参数测量、人体成分分析和环境监测等。其中，运动和行为监测的传感器以物理量测量为主，通过加速度计、陀螺仪、测角仪和光电传感器等提供健康相关信息，并对诸如步态、跌倒、震颤、运动障碍和睡眠质量等进行监控。测量生理参数的传感器可以与皮肤接触来测量实时生理参数，如血压、心率、血糖、心电和皮肤温度等。人体成分分析可以通过芯片实验室技术（Lab-on-a-Chip）将化学和生物分析功能集成于小型器件上，可处理痕量样品和平行处理不同样品，并能精确控制实验过程和快速获得实验结果。其中，用于化学分析的传感器可以对人体汗液、唾液、血液、尿液、泪液及呼吸等成分进行分析比照。环境监测包括对有害物质和各类环境条件的监测，以保障用户的健康安全[3]。

对于物理量的监测，可采用微机电系统（MEMS）传感器、平面电极、薄膜电极和光电传感器等多种形式。典型的生物电测量传感器可用于表皮肌电、心电和脑电信号的采集，通常采用湿式或干式两种电极形式。湿电极使用导电凝胶作为媒介实现皮肤和传感器间的导电连接，然而导电凝胶不支持长时间测量，并且每次测量都需要涂覆；干电极可以直接作用于皮肤而无须凝胶耦合，可实现长时间测量。在测量信号较大时，可以采用电容式干电极进行非接触式测量。干电极与皮肤的接触电阻较大，但可以采用输入阻抗较高的测量电路来补偿，或者通过改变电极表面材料和结构的方式来获得较小的接触电阻。测量心率主要通过光电容积图（PPG）的方法，该方法利用了血液对绿光的吸收性，通过测量反射光强的变化来反映血流量的变化，即监测心脏的收缩（血流量高，反射光线弱）和舒张（与收缩情况相反）时反射光强得到对应的心率数据。目前，大部分腕带式心率测量设备（如 Fitbit 和 Apple Watch）都采用了该方法。加速度传感器可采用 MEMS 工艺制成机械运动部件，如悬臂梁和薄膜等，通过测量电阻、电容和反射光等实现对部件位移或振动的监测。温度传感器包括热敏电阻、热电偶和硅温度传感器。其中，热敏电阻由金属、陶瓷、聚合物或半导体等电阻值随温度变化的材料构成，将其接入桥式电路等模拟电路中，可获得与温度差值成比例的输出电压。热电偶则利用不同金属开路端和金属结晶温度梯度所产生的热电势，进行大范围的温度测量。基于晶体管的温度传感器可以依据基极和发射极电压与温度的关系进行测量，其他物理量的测量方法也大多基于平面电极、光电传感器和 MEMS 传感器等。

化学量的监测可以采用包括电化学、光学和微机电测量在内的一系列可微型化的监测方法。其中，电化学测量由于结构简单成为目前最流行的测量化学量的方法。目前，电化学传感器已经实现了收集人体皮肤表面的汗液，并测量其中葡萄糖和乳糖等成分的功能。另外，基于比色法或化学显色法的传感器，可以通过肉眼直接观察，定性判断体液中生物分子浓度或一些环境指标，如挥发性有机物浓度等。与体表传感器相比，植入式传感器能够直接与被测物接触，因此是人体内部化学量测量最常用的方式。通过全植入和半植入式传感器，可以使用荧光、电化学测量、亲和力测量等方法，以及通光微机电系统和微流体芯片等多种测量平台获得人体葡萄糖、病毒细胞、蛋白质和离子在内的很多生物分子的含量[4]。

依据与人体接触形式的不同，健康监测传感器可以分为直接接触式、非接触式和植入式。其中，直接接触式传感器主要用于测量皮肤表面的物理参数及部分可以通过人体体液（如汗液、泪液和组织液等）测量的化学参数；非接触式测量主要用于测量与周围环境有关的参数和人体运动参数；植入式测量主要被用于测量人体内的化学成分和重要器官（如心脏和大脑）的物理性质和工作状态。

此外，应用于健康监测的传感器还可以根据机械属性分为刚性传感器和柔性传感器。刚性传感器技术成熟、可靠性高，通常基于刚性基底（如硅、二氧化硅、碳化硅、环氧树脂等），与柔软的人体皮肤和内部器官的机械属性并不匹配，因此无法高效地与人体集成。柔性传感器由于可以弯曲和折叠，部分传感器实现了一定程度的拉伸，因此更适合与人体进行集成。柔性传感器的机械属性由其所使用的材料和材料中的特殊结构共同决定，其中柔性传感器中包含了金属、有机物和半导体等材料的薄膜形式。一些传感器在使用薄膜材料的同时，还引入了可延展材料（硅胶和液态金属）和特殊设计的结构。另外，一些传感器还可以利用纺丝，或者直接利用织物作为基底，实现柔性智能传感衣物。

随着微电子学、MEMS 及材料科学等相关技术的发展，传感器系统逐渐向多参数、智能化、微型化、低功耗的方向发展。器件的功能由单一生命体征监测趋于多项生命体征监测；器件的设计趋于更小型更轻便、更低成本、更舒适的贴片式设计；整体的系统方案倾向于硬性硅基电子与柔性器件的混合集成[5]。

传感器能够直接或间接地监测人的主要健康指标，随着人们对各种健康保健和健康预测的需求不断提高，各类新型的传感器还会不断涌现。传感技术正逐渐融入人们的日常生活，影响人们生活的方方面面，它使医疗变得可负担和可扩展，持续推进健康、医疗和环境监测的应用和发展。

5.2.2 体域网技术

体域网（Body Area Network，BAN）又称为生物医疗传感器网络（Biomedical Sensor Network）和无线体域传感网（Wireless Body Area Sensor Network，WBASN 或 BAN）。作为无线传感器网络（Wireless Sensor Networks，WSN）的一个分支，是一种以人体为中心的短距离通信网络，由置于人体周围、体表及体内的传感器节点和一个中心节点构成。

体域网可长期监视和记录人体健康信号，早期主要用于连续监视和记录慢性病，如糖尿病、哮喘病和心脏病等患者的健康参数，提供某种方式的自动疗法控制[6]。目前，体域网主要在健康监护、运动训练及娱乐、军事活动等领域发挥着重要作用。健康监护是体域网最具应用前景和价值的领域。体域网通过安置在人体体表或体内的传感器节点，将与人体健康相关的关键参数实时准确地呈现出来，帮助医护人员实施适当的医疗手段。另外，传感器节点还可以根据采集到的异常数据向医护人员发出报警信息，提高紧急情况的处理反应速度。

传感技术是整个体域网的重要基础，是连接物理世界和电子系统的桥梁。体域网中的节点由不同类型的、完成特定感知功能的传感器构成，主要包括传感器模块、信号处理模块、通信模块[7]。遍布全身的传感器能够对人体的一些重要生理参数，如体温、血压、心率、血氧浓度等，或者人体周围的一些环境参数，如温度、湿度等，进行感知和采集，并通过无线传输的方式发送给中心节点。中心节点大多安置在人体胸部或腰部等相对稳定的位置，在接收到这些信息后通过 Wi-Fi 或移动蜂窝网络将其发送到远程服务器，如医院、数据中心等，供专业人员进行后续处理。

体域网的体系结构通常包含内通信、间通信和外通信 3 个层次。第一层包含一组能监测各种人体生理参数或感知人体动作的传感器节点，如 EEG 传感器、ECG 传感器、血压传感器等，这些节点监测和处理相应的信息后发送给 Sink 节点、网络协调器（Network Coordinator）或汇聚节点。在第二层，个人服务器（Personal Server）接收来自 Sink 节点的数据，临时存储后通过无线通信或有线网络将数据保存至后台数据库。第三层提供各种应用服务的远程服务器的外部网络[8]。在医疗健康领域中，利用互联网访问后台的数据库，患者或医生可以随时随地查看相关医疗信息。

在上述体系结构中，Sink 节点的功能是协调各个传感器节点的通信，并转发信息给个人服务器。个人服务器的功能是临时存储并转发相应信息，同时在计算能力允许的情况下提供一定的数据分析功能。个人服务器可以是一台满足计算能力的手机、PDA 等设备，当个人服务器的体积较小又能满足相应计算要求时可以代替 Sink 节点，这时个人服务器和 Sink 节点合二为一。因为 Sink 节点的主要功能是协调第一层节点的通信并转发数据，当只有一个传感器时协调通信的功能就不需要了，而且转发的功能用个人服务器即可实现。

对于体域网的性能指标，不同的应用有不同的性能要求，且这些性能要求在不同应用中差距可能很大。例如，在健康监测领域内，每秒几百千字节的速度就能够满足各个传感器节点向中心节点发送采集的人体信息；在互动式娱乐中，为了能够传输视频流，体域网的传输速率需要达 10Mbps 以上。通信领域的权威机构，如蓝牙技术联盟（Bluetooth Special Interest Group）、电气与电子工程师协会（Institute of Electrical and Electronic Engineers，IEEE）为体域网制定了标准协议。与体域网有关的 3 个重要协议分别是 IEEE 802.15.4、IEEE 802.15.6

和低功耗蓝牙协议。相较于低功耗蓝牙和 IEEE 802.15.4，IEEE 802.15.6 提供了更加灵活和全面的物理层/MAC 层机制，为满足体域网多样的性能要求提供了协议框架和机制支持[9]。

其中，传输可靠性是体域网重要的性能之一。在健康监测中，人体一个重要参数的传输错误，很可能会对医生的判断产生负面影响。若传输错误发生在紧急报警信息上，则患者的急救有可能被耽误。在体域网中，由于人体的移动和肢体的摆动，安置在人体周围和体表上的传感器节点与中心节点的无线信道会发生变化。这些变化主要来自人体造成的阴影效应、节点间相对位置的变化及周围环境因素变化的影响。无线信道条件的变化会引起节点间通信质量的变化，并最终导致节点间传输可靠性的不稳定。目前，保证传输可靠性的主要方法集中于功率控制和中继传输两个方面。利用功率控制可在无线信道条件好时尽可能降低发送功率，在保证传输可靠性的同时降低能量消耗，在无线信道条件差时提高发送功率，通过更高的信号强度克服信道衰落，从而保证传输可靠性。利用中继传输提高传输可靠性的中心思想，是将信息从一个处于深衰落信道的传感器节点通过一个信道条件良好的中间节点传输到中心节点。

节能是另一个在体域网领域中被重视的问题。提高网络的节能性要求每个传感器节点利用有限的能量最大限度地延长自身寿命，降低替换或充电频率。体域网的能耗主要体现在两个方面，即信息感知收集和射频模块的发送与接收。通过实际测试证明信息收集所消耗的能量相较于射频收发模块的能耗可以忽略不计。MAC 层协议可以直接控制射频模块的发送与接收，所以目前对于体域网节能策略的研究主要偏向于高能效 MAC 层机制的设计。

此外，体域网的设计还需要考虑其与其他无线通信技术的共存问题及多个体域网之间的共存问题。对于体域网与其他无线通信技术的共存问题，目前主要采用试验手段来测试，分析在有其他无线通信技术干扰的情况下体域网性能的变化。对于多个体域网之间的共存问题，IEEE 802.15.6 标准提出了 3 种解决共存问题的方式，分别为 Beacon 帧平移技术、跳频技术和超帧活跃期交织技术。

体域网作为一个新兴技术，在医护、保健、体育、军事等方面有广阔的应用前景，它在远程医疗和健康护理方面的应用不仅为我国现阶段“看病难，看病贵”的问题提供了解决方案，而且对全球面临越来越严峻的人口老龄化问题提供了新的应对思路。体域网的普及使用将对未来人们的生活产生革命性的影响。

5.2.3 通信技术

体域网中涉及的无线通信技术除了 CC10000、无线射频（RF）、蓝牙（Bluetooth）、IEEE 802.15.4（ZigBee）和红外通信（IrDA），还有超带宽（Ultra Wide Band，UWB）和无线 USB。而体上通信（On-Body Communication，OBC）和体内通信（Intra-Body Communication，IBC）是新兴的人体生物信道通信技术。在同一个体域网络中，可以根据具体应用来使用一种或多种通信技术。此外，涉及体域网中的无线通信技术也称为医疗信息通信技术（Medical Information and Communication Technology，Medical ICT）[10]。

红外通信技术（IrDA）、RF 射频技术、蓝牙（Bluetooth）和家庭射频（HomeRF）等介质本质上都是基于无线电通信的电磁波频谱。

红外通信技术采用肉眼看不见的红外线传输数据，是使用最广泛的点对点传输技术，其技术比较成熟，具有设备体积小、功耗低、价格便宜、传输数据速度快等优点，因此在图形或音频设备中具有很好的优势。但由于其传输距离短、受视距影响发射接收具有方向性的缺点，无法组成网络，主要用于两台设备间的点对点传输。

蓝牙技术是 1998 年由爱立信、诺基亚、Intel、Toshiba 和 IBM 公司联合推出的一种支持点到多点的无线通信技术，它为固定设备与移动设备通信建立一个特别连接，可以将打印机、PDA、桌上微型计算机、传真机、键盘、游戏操纵杆及其他数字设备连接起来，形成一个小的无线通信系统。蓝牙技术使用跳频技术提高系统抗电磁干扰能力，数据传输更加可靠，但是采用蓝牙技术存在硬件复杂、模块化的产品成本较高、接口方式复杂、时序要求严格、通信协议法复杂、开发成本高等缺点，且通信速率低，其通信距离仅有几十米，只能为短距离通信网络所用。

HomeRF 无线通信技术是由 HomeRF 工作组开发的 PC 和用户电子设备之间实现无线数字通信的开放性工作标准，该技术也是一种短距离无线通信技术，适合组建小范围无线体域网。

RF 技术是利用射频信号通过空间耦合实现无接触信息传递的技术，使用 ISM 频段进行数据传输。ISM 频段包括 433.92～434.32MHz、902～928MHz、2.4～2.4853GHz，这些频段不需要经过通信委员会的申请许可便可直接使用。随着芯片技术、天线技术、无线收发技术、数据变换与编码技术的不断进步，基于射频的无线数据传输技术以其独特的优势，逐渐被广泛应用于工业自动化、商业自动化和交通运输控制管理等领域。

在健康监测中，通信主要实现两个任务：一是把生物传感器采集的生理信号传输到监测系统的中心节点；二是健康监测系统与远程监护站点或医疗监护终端之间的生理信号传输。对于健康监测系统到远程监护站点或医疗监护终端，可以通过 WLAN、GSM、GPRS、4G 无缝接入网络来完成。互联网有更高的数据传输率，从而更有效地实时测量收集在远程位置的可穿戴式健康监护器系统的数据。对于把生物传感器采集的生理信号传输到系统的中心节点，可以利用现有的近程无线通信技术来实现。目前，用于健康监测的近程无线通信技术主要有 ZigBee、Bluetooth、IrDA、MICS 等，其中 ZigBee 和 Bluetooth 技术在可穿戴式系统中具有低功耗、低成本、理想的传输距离等应用技术优势。

5.2.4 人工智能

人工智能（Artificial Intelligence，AI）是研究、开发用于模拟、延伸和扩展人的智能的理论、方法、技术及应用系统的一门新的技术科学。它是在计算机科学、控制论、信息论、神经心理学、哲学、语言学等多种学科研究的基础上发展起来的一门综合性很强的交叉、前沿学科，内容主要包括知识表示、自然语言理解、机器学习和知识获取、知识处理系统、计算机视觉、自动推理和搜索方法、智能机器人、自动程序设计、专家系统等方面。

1956 年夏季在美国达特茅斯（Dartmouth）大学召开的会议上，美国计算机科学家约翰·麦卡锡提出，“让机器达到这样的行为，即与人类做同样的行为”可以被称为人工智能。这次会议首次提出了人工智能的概念，标志着人工智能学科的诞生。经过 60 多年的发展和积淀，伴随着互联网、大数据、云计算和新型传感等技术的发展，人工智能正引发可产生链式反应的科学突破，催生一批颠覆性技术，培育经济发展新动能，塑造新型产业体系，加速新一轮科技革命和产业变革。2016 年美国政府先后发布《国家人工智能研究与发展战略计划》等 3 份报告。英国也于 2016 年 12 月发布关于人工智能的战略报告，主张以发展人工智能来提升企业竞争力、政府治理能力和综合国力。我国政府于 2017 年首次将人工智能写入《政府工作报告》后，2017 年 7 月国务院印发了《新一代人工智能发展规划》，描绘了中国新一代人工智能发展的蓝图[11]。

人工智能依据通用的学习策略，如机器学习、认知学习、深度学习等，可以读取数据，从中发现规律、联系和洞见，因此能够根据新数据自动调整，而无须重设程序。利用机器学习，人工智能系统可以获得归纳推理和决策能力，它在计算机上实现时有两种不同的方式。一种是采用传统的编程技术，使系统呈现智能的效果，而不考虑所用方法是否与人或动物机体所用的方法相同。这种方法称为工程学方法（Engineering Approach），已在一些领域内做出成果，如文字识别等。另一种是模拟法（Modeling Approach），不仅要看效果，还要求实现方法也和人类或生物机体所用的方法相同或类似。遗传算法（Generic Algorithm，GA）和人工神经网络（Artificial Neural Network，ANN）均属模拟法。遗传算法模拟人类或生物的遗传—进化机制，人工神经网络则模拟人类或动物大脑中神经细胞的活动方式。为了得到相同的智能效果，两种方式同时使用。

健康医疗是人工智能最深入的应用领域之一。人工智能可用于整合和解释复杂的生物医学和医疗数据，而常规统计方法无法做到。

作为知名的人工智能产品，IBM 的“沃森”就是医疗人工智能发展的一个典型案例[12]。它可以在 17 秒内阅读 3469 本医学专著、24.8 万篇论文、69 种治疗方案、61540 次试验数据、10.6 万份临床报告；通过汲取海量医学知识，包括 300 多份医学期刊、200 多种教科书及近 1000 万页文字，其在短时间内迅速成为“肿瘤专家”。“沃森”的运作模式类似人脑，自然语言处理能力能全方位地模仿人类的医生。例如，像真人医生一样“当面”听取患者对疾病的叙述，再对患者的问题进行解答，然后做出诊断并开出药方。“沃森”可以服务于医患双方。癌症中心的临床医生可通过计算机或移动设备网络调取“沃森”医生存储的数据，再以实际情况为基础，用更安全、更高效的护理标准照顾患者，提高治疗效果；患者也可以在全球范围内访问“沃森”的汇总报告，在“沃森”医生的指导下得到对病情发展的正确了解。

尽管人工智能在我国医疗领域的应用起步较晚，但发展迅速。近两年，智慧医院、智能医疗在我国越来越受关注。《新一代人工智能发展规划》就智能医疗和智能健康提出了明确要求，要求推广应用人工智能治疗新模式、新手段，建立快速精准的智能医疗体系。健康医疗与交通、金融、法律等领域一样，一直是人工智能应用的重要领域，人工智能的快速发展，将对健康医疗服务产生一系列深远而重大的影响。

5.2.5　新一代信息技术

新一代信息技术主要以物联网、云计算、大数据、移动互联网为代表，它既是信息技术的纵向升级，也是信息技术的横向渗透融合。

物联网（The Internet of Things）是新一代信息技术的重要组成部分，其是通过射频识别（RFID）、红外感应器、全球定位系统、激光扫描器等信息传感设备，按约定的协议，把任何物品与互联网相连接，进行信息交换和通信，以实现对物品的智能化识别、定位、跟踪、监控和管理的一种网络。

云计算是指将计算任务分布在由大规模的数据中心或大量的计算机集群构成的资源池上，使各种应用系统能够根据需要获取计算能力、存储空间和各种软件服务，并通过互联网将计算资源免费或以按需租用方式提供给使用者。由于云计算的“云”中资源在使用者看来是可以无限扩展的，并且可以随时获取、按需使用、随时扩展、按使用付费，这种特性经常被称为像水、电一样使用 IT 基础设施。

大数据（Big Data）是指无法在一定时间范围内用常规软件工具进行捕捉、管理和处理的数据集合，是需要新处理模式才能具有更强的决策力、洞察发现力和流程优化能力的海量、高增长率和多样化的信息资产。麦肯锡全球研究所给出的定义是：一种规模在获取、存储、管理、分析方面大大超出了传统数据库软件工具能力范围的数据集合，具有海量的数据规模、快速的数据流转、多样的数据类型和价值密度低四大特征。大数据技术的战略意义不在于掌握庞大的数据信息，而在于对这些含有意义的数据进行专业化处理。换言之，如果把大数据比作一种产业，那么这种产业实现盈利的关键在于提高对数据的“加工能力”，通过“加工”实现数据的“增值”。从技术上看，大数据与云计算的关系就像一枚硬币的正反面一样密不可分。大数据必然无法用单台计算机进行处理，必须采用分布式架构。它的特色在于对海量数据进行分布式数据挖掘，但必须依托云计算的分布式处理、分布式数据库和云存储、虚拟化技术。

移动互联网（Mobile Internet，MI）将移动通信和互联网结合起来成为一体，是互联网的技术、平台、商业模式和应用与移动通信技术结合并实践的活动的总称。移动互联网通过智能移动终端，采用移动无线通信方式获取业务和服务，包含终端、软件和应用 3 个层面。终端层包括智能手机、平板电脑、电子书、MID 等；软件包括操作系统、中间件、数据库和安全软件等；应用层包括休闲娱乐类、工具媒体类、商务财经类等不同应用与服务。随着技术和产业的发展，LTE（长期演进，4G 通信技术标准之一）和 NFC（近场通信，移动支付的支撑技术）等网络传输层关键技术也将被纳入移动互联网的范畴之内。

新一代信息技术“新”在网络互联的移动化和泛在化、信息处理的集中化和大数据化、信息服务的智能化和个性化。新一代信息技术发展的热点不是信息领域各个分支技术的纵向升级，而是信息技术横向渗透融合到制造、金融、医疗健康等行业，信息技术研究的主要方向将从产品技术转向服务技术[13]。在养老需求带动和政策扶持下，随着物联网、云计算、大数据及移动互联网等新一代信息技术的发展，信息技术在健康医疗领域应用的深化将快速促进整个产业向前发展。

5.3　解决方案

在智慧养老中健康监测主要通过可穿戴式健康监测系统、便携式居家健康监测系统及定点式健康小屋监测系统等实现。本节将向读者尽量全面地介绍这些健康监测系统的架构及应用。此外，还将向读者介绍一些健康监测涉及的典型产品和服务，包括可穿戴式健康检查设备、可植入式健康监测设备、居家健康监测设备、医疗健康检查设备及远程服务平台。

5.3.1　可穿戴式健康监测系统

可穿戴式健康监测系统（Wearable Health Monitoring System，WHMS）利用可穿戴式生物传感器采集人体运动与生理参数，来实现对人体非介入、连续无创的诊断监测，以此帮助穿戴者实现对运动与健康的管理。以可穿戴式传感器为基础的健康监测系统将对穿戴者日常活动的影响降到最低，以期实现低生理、心理负荷下的个人健康管理和对患者健康状况的实时监护。它借助各种类型的生理监测传感器，利用数据传输技术和数据处理技术，能提供全天低成本的健康、心理和行为状态监测，具有微型化、智能化、个性化、网络化、安全保密性、舒适性等优点。

可穿戴式健康监测系统普遍具有生理运动信号监测和处理、信号特征提取和数据传输及分析等基本功能。其中，生理运动信号监测主要获取的人体信息包括两个方面：一是体外数据采集，主要通过带 G-sensor 的三维运动传感器或 GPS 获取运动状况、运动距离和运动量，来帮助用户进行运动和睡眠的管理；二是通过体征数据（如心率、脉搏、呼吸频率、体温、热消耗量、血压、血糖和血氧、激素和 BMI 指数、体脂含量）监测来帮助用户管理重要的生理活动[14]。

一般来说，可穿戴式健康监测系统由 3 个模块组成，即前端的生理及运动信息采集模块、中间的通信模块、后端数据分析模块。前端的生理及运动信息采集模块主要由一系列可穿戴式传感器采集人体的生理及运动信息，然后由中间的通信模块将采集到的信息发送到中心节点或远程监护站点，最后远程监护站点根据采集到的生理及运动信息利用后端的数据分析模块获取与临床相关的生理、病理信息。

由于医疗成本增加，以及微型可穿戴式传感器、智能纺织品、微电子学和无线通信等科学技术进步的推动，可穿戴式健康监测系统的设计和开发在最近几年引来了众多的关注。目前，可穿戴式健康监测系统的研究主要分为 5 个方面：基于微处理器和定制平台的可穿戴式健康监测系统；基于智能纺织品的可穿戴式健康监测系统；基于体域网的可穿戴式健康监测系统；基于商业蓝牙传感器和手机的可穿戴式健康监测系统；其他类型的可穿戴式健康监测系统。

在这些研究中，基于无线体域网（Wireless Body Area Network，WBAN）的可穿戴式健康监测系统以身体为中心，并集成生物传感器、医学电子学、多传感器分析与数据融合、人工智能、普适传感、无线通信和其他创新应用等多学科知识。可穿戴式无线体域网中的无线传感器生理信息采集节点可以与患者随身携带的终端，如 PDA、3G 智能手机等进行通信，发送数据；同时，能够通过 Internet 或手机通信网络等方式，向远程医疗服务中心进行数据的上传、备份、分析与反馈。另外，终端还能够对采集到的数据进行预处理，在发送数据的同时，对突发性疾病可以向患者的家属发出报警。智能手机可以作为信息网关、信息处理单位、GPS 追踪系统、存储与计算单元等在可穿戴式健康监测系统中发挥作用。

智能纺织品是一种基于电子技术，将传感器、通信、人工智能等高技术手段应用于纺织技术而开发的新型纺织品，如图 5-1 所示。基于智能纺织品的可穿戴式健康监测系统不仅可以监测人体的呼吸、心率、心电等体征参数，而且可以无创地监测人体的血糖、体液 pH 值等人体生化参数，并且随着材料科学的进步可以使基于智能纺织品的可穿戴式健康监测系统集成更多的生理参数传感器。

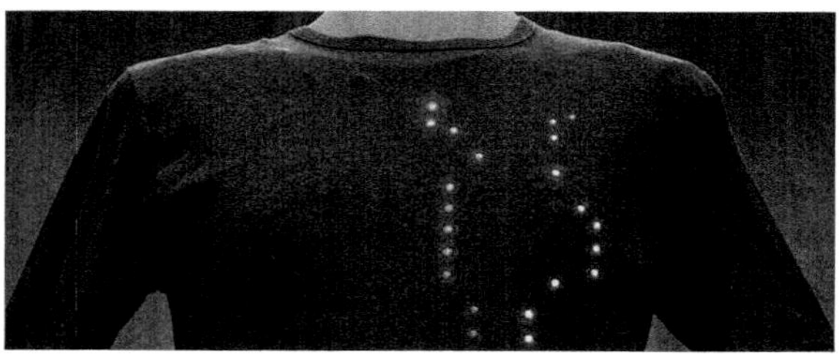

图 5-1　智能纺织品

5.3.2 便携式居家健康监测系统

随着健康意识的增加和全球各地不断上升的医疗保健费用，用于疾病预防和早期诊断及治疗的先进新技术获得越来越多的重视。个人健康监测器和其他便携式医疗设备使得人们能够更容易地评测其健康状态，采用更好的生活方式，以及预防大多数严重疾病。这些设备还改进了在医院环境外的现有长期医疗保健条件的管理。其中，精确的便携式居家健康监测系统包括胆固醇、血液、血压监测及其他便携式健康监测终端，让使用者可以居家照顾并监测自己的健康状况，无须完全依赖医护人员。

市面上现有的家用医疗器械主要分为家用多功能医疗检测监护设备和单一功能家用医疗器械两种。对于市面上存在的家用多功能医疗检测监护设备，价格比较昂贵，因此短时间内无法在普通家庭中普及；而传统单一功能的家用医疗器械功能单一，相对需要检测多种医学指标的用户来说，购买多种医疗检测器械价格昂贵，而且各个医疗器械的数据不能整合，不便于协同检测、监护及相应的医学服务。家庭虽然拥有电子诊断仪，但是医生无法及时获得使用者测得的血压、血糖等数据，患者仍然无法得到及时救助。介于以上的需求并随着物联网、云计算、传感技术和无线通信技术的发展，家庭健康监测技术在近年来得到了极大的发展。这些健康监测终端可以让患者在家里轻松完成各项健康指标测量，帮助患者进行健康分析，生成健康报告，并且可以和医生进行视频通话，使患者在家里就能检查、就医。

便携式居家健康监测系统主要是指基于便携式健康监测设备的监测系统。它利用便携式的健康监测终端采集健康数据，并构建监测系统，从而实现对健康数据的远程监控、管理及综合应用。便携式居家健康监测系统主要以家庭中的老年人群体、亚健康的中年人及慢性病患者为适用对象，结合物联网、云计算、传感技术和通信技术，利用便携式健康监测设备或传感器模块来采集生理信号，通过计算机网络将分析监测结果传输到远程的医疗服务机构，形成一个完整的远程家庭健康服务体系。例如，可利用带有蓝牙功能的健康医疗设备终端实现血压、血氧、血糖等人体健康指标参数的采集，通过网络传递给远端数据中心，并对健康数据进行预分析和存储，专家、医生定期查看数据中心的数据并给予健康指导建议[15]。

便携式居家健康监测系统普遍由 3 个主要模块组成，包括用于采集生理信息的采集模块、用于接收并处理生理信息的监测终端模块、远程控制及服务平台模块。其中，监测数据的传输方式是整个系统的设计关键，这包括采集模块与监测终端模块的数据传输、监测终端模块与远程控制及服务平台模块的数据传输。生理信号采集模块可以使用传感器，也可以接入便携式健康监测设备来采集生理信号，监测心电、血压、血氧及其他生理参数（血糖、体温、脉搏等）。采集模块与监测终端模块可以使用线缆连接，即通过串口来传输监测数据，当前无线蓝牙技术正在逐渐替代传统线缆连接方式。监测终端包括数据通信、数据记录、液晶显示、电源管理等模块。数据通信模块接收生理信号采集模块发送来的监测数据，这些数据可以记录保存和实时显示，也可以传输到远程控制及服务平台。用户可以通过网络与远程控制及服务平台进行实时数据传输，也可以将监测终端保存的历史数据上传到远程控制及服务平台。居家健康监测系统可以通过无线的监测终端接收健康指标参数，然后利用互联网传输至后台服务器，运用服务器中的分析软件进行数据分析，并将数据分析反馈给医生、使用者及其家人进行参考，同时医生可对测量的原始数据进行病情分析并给出健康指导建议[16]。

简单来说，就是将这些便携式健康监测设备记录下的身体信息通过蓝牙、USB 或 ZigBee 等技术传输到计算机端整理后，再通过信息网络或 Wi-Fi 等方式传输到远程控制及服务平台，形成完整的健康监测信息系统，以持续记录并监测使用者的健康状态。其中，监测终端可以是手机 App 或平板电脑等无线终端，对于便携式健康监测设备，需要小而轻、能够长期工作，监测系统必须确保有效数据的安全性，使得第三方不能截获个人身份的健康数据。

5.3.3 定点式健康小屋监测系统

“健康小屋”是指通过物联网技术把一批健康检查设备整合在一个温馨、舒适的环境下，使受检者可以自主选择检查项目，实现一系列生理参数的检查，系统自动对受检者的健康状况进行监测、分类管理的一种健康检查模式。“健康小屋”可实现高血压、糖尿病、动脉硬化、骨质疏松、心血管疾病、肺功能疾病、精神压力和慢性疾病筛查，是确定高危人群、对指数异常的居民及时进行健康干预的依据。以社区卫生服务中心为推广平台，建立健康管理系统及配套设备，以此来提高社区卫生服务质量，完善社区疾病管理体系，为社区疾病防治事业提供有力的支持和保障，并实现健康管理发展方向的多样化、全面化、系统化、个性化及信息化[17]。

定点式健康小屋监测系统作为一种定点式的健康监测系统，通过计算机软硬件和计算机网络将健康检查设备整合，实现健康数据的集中采集和管理。借助定点式健康小屋监测系统，用户可自助进行多项身体检查，随时监测身体健康状况，打印集成式体检报告，自动建立健康档案，获得包括基础代谢、BMI 值、危险因素等人体监测信号，并自动做出各种反应的评价报告和指导方案。健康小屋监测系统可以将用户信息采集及用户自助系统相连，将人体监测数据输入数据库，通过与之相连的数据自动采集系统、健康专家测评系统等进行综合分析及处理，针对用户数据进行相应的实地服务。

健康小屋整合的健康检查设备可以包括身高体重仪、身体成分分析仪、血压计、骨密度分析仪、血糖仪、体脂测量仪、脉搏血氧仪、心电图仪、尿液分析仪等。此外，还可以配备集多项健康体征监测于一体的多功能健康监测设备，如互联网健康管理一体机（图 5-2）。健康一体机作为一种自助式健康体检设备，适合养老人群、慢性病人群在社区医生指导下使用，可集成多导联心电、血压、血氧、呼吸、脉搏、体温等参数监测模块，可以实现健康档案建立与管理、检查诊断、慢性病随访、健康干预、健康教育等功能。

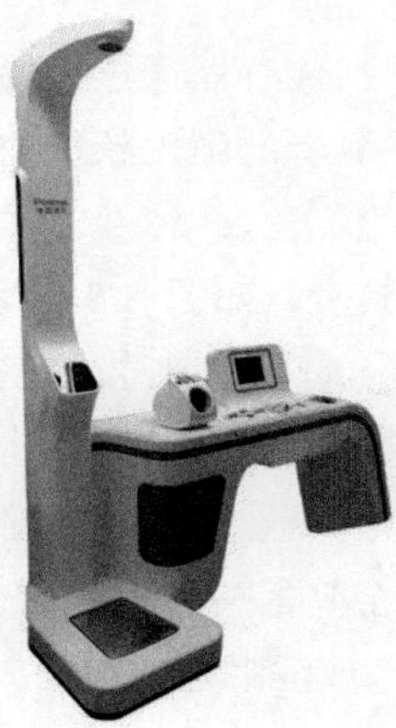

图 5-2　互联网健康管理一体机

5.3.4　可穿戴式健康监测设备

可穿戴设备的思想和雏形是在 20 世纪 60 年代由美国麻省理工学院媒体实验室提出的，是指采用具有先进功能、特点的技术制造的可以佩戴在用户身上的产品和电子设备，可以用来记录整理日常生活活动或监测保护用户的身体健康状况。此类产品主要有智能眼镜、智能腕表、智能腕带、智能跑鞋、智能戒指、智能臂环、智能腰带、智能头盔、智能纽扣等。这些可穿戴设备的功能十分丰富，涵盖了社交、娱乐、导航、健身等方面，其中以健康管理的需求最为突出、最具革命性[18]。

目前，市场上已经推出了多款针对体温、血压、心率、心电、睡眠、胎心等指标监测的智能可穿戴产品。其中，以智能手环或手表类型产品为主。这些智能手环价格不一，外观也不相同，但是许多基本功能是一样的。一般主要有以下 4 个功能。

（1）计步功能，利用 3 轴重力加速度仪，监测移动时所造成的颠簸来计算步数，然后根据一定的原理排除错误的计数从而得到最终结果。

（2）心率监测，使用反射型光电传感器，采集光电信号来监测计算脉搏血容量的变化，然后根据血液内物质的吸光度与浓度成正比的关系，计算反映出人体心率的基本参数。

（3）体温监测，利用热敏电阻把温度的变化转换为阻值的变化，再用相应的测量电路把阻值转换成电压，然后把电压值转换为数字信号，再对数字信号进行相应的处理即可得到温度值。

（4）能量消耗、睡眠监测，传感器通过接触手腕，监测人的动作、心率状况和体动频率，计算获知受测者的睡眠状况与能量消耗，不同产品的算法不同。

例如，面向老年人的智能腕表，如图 5-3 所示。该产品佩戴于老人手腕，具备辅助显示功能（时间和计步），具有独立的设备标识码，具备标准化传输模式：无线蜂窝通信、蓝牙；设备待机时间 48h 以上；采用加密传输和通信方式；具备数据实时传输能力；具备与大数据平台对接服务的能力；数据系统符合相关信息安全标准；符合电气安全等相关国家标准。该产品具备智能操作系统，具备时间显示、双向通话、心率或睡眠等生理状态监测、运动情况及能量评估、主动和被动定位等功能。此外，该产品还有其他功能，如心率异常报警、久静报警、虚拟电子围栏、运动轨迹、低电压报警、亲情电话、一键呼救等。

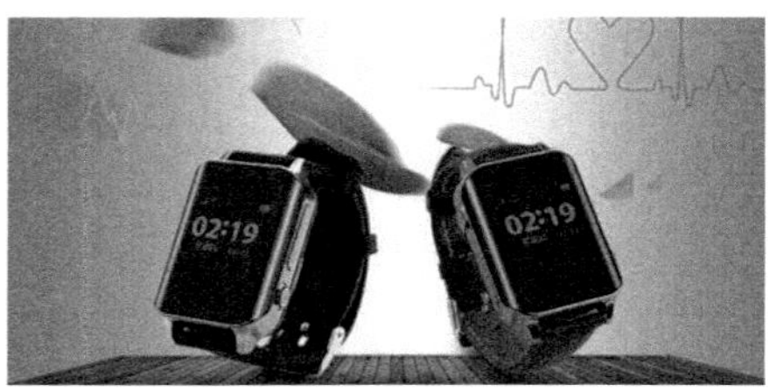

图 5-3　智能腕表

目前，可穿戴设备产品的发展还存在一些问题，如价格昂贵、适配性不好、电池续航时间短等。但相较于传统的健康检查设备，医疗健康类智能可穿戴设备具有持续、便捷的监控方式，以及逐渐完善的监测功能等优势。一方面，可穿戴式医疗健康设备能够实现用户自行采集身体指标数据的功能，让用户实时掌握个人的身体健康状况，及时更正不良的生活习惯，从而实现疾病的预防与早期治疗；另一方面，可穿戴式医疗健康设备对人体健康指标的长期动态监测，为疾病的诊断治疗提供了大量数据，为一些疾病的初步诊断及慢性病的治疗提供依据。

5.3.5　可植入式健康监测设备

近年来，新一代植入式医疗电子设备逐渐取代传统便携式医疗器械成为全球医疗研发热点，相比于传统便携式医疗电子设备，植入式医疗电子设备在外形或使用上更为灵巧、方便，能够实时监测健康状况，甚至能预知疾病。植入式医疗电子设备只需要将芯片植入体内，无论是监测各种健康数据，还是修复人体机能，植入式芯片更为方便、快捷，准确性更高，而且可节约成本。

植入式医疗电子设备的高速发展，离不开电子技术的发展。随着医疗电子设备尺寸的逐步缩小，电子技术也发生了一系列变化。一是传感器、MEMS、光学等基础元件体积在不断缩小，可靠性也在不断地提高；二是高性能、低功耗的集成电路发展，未来在医疗电子设备中将应用高速度、大容量的芯片，器件数量将大大减少；三是软件技术的发展，过去有很多医疗仪器体积比较大，是因为很多功能都是通过硬件来实现的，随着嵌入式单片机、嵌入式系统、操作系统等软件技术的发展，过去需要通过硬件实现的功能现在可以通过软件实现，这些软件的发展也为医疗电子设备小型化发展奠定了基础。

在健康监测领域，植入式医疗电子设备的研究主要集中在心跳监测、血糖监测、颅内压力监测等方面。

美国天使医疗系统公司（Angel Medical Systems）制造的“天使医疗卫士”（Angel Med Guardian）监护设备，大概有心脏起搏器那么大，可以监测心跳。对那些不久前发作过心脏病，但不需要植入起搏器或除颤器（Cardiac Defibrillator）的患者，该设备可以监测异常心跳，如骤然加速或不规律跳动。如果仪器监测到心脏病即将发作，它会振动，外接的寻呼机随之发出声音，并开始闪光，提醒患者寻求帮助。为了防止发出错误警报，该设备在一分钟内持续监测到危险信号后，才会发出警报。医生可以把这些信号和设备收集到的其他关于心脏的信息，无线下载到一台计算机中进行分析。

新的无线监测设备既可以警告患者心脏病即将发作，也可以帮助他们控制糖尿病。美国 GlySens 公司研制的一种植入式新型葡萄糖传感器，可向数百万名糖尿病患者提供无线监测系统。这种设备可以持续监测患者的皮下葡萄糖水平，而监测结果可以反映血糖浓度。因此，相比指尖采血的检测方式，该设备可以得到更精确、更完整的信息，用于指导胰岛素的注射剂量和时间。并且，由于这种传感器是植入的，也不需要像对待目前常用的体外监测设备一样，时时去维护。

在颅脑疾病领域，帕金森病、脑水肿、脑肿瘤、颅脑损伤等颅脑疾病严重危害患者的健康，导致死亡率和致残率极高。这些颅脑疾病通常导致颅内压力增高且颅脑疾病病情变化快，因此对颅内压力实时监测是降低治疗过程中出现的风险，并保证患者生命安全的重要手段。现有的有创颅内压力监测技术具有价格昂贵、开颅创面大、易感染等问题，限制了其大规模的临床使用与推广。MEMS 技术的发展为大规模应用颅内压力监测技术提供了新的技术手段。MEMS 技术的低成本、大规模、微小体积、智能化等特点非常适合人体生物参数的监测和诊断。基于 MEMS 技术的植入式颅内压力监测传感器，能够采用有创硬脑膜外监测法对帕金森病患者颅内压力进行有效的实时监测，具有量程小、尺寸小、生物相容性好等优点。在芯片的制作上，采用微加工技术，可使其具有灵敏度高、响应速度快、可靠性好、精度较高及功耗低等优点，选择生物相容性好的钛合金材料，可使其满足封装及脑部工作环境的要求；结构上选择传感器的外接延伸导线，可使其既具有良好的生物相容性，又具有良好的结构尺寸，以适合其工作环境的需要[19]。

如今，健康的人也能利用植入技术，带来全新体验。新的医学植入的目的并不像以往那样取代弥补人体功能，而是进行改善和管理，让身体运作得更加协调有序。例如，在心血管病患者皮肤表层下植入心电图监测仪，进行长期监测。监测数据每晚会自动传送至医生处，从而做出相应的诊断和建议。这种植入设备的预防手段会越来越受欢迎。将来，各种各样的植入式设备将被植入人体皮下，以监测人体的变化情况。随着科技和科学之间的联系越发紧密，植入式设备势必会彻底颠覆人们的生活。

5.3.6 居家健康监测设备

居家健康监测设备有别于大型医疗检测设备，应当具有家用性和便携性，可以是一些小巧便捷、经济实用的家庭便携式医疗电子设备。其监测内容主要包括体重、体脂、血压、血糖等，如电子血压计、电子血糖仪、体脂测量仪等设备。

电子血压计可以采用示波法、柯式音法或类似的无创血压间接测量原理进行血压测量。示波法测血压，通过建立收缩压、舒张压、平均压与袖套压力震荡波的关系来判别血压。由于脉压震荡波与血压有较为稳定的相关性，因此在实际家庭自测血压的应用中，利用示波原理测量的血压结果比听诊法更为准确。而且，在利用示波法测血压时袖套内无拾音器件，操作简单，抗外界噪声干扰能力强，可同时测得平均压。目前，绝大多数血压监护仪和自动电子血压计都采用示波法间接测量血压。

电子血压计有腕式、臂式、手表式之分。腕式电子血压计通常为手掌大小，可采用比手腕间隙更小的腕带，并可利用抗菌材料制作，一般采用数字显示血压及脉搏数。腕式血压计由于所测的压力值为腕动脉“脉搏压力值”，对于大多数中老年人，特别是血液黏稠度高者、微循环不佳者、血管硬化症患者等较特殊的人群，用腕式血压计与用上臂式血压计多次测量的平均值之间，会有较大的差别。因此，腕式血压计适合个人监测，可随时掌握自己的血压变化情况，但要明确指出，它所测的不是习惯上所说的“血压值”，而是“腕部脉搏压力值”。臂式电子血压计测的是肱动脉，因其臂带放至上臂，其测量稳定性优于腕式血压计，更适合年纪较大、心律不齐、糖尿病引起末梢血管老化的患者使用，缺点是没有腕式电子血压计方便。手表式血压计即血压手表，是一种不同于腕式电子血压计的新型血压计，大小与普通手表相同，而且穿戴方式也与普通手表一样，表体通常位于手背一侧。腕式电子血压计的测量本体通常位于手心的一侧。

电子血糖仪又称电子血糖计，是一种方便测试自身血糖指数的智能电子医疗仪器，主要包括血糖仪、试纸和针头，一般适用于血糖较高的人群。其中，针头用于刺破无名指采血，试纸用于吸入样血，接入血糖仪中，血糖仪通过测试试纸得出血糖指数。

早期的血糖仪采用葡萄糖氧化酶比色法，试纸与血液反应后改变颜色，到时间后抹去血滴再放入血糖仪通过测量色谱得到血糖值。葡萄糖氧化酶电极测量法（Glucose Oxidase）则通过测量血液中的葡萄糖与试纸中的葡萄糖氧化酶反应产生的电流量测量血糖。市面上的主流机型大多为葡萄糖氧化酶测量法。该方法的缺点在于：试纸容易受空气影响，所以要求在封闭干燥的环境下储存，一般试纸从容器中取出后要在 5 分钟内使用完毕，否则会因试纸受潮而使测量结果不准。

稳定性是评价血糖仪好坏的重要指标，测值稳定的血糖仪通常因为试纸酶的稳定性好。由于葡萄糖氧化酶（以下简称酶）的培养过程非常复杂，因此每批酶的特性会有一定差异，为使每批试纸测量结果都能与标准值尽可能接近，血糖仪需要通过校准来调节不同批次试纸之间的差异。由于酶是有活性的，一般情况下酶在 20℃以上活性变化不大；在 20℃以下，温度越低活性越差。活性变差就会在和葡萄糖反应时产生的电流变小，从而使测量结果变低，为了在不同的温度都能测出准确的血糖值，血糖仪还需要利用温度补偿技术，尽可能使酶和血液在不同的温度下都能产生和血糖值相匹配的电流，进而得出正确的血糖值。

人体脂肪测量仪是用来检测人体体脂水平的仪器，利用生物电阻抗的方法进行无创测量，用于对人体肥胖程度进行预估。人体脂肪测量仪的基本原理是：由于体内脂肪几乎不导电，而肌肉和水分等身体成分容易导电，因此人体脂肪测量仪可以通过测量人体生物电阻抗来计算体内脂肪、水分及其他组织成分的比率。人体脂肪测量仪一般分为手握测量和用脚测量。手握测量包括皮下脂肪、内藏脂肪的全身脂肪。在肥胖中，有从腹部往上脂肪堆积的上体肥胖（苹果型）和从腰向下脂肪堆积的下体肥胖（梨型）两种。上体肥胖易损害身体，所以上体的测量很重要。

在高新技术的支持及推动下，家庭便携式医疗电子设备逐渐朝着智能化、网络化的方向发展。家庭便携式医疗电子设备的智能化，可以帮助人们更便利地使用医疗电子设备。例如，语音提示及视频引导功能。根据不同人群的使用需求可以进行智能化设备的研发，根据设备的智能化定制满足定向人群的使用需要。家庭便携式医疗电子设备的网络化，使测量数据能通过网络自动传输至监控系统或数据中心，实现远程监控及数据的联网利用，并将生成的健康数据报告反馈给用户。目前，居家健康监测设备的健康数据可以通过多种模式进行传输，包括有线（RS232）、无线蜂窝通信、蓝牙、Wi-Fi 等，并采用加密传输和通信方式。有的居家健康监测设备还具备数据实时传输能力，以及与大数据平台对接服务的能力，借助平台对接可实现自动分析、警示和远程集中管理等功能。

5.3.7 医疗健康监测设备

医疗健康监测设备主要包括脉搏血氧仪、心电图仪、尿液分析仪等医疗电子设备。

脉搏血氧仪提供了以无创方式测量血氧饱和度或动脉血红蛋白饱和度的方

法。它利用两个光源交替照射被测试区（一般为指尖或耳垂），探测动脉搏动期间光吸收量的变化。而动脉搏动期间所吸收的光量与血液中的氧含量有关。脉搏血氧仪还可以监测动脉搏动，因此可以计算并告知患者的心率。

脉搏血氧仪主要测量指标为脉搏、血流灌注指数、血氧饱和度。脉搏是指浅表动脉的搏动，心率是心脏跳动的频率。一般人每分钟跳动 60 ~ 90 次，在运动和紧张等情况下，会出现心跳加快。在正常情况下，脉搏和心率是一致的。血流灌注指数（Perfusion Index，PI）反映了动脉血流情况，即血流灌注能力。动脉的血流越大，动脉分量就越多，PI 值就越大。因此，测量部位（皮肤、指甲、骨骼等）和患者本身的血流灌注情况（动脉血液的流动情况）都将影响 PI 值。由于交感神经会影响心率和动脉血压（影响脉搏、动脉血流），因此人体的神经调节系统或精神状态也会间接影响 PI 值。血氧饱和度是临床上重要的基础数据之一。血氧饱和度是指在全部血容量中被结合氧容量占全部可结合氧容量的百分比，它是反映机体内氧状况的重要指标，正常人体动脉血的血氧饱和度为 98%，静脉血为 75%。一般认为血氧饱和度正常值应不低于 94%，在 94%以下被视为供氧不足。血氧饱和度是反映人体呼吸功能及氧含量是否正常的重要生理参数，它是显示人体各组织是否健康的一个重要生理参数。严重缺氧会直接导致窒息、休克、死亡等悲剧的发生。在欧美等发达国家，人们对血氧的监测相当重视，血氧仪已经有很高的普及率。

心电图仪能将心脏活动时心肌激动产生的生物电信号（心电信号）自动记录下来，是临床诊断和科研常用的医疗电子仪器。国内一般按照记录器输出通道数，将心电图仪划分为单导联、三导联、六导联和十二导联等。

心脏是人体血液循环的动力源。正是由于心脏自动不断地进行有节奏的收缩和舒张活动，才使得血液在封闭的循环系统中不停地流动，使生命得以维持。心脏在搏动前后，心肌发生激动。在激动过程中，会产生微弱的生物电流。这样，心脏的每个心动周期均伴随着生物电变化。这种生物电变化可传达到身体表面的各个部位。由于身体各部分组织不同，距心脏的距离不同，心电信号在身体不同的部位所表现出的电位也不同。对正常心脏来说，这种生物电变化的方向、频率、强度是有规律的。若通过电极将体表不同部位的电信号检测出来，再用放大器加以放大，并用记录器描记下来，就可得到心电图波形。医生根据所记录的心电图波形的形态、振幅大小及各波之间的相对时间关系，再与正常心电图波形比较，就能诊断心脏疾病，如心律不齐、心肌梗死、期前收缩、高血压、心脏异位搏动等。

20 世纪 80 年代心电图仪的特点是小型化、记录时间长，回放系统使用了计算机，并能够准确计算心率、异位心搏和 ST 段改变，打印系统已经普遍配备激光打印机。20 世纪 90 年代后的心电图仪的特点是体积小、佩戴舒适、存储容量大、电波保真度高等。进入 21 世纪后，心电图仪采用当今高速发展的无线网络，提高了系统报警及时性和全面性；采用数字信号处理器（DSP）及 ARM 作为处理核心，以强大的运算能力处理心电信号，省去了大量模拟硬件电路；采用图形操作系统，为用户提供了直观方便的友好界面；存储器向大容量发展，对于心电信号的存储显得游刃有余，为用户保存数据提供了方便；采用低功耗技术大大延长了系统的工作时间；将其他生理参数监护集成于动态心电监护系统中，实现一机两用甚至多用，为有特殊需求的患者提供全面的监护；分析系统的发展促进了动态心电监护系统的智能化，大大减少了人工劳动[20]。

便携式心电监测仪是一种对心电异常变化进行实时动态监测预警的辅助性诊断设备，如图 5-4 所示。该设备具有心电信息的采集、存储、分析预警等功能，并具有精准监测、触屏操控、简单便捷等特点。这种心电监测仪可随身携带，对个人心脏进行随时随地监护，其监测原理与医院使用的心电图仪监测原理一样，但其具有携带方便、操作简单、及时监测等优点，为心脏疾病的早期监测和亚健康人群进行预防提供了有效的监测手段，为医生提供了患者相关的有效信息。

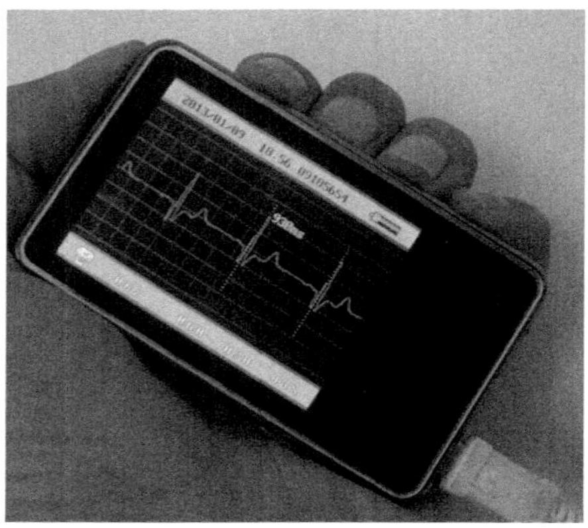

图 5-4　便携式心电监测仪

便携式心电监测仪可单次测量用户心率，同时测绘心电图并存储，还可结合数据分析技术，自动分析诊断出心律失常种类，将心电波形、心率及诊断结果清晰地显示在屏幕上，监测结果可辅助医生做出前期诊断。用户可通过计算机、手机等终端随时查询自己的心电数据，方便用户对自己的心率及时了解和掌握。在一段时期内获知心脏的健康状况及变化趋势，若有异常状况可及时触发警报，为方便就诊提供完善的数据和技术支撑。

尿液分析仪是测定尿液中某些化学成分的自动化仪器，具有操作简单、快速等优点。按其工作方式，尿液分析仪可分为湿式尿液分析仪和干式尿液分析仪。其中，干式尿液分析仪主要用于自动评定干试纸法的测定结果，因其结构简单、使用方便，临床普遍应用。按测试项目分类，可分为 8 项尿液分析仪、9 项尿液分析仪、10 项尿液分析仪、11 项尿液分析仪、12 项尿液分析仪、13 项尿液分析仪和 14 项尿液分析仪。检测项目包括尿蛋白、尿葡萄糖、尿 pH 值、尿酮体、尿胆红素、尿胆原、尿潜血、亚硝酸盐、尿白细胞、尿比重、维生素 C 和浊度。按自动化程度分类，尿液分析仪可分为半自动尿液分析仪和全自动尿液分析仪。

尿液分析仪一般用微型计算机来控制，采用球面积分仪接收双波长反射光的方式测定试剂带上的颜色变化进行半定量测定。试剂带上有数个含各种试剂的试剂垫，各自与尿中相应成分进行独立反应，而显示不同颜色，颜色的深浅与尿液中某种成分成比例关系，试剂带中还有另一个“补偿垫”，作为尿液本底颜色，对有色尿及仪器变化所产生的误差进行补偿。将吸附有尿液的试剂带放在仪器比色槽内，试剂带上已产生化学反应的各种试剂垫被光源照射，其反射光被球面积分仪接收，球面积分仪的光电管被反射的双波长光（通过滤片的测定光和一束参考光）照射，各波长的选择由检测项目决定。

5.3.8　远程服务平台

智慧健康养老服务包括慢性病管理、居家健康养老、个性化健康管理、互联网健康咨询、生活照护及养老机构信息化，这些智慧健康养老服务大都涉及健康监测，智慧健康服务平台如图 5-5 所示。

慢性病管理服务通常需要收集患者信息，对慢性病症状进行检查，并监测各项关键参数指标。居家健康养老服务通常需要对老年人的基础健康数据监测监管，实时跟踪及异常报警，保障老年人安全。个性化健康管理服务通常需要采集个人健康数据，制订健康计划。互联网健康咨询服务通常需要采集健康数据，进行健康评估以推送相关资讯。生活照护及养老机构信息化服务基本包含老人看护和健康管理的功能。

这些智慧健康养老服务可运用互联网、物联网、大数据等信息技术手段，通过远程服务平台提供智慧健康养老服务。远程服务平台具备各类健康养老数据管理和智能分析能力，将各种健康监测设备的检测数据接入这些远程服务平台，实现健康养老大数据的智能判读、分析和处理。

图 5-5　智慧健康服务平台

例如，慢性病管理服务平台可以对多种慢性病（糖尿病、高血压等）进行管理，主要功能可以包括：①通过收集个人疾病与用药基础信息，进行慢性病症状检查与评估、服药依从性评估及健康生活评估，实现慢性病信息管理；②通过建立档案、风险评估及评级实现慢性病档案建立及管理；③通过自动监测各项关键参数指标，分析疾病趋势实现数据监测及趋势分析；④通过设定服药依从性改进计划，每日测量/记录依从性改进计划，设定健康生活改进计划实现慢性病管理计划；⑤通过个性化营养方案及运动方案生成及管理，实现营养方案及运动方案管理；⑥通过数据异常警示，多种信息渠道推送定性服务信息实现异常警示及信息推送；⑦通过自动化干预及追踪，以及多种信息渠道跟踪回访实现慢性病干预与追踪；⑧通过健康服务团队组织及管理，多团队融合管理及费用结算实现健康服务团队管理；⑨通过与地区人口健康系统对接，开放数据接口实现数据开放与对接；⑩通过数据仪表盘、统计分析、智能报表、科学决策辅助等手段实现统计分析及科学决策。

又如，个性化健康管理服务平台可利用互联网，基于个体的健康现状，建立健康管理档案，提出个性化的健康管理指导方案；基于个体的健康档案和智能健康监测设备，为高健康风险的老年人提供紧急援助服务，以利于健康维护与疾病预防，降低医疗开支，提高生命质量。通过建立信息化的服务平台可以提供健康档案建档及管理、健康信息查询、信息采集、健康计划、健康教育、健康跟踪、健康评估、健康指导及健康干预、服务报告、紧急救援等服务。个性化健康管理服务平台包括健康档案管理、健康信息查询、信息采集、健康计划、健康教育、健康跟踪、健康评估、健康指导、健康干预和紧急救援等模块。利用健康监测设备，采集健康数据信息；通过互联网等渠道采集健康问卷数据，进行健康测评；接入智能健康设备，进行健康数据实时监测、健康数据定时监测，统计健康数据，进行健康数据趋势查询；接入智能健康设备，实时上传健康监测数据，进行健康数据异常监控，以及跌倒及异常数据报警；通过智能健康设备实现紧急呼叫，利用数据实时监控系统对异常情况及时处理，实现紧急救援资讯多平台推送，形成紧急情况处理记录报告；根据健康数据，利用大数据分析等技术，制订健康计划，如饮食计划、运动计划等；还可以根据老人的健康档案，提供相应的精神指导、运动指导、饮食指导、睡眠指导。

互联网健康咨询服务可以利用互联网实现预约的健康咨询，获取专家的预约服务、在线咨询服务或互联网医疗服务；通过互联网咨询网站获取多种医疗健康保健知识；在医与患、医与医、患与患的健康交流平台上进行互动交流。通过建立信息化的服务平台可以提供在线咨询、预约挂号、诊前指导、诊后跟踪等健康咨询服务。在医疗机构的支持下，针对与家庭医生签约的慢性病患者提供互联网医疗服务，如远程在线会诊、远程健康管理等。互联网健康咨询服务平台可以包括医护人员管理、患者管理、患者健康信息预警设置、健康评估、在线咨询、挂号管理、随访管理、远程监护等模块。

本章小结

健康监测是智慧养老的重要部分，在居家养老、社区养老及机构养老中有广泛的应用。健康监测运用传感技术、体域网技术、通信技术、人工智能、新一代信息技术等多种高新技术手段，通过建设可穿戴式健康监测系统、便携式居家健康监测系统、定点式健康小屋监测系统等，可实现老年人的健康监测。利用健康监测设备，如可穿戴式健康监测设备、可植入式健康监测设备、便携式居家健康监测设备、医疗健康检查设备及各种远程服务平台，智慧养老可实现对老年人的应急救助、健康管理、生活照料等全方位服务。

参考文献

[1] 我国城市居家养老服务研究[R]. 全国老龄办，2008-2-21.

[2] 杜翠欣. 我国城市社区养老模式研究[D]. 大连：大连理工大学，2006:5.

[3] Hung K，Lee C C，Choy S O. Ubiquitous health monitoring: Integration of wearable sensors, novel sensing techniques, and body sensor networks [M]. Gewerbestrasse: Springer International Publishing，2015: 319-342.

[4] 曾天禹，黄显. 可穿戴传感器进展、挑战和发展趋势[J]. 科技导报，2017，35(2): 19-32.

[5] 林伟兵，雷声. 体域网传感器节点和无线通信技术研究进展[J]. 生物医学工程学杂志，2012，29(3): 568-573.

[6] 肖玲. 无线体域网中人体动作监测与识别若干方法研究[D]. 长沙：湖南大学，2014: 5.

[7] 刘艳丽. 基于人体环境的无线体域网网络结构研究[D]. 上海：上海交通大学，2008:12.

[8] 刘毅，宋余庆. 无线体域网技术研究[J]. 电子科技，2013，34(8): 1757-1762.

[9] 欧阳峰，张宇. 无线体域网研究进展综述[J]. 电子科技，2016，29(12): 173-179.

[10] 陆凯. 无线体域网 WBAN 通信关键技术研究[D]. 南京：南京邮电大学，2009:3.

[11] 吴飞. 人工智能的回顾与展望[J]. 中国科学基金，2018，3: 243-250.

[12] 曹艳林. 人工智能对医疗服务的机遇与挑战[J]. 中国医院，2018，22(6): 25-28.

[13] 李国杰. 新一代信息技术发展新趋势[N]. 人民日报，2015: 8.

[14] 苌飞霸，尹军. 可穿戴式健康监测系统研究与展望[J]. 中国医疗器械杂志，2015 (1): 40-43.

[15] 邵毅. 远程健康监控系统的分析[J]. 信息技术与信息化，2013 (1): 91-93.

[16] 高明华. 基于 Android 便携式人体健康监测系统设计[J]. 现代电子技术，2017, 40 (12): 86-89.

[17] 张晓畅，李园，王静雷. 全民健康生活方式行动　全国健康小屋分布和使用现状调查[J]. 中国慢性病预防与控制，2017，25(5): 321-324.

[18] 梅策香. 可穿戴设备在人体健康监测中的应用与发展现状[J]. 电子世界，2016 (19): 8-10.

[19] 王新波. 基于 MEMS 技术的植入式颅内压力监测传感器研究[D]. 西安：西安交通大学，2009.

[20] 刘群. 动态心电图仪的临床应用与进展[J]. 医疗装备，2003, 16 (7): 22.

第 6 章

护理康复

本章摘要

随着人口老龄化的不断加剧，现有的养老模式难以满足老人对健康养老服务日益增长的需求。对此，国家提出医养结合的养老创新服务模式，并不断发文鼓励医养结合。本章研究了医养结合智慧养老创新服务的两种主要模式，以及在信息化上的具体实践。通过医养结合智慧养老创新服务模式，整合医院、社区、养老机构的医养护资源，满足家庭和个人多层次、多样化的健康养老服务需求。医养结合智慧养老创新服务模式对促进信息技术产业转型升级发挥着重要作用。

6.1 应用现状与场景

6.1.1 基本现状

近年来，老龄化速度加快，对我国的医疗保障、康复护理体系带来了前所未有的挑战。在 21 世纪前半叶，人口老龄化将经历从起步、加快到高峰的发展过程。老年人身体功能衰退、慢性病、共病等，对其日常生活、认知、社交、心理等方面有着巨大的影响，给家庭经济带来沉重负担，由于独生子女家庭现象致使中国空巢老人的数量急剧增加，凡此种种严重困扰着老年人疾病的治疗及康复。老年人生活自理能力、心理状态、社交能力的提高和稳定对提高其生活质量、减轻家庭压力、维持社会和谐等有着至关重要的作用。老年人如何持续进行康复治疗以改善其生活质量，医护人员如何应对目前老年康复现状，满足老年患者的护理和康复需求，这些都是我国目前老年康复护理亟待解决的问题。

"寿命延长"与"寿而不康"是老龄化社会一对突出的矛盾，老龄化最需要解决的就是老年人的就医问题，目前我国失能及半失能老人数量众多，且患有各种慢性病的比例非常大，当今医疗机构与养老机构分开管理，医院里不能进行长期的养老，但患病老人往往不得不长期住院，既影响优质医疗资源的使用效率，也增加患者的就医负担和就医难度。事实上老年患者渴望的不是床位，而是优质的医疗护理资源。一般养老院对庞大的老年人群只能提供生活护理，却不能解决医疗问题，因为其不具备医疗资质、无完善的医疗设施、无专业的医疗队伍、不能解决医保问题，所以无法满足长期的医疗护理需求。当患有慢性病的老年人（如失智、失能老年人）无法得到应有的医疗护理服务时，老人往往由家属送往医院治疗、照料。对于入住养老院的老人来说，医疗问题始终是他们关注的焦点，且是选择老年护理机构的重要因素。"医养融合"老年护理需要根据老人的健康状况，在生活护理的基础上进行医疗护理、饮食调理、康复护理等全方位有计划的长期照护。因此，发展"医养融合"有助于解决养老机构缺乏医疗支持的"硬伤"。

国外的经验证明，老年人群的健康照护必须有强有力的政策保障。例如，日本为了应对多人口老龄化的问题，出台了"高龄者保健福祉推进十年战略"，在此基础上，从 2000 年 4 月开始实施介护保险制度，即高龄者保健福祉制度。在相关政策及福祉措施的保障下，日本老年护理很快发展起来。又如，韩国通过《扩充老年护理机构十年计划》《老年护理机构综合投资计划》等政策的出台，努力扩充老年护理服务机构及护理人力，推动和加强社区家庭访视护理和养老机构中护理的作用[1]。

为积极应对人口老龄化，加快发展老龄事业，我国陆续颁布《中华人民共和国国民经济和社会发展第十二个五年规划纲要》《中华人民共和国老年人权益保障法》和《中共中央国务院关于加强老龄工作的决定》（中发〔2000〕13 号）等政策，并出台了《中国老龄事业发展"十二五"规划》（以下简称《规划》），明确提出了老年健康管理的方向和内容。《规划》提出，政府重点投资兴建和鼓励社会资本兴办具有长期医疗护理、康复促进、临终关怀等功能的养老机构。这意味着将来大量的护理人力需要投入社区及居家长期护理、老年病医院、护理院、老年康复医院和综合医院老年病科等机构和设施中。要应对这些变化，满足社会需求，护理学科应科学地规划好人才培养计划，在今后的护理教育改革中加强老年护理人员队伍建设，提高护理人员老年护理服务能力，培养出能够在不同老年照护机构工作的护理人员，同时加强养老护理员的培训，建立老年护理人力资源库[2]。

2016 年 10 月 25 日，中共中央、国务院发布了《"健康中国 2030"规划纲要》，这是推进健康中国建设的行动纲领，"实现国民健康长寿，是国家富强、民族振兴的重要标志，也是全国各族人民的共同愿望"。面对推进迅速的老龄化社会，党的十九大报告明确指出实施健康中国战略，对中国老龄问题提出要"加快人口发展战略研究，加快老龄事业和产业发展"，党中央、国务院高度重视人民健康工作。我国老年人健康服务体系日臻完善，截至 2015 年年底，全国建有康复院 453 所、护理院 168 所、护理站 65 所，我国老年康复护理的新篇章由此进入一个新时代[3]。

康复作为一种健康策略，目的在于改善和消除因疾病引起的身体功能障碍，帮助患者尽可能恢复生理功能，提高生活自理能力。宋玮提出老年人康复的主要内容应包括医疗康复（身体功能的恢复）、生活自理能力的提高、心理康复及并发症的预防，并针对老年人身心健康特点制订康复计划。老年人由于特定身体功能状态（如慢性病、共病、体能衰弱等）导致疾病康复期极大延长，而我国医疗资源极其有限、分布不均，老年人度过疾病急性期后需要康复治疗时常常被建议在社区或家中进行康复或休养，大多数不能得到专业康复护理，康复效果不是很理想。因此，老年康复护理已成为医护人员需要面对和思考的一个重大问题。

6.1.2 我国老年康复类型

随着老龄化程度的不断提高，我国的人口结构及家庭结构都发生着巨大变化，主要体现在：一是受计划生育政策影响，"4-2-1"的家庭结构日益普遍，家庭的养老负担越来越重，养老的社会化趋势不可避免；二是预期寿命明显提升，老年人口高龄化程度提高，失能和半失能老人日益增多；三是随着农村人口向城市迁移及一些意外因素，空巢老人、失独老人显著增加。在这样的大背景下，老年康复中心变得不可或缺，而目前众多的养老机构就是老年康复中心的另一种体现，在以居家养老为基础、以社区养老为依托的养老服务体系中发挥着重要的支撑作用。

根据机构养老服务业的经营性质和老年人多层次的养老服务需求，可以将机构养老服务分为基本的养老服务和高端的养老服务两类，两者在投资主体、主要服务对象、服务项目及水平、服务收费等方面存在显著的区别。

1. 基本的机构养老服务模式

基本的机构养老服务主要是指政府或社会力量通过投资兴办养老服务机构，重点为“三无”（无劳动能力、无固定生活来源、无法定赡养人，或者其赡养人和扶养人确无赡养和扶养能力）老人、低收入老人、经济困难的失能半失能老人提供无偿或低收费的供养、护理服务。政府举办的养老机构要求实用、适用，避免铺张浪费，不以营利为目的提供基本养老服务。总之，政府投资、公办的养老机构职能定位主要是“托底”，其他的都应放手支持社会力量去兴办。对于社会力量兴办养老服务机构提供基本养老服务的，政府应同样给予土地、税费、补贴、购买服务等政策支持。

目前，我国提供基本养老服务的养老机构主要有社会福利院和敬老院、老年公寓、老年康复机构、护理院、临终关怀机构等。考虑到老年人的实际需求和当前的政府财力状况，基本的机构养老服务主要有生活照料、康复护理、紧急救援等项目。

（1）生活照料。设施应符合无障碍建设要求，配置必要的附属功能用房，满足老年人的穿衣、吃饭、如厕、洗澡、室内外活动等日常生活需求。

（2）康复护理。具备开展康复、护理和应急处置工作的设施条件，并配备相应的康复器材，帮助老年人在一定程度上恢复生理功能或减缓部分生理功能的衰退。

（3）紧急救援。具备为老年人提供突发性疾病和其他紧急情况的应急处置救援服务能力，使老年人能够得到及时、有效的救援。符合条件的老年养护机构还应利用自身的资源优势，培训和指导社区养老服务组织和人员，提供居家养老服务，实现示范、辐射、带动作用。

其他类型的养老机构根据自身特点，为不同类型的老年人提供集中照料等服务，主要包括以下几种类型。

1）社会福利院和敬老院

社会福利院和敬老院是我国传统的养老机构，由政府开办或政府与集体合办，是为特殊老人提供养老服务的社会福利机构。社会福利院主要面向城市无法定赡养人、无固定生活来源、无劳动能力的“三无”老人，敬老院主要面向农村“五保户”老人。

2）老年公寓

老年公寓是专门为老年人建造的生活设施齐全、公用设施配套完善、可供老年人长期居住的养老机构，服务对象为社会上的老年人，有的老年公寓仅接收生活能够自理的老人，有的老年公寓则可以接收生活部分自理或完全不能自理的老年人。老年公寓一般为非营利机构，但可向入住老人收取一定的基本费用以满足机构运行成本的需要，可略有盈余用于老年公寓的进一步发展。除提供日常生活照料之外，部分老年公寓还能够为入住老人提供一定的文化娱乐活动及一定的卫生保健服务。

3）老年康复机构、护理院

老年康复机构、护理院主要收治患有慢性病（如阿尔茨海默病、中风偏瘫等）的老年人，除为入住老人提供看护照料服务之外，还要对老人进行康复治疗。由于老年康复机构、护理院的收费远低于住院治疗，因此其对于患有慢性病且长期需要获得医疗服务的老年人具有巨大的吸引力。

4）临终关怀机构

临终关怀机构专门收留年迈久病、将不久于人世的老年人，主要以减少入住老人的身体和精神痛苦、进行姑息支持治疗为服务目标。目前我国的大部分养老机构在功能和服务对象上存在交叉现象，难以十分清晰地按照老年公寓、护理院或康复机构、临终关怀机构进行分类。多数养老机构中入住的既有生活能够完全自理的老年人，也有患有阿尔茨海默病和中风瘫痪等慢性病、生活完全不能自理的老年人；提供的服务方面也是多元化的，既包括生活照料，也包括医疗护理、康复训练、文化娱乐、临终关怀等内容。

2．高端的机构养老服务模式

高端养老服务业是指社会力量为中高收入老年公民提供的基本养老服务水平以上、服务项目更丰富的有偿养老服务。高端养老服务除包括基本养老服务所包含的项目之外，还包括健康服务、医疗服务、体育健身、文化娱乐、金融服务、休闲旅游、法律服务及残障老年人专业化服务等项目。高端养老服务机构以盈利为目的，实行使用者付费原则，收费水平较高，目标群体是有更高水平养老服务需求的高收入老年人。

1）高端养老院

高端养老院一般在城市中，且大多只提供群体居住。这些机构主要针对健康的老年人，但也接收一些需要辅助生活照料服务或全天候医疗护理服务的老年人。与一般养老院类似，高端养老院提供的是群体居住服务，老年人需要共用一些设施（如卫生间等）。这种养老院的规模一般较小，通常能自行运营。此外，尽管部分高端养老院提供基础医疗服务，但这些养老院一般临近市区，所以不需要单独建立一个附属医院。

根据所在地理位置、收费标准及提供的医疗服务水平，不同高端养老院的入住率会有显著差别。一般来说，能够提供护理和医疗服务的高端养老院通常比无法提供这些服务的高端养老院入住率高。

2）综合老年社区

综合老年社区主要针对能够独立生活的老年人，但也会有专门的区域为老年人提供护理服务。作为一个社区，这些养老机构通常由独立的生活区域及一系列生活配套设施构成，包括配套的超市、邮局、银行等，因此综合老年社区需要配套提供不同服务的外部供应商。此外，这些社区一般设立在医院附近或内部建有医院。

尽管综合老年社区提供最全面的服务，但是其入住率大多处于中下水平。这是因为大多数此类社区位于郊区且收取高额会员费或租金。这种商业模式中也有比较成功的案例，这需要开发商能够采用出售的模式吸引以投资为目的的买家，或者在地域和医疗服务上有优势。事实上，运营机构往往比较青睐出租模式，有些运营机构由于土地性质问题无法出售只能采取出租模式。在出租模式下，如果达到平均 50%的入住率，一般需要 10～15 年才能收回投资。

3）社区配套老年公寓

社区配套老年公寓是一种房地产开发商正在进行试点的商业模式，该模式为希望能和子女住得较近且能够独立生活的老人提供的公寓。社区配套老年公寓的房屋设计和一般公寓相似，不过更加适合老年人居住。与一般的房地产项目类似，社区配套老年公寓只进行出售。

不少消费者出于对抗通胀或资产升值的考虑购买社区配套老年公寓，使得其出售率非常高。尽管这个商业模式是可行的，但鉴于更高的建筑成本，房地产开发商在社区配套老年公寓上可能无法获得高于正常房地产项目的利润。

4）度假疗养院

位于旅游胜地的度假疗养院为能够独立生活的老年人提供旅游化的住宅。这些度假疗养院一般位于风景优美的旅游胜地，目标群体是健康且喜欢旅游的高收入老年人。

这种商业模式更像酒店，其医疗配套服务往往有限。客户一般只在疗养院里住几个星期或几个月。目前这类机构还比较少，由于客户群体数量较小，至今没有非常成功的案例。

5）高端养护院

高端养护院是相对比较有潜力的商业模式，其目标群体有很高的养护需求，即那些需要辅助生活照料服务及全天候医疗护理服务的老年人。高端养护院的最大优势在于它们能够提供医疗护理服务，养护院内一般拥有内部医院并且配备标准的医疗护理设备。在此类养老机构中，由于老年人的生活需求受到身体条件的限制，养护院内的配套设施可以相对简单，配备一些基本的娱乐生活设施即可，这使得养护院能够不依靠外部供应商独立为老年人提供服务。

高端养护院一般采用租赁或会员制的形式经营。基于其以医疗护理为重点和特色，养护院从政府申请购买土地时还可以争取享受优惠政策。然而，由于养护院市场进入门槛较高，并且需要在医疗护理服务上进行大量投入，目前我国高端养护院的数量还比较少。但高端养护需求较大，养护院的入住率一般较高。

6.1.3 我国老年康复护理面临的问题

我国老年康复状况目前存在一些问题：缺乏足够的专业人才、缺乏高水平的康复能力、缺少实施康复的环境场地和完善齐全的设施设备，以及缺乏充足的资金支持等，制约着老年康复护理的发展。

1. 专业人才不足，高水平的康复能力不足

我国老年护理教育滞后，康复护理专业人才严重短缺。老年康复护理依靠团队工作完成，需要老年病科、神经内科、神经外科、骨科、康复科等多学科信息交流、专业合作，需要医护人员具备良好的专业素质，掌握老年病医学、护理学和康复护理的实践经验和技能，能完成老年患者的康复、物理治疗、心理护理、作业指导、疼痛管理、言语训练等不同方面的康复训练和指导等。目

前，我国尚未设置康复专业学历教育及专门的培训机构，护士大多数未接受系统、规范、专业化的培训，仅依靠专业学会或部分质量控制中心举办的短期训练班，致使康复护理缺乏专业性，在岗的康复护士大多缺乏老年护理专业资质，康复效果差强人意；同时康复医学及康复护理学并未得到中国社会及大众的重视，我国康复技术人员在从医人员中所占比例远低于发达国家。

2．康复护理技术、设施设备不完善

我国老年康复护理缺乏完善的康复护理评估体系；康复涉及的全方位人员包括医生、护士、治疗师、患者家属及护工等，其部分人员对康复护理的基本理论、基本技能、基本操作缺乏较好的掌握；老年人经常出入的场所中，方便老年人使用的康复理疗设备有限，老年人日常生活的基础设施和功能训练器材不完善，或者设施设计不合理，如医院床栏空隙太大，有坠床风险；老年人康复常出入的地方大多未设置无障碍通道，各种方便老年人通行的器具、多功能轮椅、卫生间扶手等或欠缺或安全装备不足。

3．护理人员与老年人沟通不良

老年康复护理中较易出现沟通障碍问题，大多与老年人听力下降、语言表达不清，年轻护士与老年人之间存在代沟，以及护理人员言语交流技巧不足、耐心不够及对老年康复护理中的细节认识不足等有关。

4．老年康复护理场地缺乏

老年康复护理的场地大多为一些综合性医院的康复科，专门为老年康复设立的护理机构非常少，地域分布不均，目前临床及科研的焦点都集中于临床疾病的急性期护理，缩短住院周期，提高患者周转率，同时由于临床护理人员缺乏，对老年康复护理的关注心有余而力不足。老年康复护理存在的问题，阻碍着我国老年康复体系的建立和实施。要客观面对老龄化现实，关注老年人群体，关注老年病，关注老年医学及老年护理学进展，励精图治，潜心规划，改变对康复的理解和观念，建立大健康概念，用康复的思维关注慢性病、心脑血管疾病、疼痛、骨关节损伤等，通过康复技术重塑正常的人生观、生活观，改变老年人疾病角色困境，减轻疾病痛苦，提高老年人的生活质量。

6.1.4 物联网技术在养老护理中的应用

随着安全防范系统对智能化水平要求的不断提高，为老年公寓的安防系统提供更加智能化的解决方案变得非常关键。近年来物联网技术的兴起及发展，使得智能家居的发展得到很大提升，而智能安防系统作为智能家居的一个方面通过运用物联网技术也有了更好的发展前景。物联网的体系结构包括感知层、网络层、应用层 3 个层次，这里基于物联网技术的体系结构设计了老年公寓的智能安防系统，如图 6-1 所示。

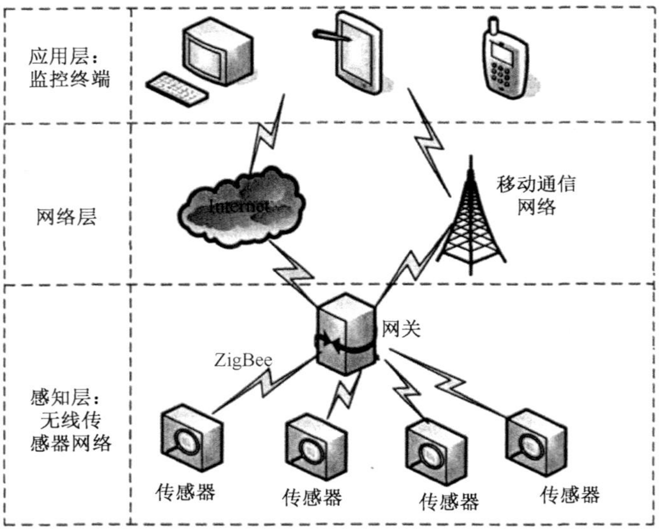

图 6-1 基于物联网的智能安防系统体系结构

感知层包括各种各样的安防传感器，通过检测公寓内的多种环境参数的变化来判断安防事件的发生，这些安防传感器通过 ZigBee 网络共同组成了一个无线传感器网络，经过该网络将传感器采集到的各种数据信息发送给家庭网关，这些数据信息的分析及处理需要通过家庭网关来执行，若所分析的数据结果显示异常，则说明有安防相关事故的发生，这时家庭网关会及时地发送控制命令反馈给 ZigBee 网络，从而控制一些设备做出相应的动作以进行事故的防范，并控制室内的报警装置发出报警信号等。此外，家庭网关可以通过网络层中的移动网络和 Internet 与远程客户端（PC、平板电脑或智能手机等）进行交互，实现家居环境的远程监控，以实现应用层的服务。

智能安防系统主要通过各种各样的传感器对家居环境进行监测，将这些传感器根据功能的不同分别安装在房间的不同位置，从而采集家中各种环境状态的信息数据。如果发生异常环境状况，如发生火灾或煤气泄漏等，系统就可以及时监测到环境变化并控制执行机构及时做出反应，还可以触发报警装置及求助按钮。通过现有的互联网技术、无线通信技术等，可以将移动通信设备与家中的各种传感器进行连接，用户除在家中可以及时监测环境信息之外，还能实现远程监控。本文涉及的基于物联网的智能安防系统的感知层是由协调器节点、路由器节点、传感器节点、执行机构所构成的 ZigBee 无线传感器网络。通过将无线传感器节点安装在公寓内的各个地方来监测环境状况，如果监测到异常情况（如发生火灾），可以通过控制执行机构触发报警装置，并且做出相应动作（如打开排风扇等）来有效降低事故的危险性。协调器可以汇总无线传感器网络中的数据并传输给家庭网关，家庭网关可以对接收的数据进行存储、处理及发送，如果连接到互联网或移动通信网络，还可以满足老人的监护人通过 PC 或手机对家居网络系统进行远程监控。

智能家居安防系统的整体网络结构如图 6-2 所示。

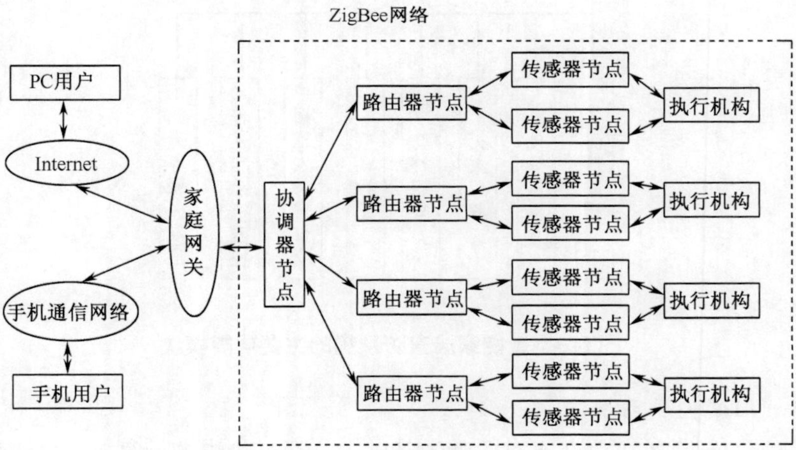

图 6-2 智能家居安防系统的整体网络结构

智能家居安防系统的整体网络结构中各个部分的作用如下。

（1）协调器节点在整个网络中只有一个，它位于无线传感器网络的顶层，负责组建整个无线网络并对其进行维护和管理。

（2）路由器节点不仅具有传感器节点的作用，还通过给网络中的其他节点寻找传输路径，从而维持网络数据的可靠传输，具有使其子节点获取网络地址的作用，以便于对网络进行管理，增大网络的范围。

（3）传感器节点的作用是采集并传送各个传感器的监测数据，这些传感器（如火灾传感器、煤气传感器等）被用来监测各种安防事故的发生，同时传感器节点还可以控制执行机构做出相关动作，以应对火灾、煤气泄漏等事故的发生。

（4）执行机构主要针对各种安防事故的发生做出相应动作，以协助降低事故的危险性。例如，当家里发生煤气泄漏事故时，传感器节点就会发送控制命令给执行机构，作为执行机构的排气扇就会自动接收控制命令而开启。

（5）家庭网关是重要的监控中心，无线传感器网络传输过来的数据都可以存储到它的数据库中以便随时查看，通过家庭网关还可以观察整个网络的运行状况。更重要的是，通过将它与移动网络及 Internet 连接还可以实现家居环境的远程监控。

智能家居安防系统的主要功能模块如图 6-3 所示，下面将对各个模块进行分析。

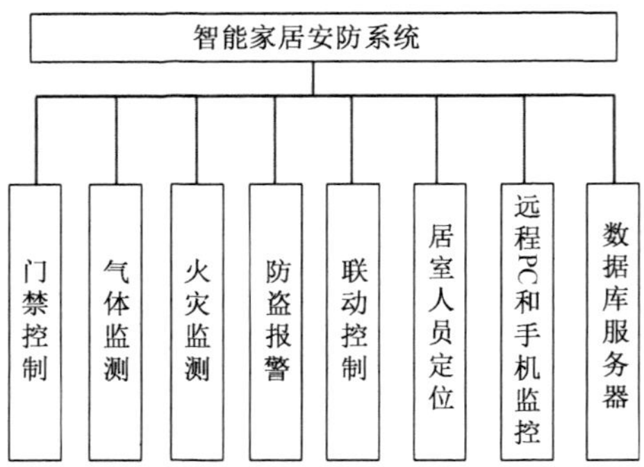

图 6-3　智能家居安防系统的主要功能模块

1）门禁控制系统

门禁控制系统可以在已有门禁的基础上，通过先进的计算机技术、网络技术等使得安全门更加智能化。例如，在安全门上安装红外传感器，当有人站在门外时就可以感知到，而人员的身份认证可以通过人脸识别技术来进行。这些数据的采集可以通过智能安全门传输到室内的控制中心，控制中心需要首先分析这些数据，然后做出判断并进行处理，如果人员通过了身份验证，控制中心就会发送控制命令给智能安全门，智能安全门接收这些控制命令做出开启动作。中央控制系统还可以将相关的信息传输到住户的智能手机。

2）气体监测系统

气体监测系统主要针对家居生活中的可燃气体（如煤气、管道天然气等）泄漏事故进行防护，可燃气体泄漏除了会造成人员中毒，严重时还可能有发生爆炸的危险，因此可燃气体泄漏监测对家居安全非常重要。一般可燃气体泄漏监测采用半导体气敏元件，可以选择适合监测家居内可燃气体的传感器，通过在室内安装多个气体监测节点，利用感应气体的传感器采集数据并进行分析处理，通过将采集到的气体浓度值与设置好的阈值进行比较，即可判断出该气体浓度有没有超出标准值，若超过标准值则可以及时控制执行机构进行报警或自动打开室内的排气扇等。

3）火灾监测系统

通过火灾传感器模块监测家居中有无火灾的发生，传感器的选择要根据火灾即将发生时环境的变化，如温度、烟雾、火焰、一氧化碳浓度等，通过将火灾监测传感器设置在家居环境中的各个地方来监测这些敏感参数，若监测到它们的值或含量超标则表示将有火灾发生，这时需要进行相应的处理动作，如声光报警或其他安全措施等，从而有效防止火灾的发生。

4）防盗报警系统

防盗报警系统在发现有人非法入侵时，及时通知住户并发出报警信息，保护家中人员及财务的安全。防盗报警系统一般包括前端传感器、报警器及传输设备。前端传感器的种类很多，如安装在门窗上的门磁、窗磁传感器，用于监测人体的红外传感器，用于监测玻璃破碎的传感器，等等。这些传感器可以将报警信息发送给报警装置以进行及时处理和存储，还可发出光电报警信号，通过电话网络、无线电话网络等将这些报警信息通知相关人员。

5）联动控制系统

当有事故发生而启动报警信号时，联动控制系统可控制一些执行机构做出有利于降低事故危险的动作。联动控制系统一般与其他报警系统相互连接，实现对系统的自动化管理，包括在监测到报警信号时，设置的排风扇的控制、报警警铃及自动拨通提前设置好的报警电话等。根据不同的需求，联动控制除自动控制之外，还可以设置紧急手动方式来进行控制。

6）居室内的人员定位

由于人体都会发射出红外线，通过监测这些红外线就可以判断室内是否有人，红外热释电传感器就可以监测到。因此，通过在居室内安装红外热释电传感器节点，可以监测到家中的人员情况，老人如果佩戴了身份标签，还可以识别其身份，从而监测老人是否在家里及位于哪个区域，子女可以通过客户端人员定位系统来远程监控。

7）远程 PC 和手机监控

为了方便子女等监护人随时了解老人的家居安全状况，监护人可以使用 PC 客户端及智能手机与老人所在的家居网络进行交互，通过应用相关软件实现上述的各种安全参数远程监控，以便随时随地地监控老人的家居环境。当发生报警事件时，还可以短信通知监护人有紧急事件发生。

8）数据库服务器

家庭网关中包含数据库系统，主要存储采集的数据、传感器状态信息、家居网关发送的命令信息、不同状态下的临界条件及设置的各种参数等数据，而这些数据的存储需要上位机软件来进行管理，这些信息的存储方便对智能家居安防系统进行管理，住户可以随时查看历史信息。

智能安防系统首先需要实现安防报警功能，在功能实现的基础上还要考虑系统自身的性能，系统的最终目的是对各种安防事故进行监测并实现报警等处理措施，因此对这些事故的监测必须准确，而且处理一定要及时，这就要求系统能够可靠、稳定地运行，同时要保证实时性。考虑到系统的长期运行，还需要满足低功耗的要求且尽可能降低成本。除此之外，随着人们对智能家居的需求越来越多，系统可能需要增加新的功能，因此必须具有良好的扩展性。

6.2 关键技术应用原理

物联网作为当前最具潜力的新兴技术，只有与行业应用相结合，才能真正牵引技术的成熟和进步，我国“十二五”规划已明确将其列为十大应用领域之一。物联网技术在医疗健康领域的应用将带动传统信息技术向医疗行业全面渗透和整合，形成一个从软件到硬件的庞大产业链，创建智慧医院和医疗健康管理服务等新型产业；同时也将加速我国物联网技术的成熟和进步，促进我国物联网产业的真正形成，提升我国社会经济建设和发展的层次水平。

智慧医疗的发展分为 7 个层次：一是业务管理系统，包括医院收费和药品管理系统；二是电子病历系统，包括患者信息、影像信息等；三是临床应用系统，包括计算机化医生医嘱录入系统（CPOE）等；四是慢性疾病管理系统；五是区域医疗信息交换系统；六是临床支持决策系统；七是公共健康卫生系统。总体来说，中国处在第一、二阶段向第三阶段发展的时期，还没有建立真正意义上的 CPOE，主要是缺乏有效数据，数据标准不统一，加上供应商欠缺临床背景，在从标准转向实际应用方面也缺乏标准指引。我国要想从第二阶段进入第三阶段，涉及许多行业标准和数据交换标准，这也是未来需要改善的地方。

在远程智慧医疗方面，国内发展比较快，比较先进的医院在移动信息化应用方面已经走到了前面。例如，可实现病历信息、患者信息、病情信息等的实时记录、传输与处理利用，使得在医院内部和医院之间可通过互联网实时、有效地共享相关信息，这一点对于实现远程医疗、专家会诊、医院转诊等可以起到很好的支撑作用，这主要源于政策层面的推进和技术层面的支持。但目前欠缺的是长期运作模式，缺乏规模化、集群化的产业发展，此外还面临成本高昂、安全性及隐私问题等，这也是未来亟需促进智慧医疗发展的原因。

鉴于目前智慧医疗的应用现状，物联网技术的发展和成熟使得物联网技术在医疗卫生领域的应用拥有巨大潜力，能够帮助医院实现对医疗对象（如患者、医生、护士、设备、物资、药品等）的智能化感知和处置，支持医院内部医疗信息、设备信息、药品信息、人员信息、管理信息的数字化采集、处理、存储、传输、决策等，实现医疗对象管理可视化、医疗信息数字化、医疗流程闭环化、医疗决策科学化、服务沟通人性化，能够满足医疗健康信息、医疗设备与用品、公共卫生安全的智能化管理与监控等方面的需求，从而解决医疗平台支撑薄弱、医疗服务水平整体较低、医疗安全生产隐患等问题。医疗服务应用模式主要包括身份确认、人员定位及监控、就诊卡双向数据通信、移动医疗监护、生命体征采集；医药管理应用模式主要包括药品供应链管理、药品防伪、服药状况监控、生物制剂管理；医疗器械管理应用模式主要包括手术器械管理、消毒包的管理、医疗垃圾处理、高价、放射性、锐利器械的追溯等[4]。

6.2.1　传感技术

在智慧医疗中，主要用到的是物联网技术。物联网由传感器网络、射频标签阅读装置、条码与二维码等设备及互联网等组成。当前各项技术发展并不均衡，射频标签、条码与二维码等技术已经非常成熟，传感器网络相关技术尚有很大的发展空间，以传感器网络为例，分析其中涉及的关键技术，其结构如图 6-4 所示。传感器网络中所包含的关键内容和关键技术主要有数据采集、信号处理、协议、管理、安全、网络接入、设计验证、智能信息处理、信息融合及支撑应用等。

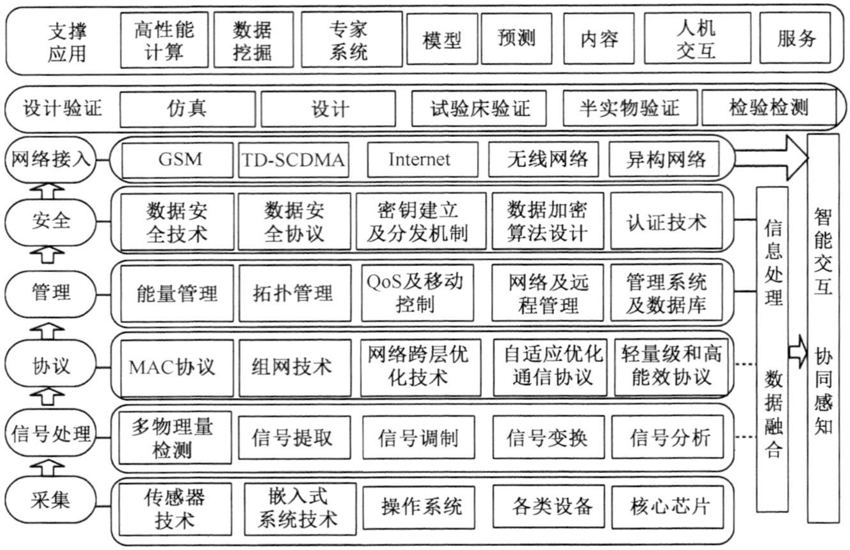

图 6-4　物联网关键技术结构

智慧医疗需要无线传感网。无线传感网是由大量部署在监测区域内的传感器节点构成的多个自组织的无线网络系统，能够实时地监测、感知和采集节点部署中研究者感兴趣的感知对象和各种信息，并对这些信息进行处理后以无线方式发送出去，通过无线网络最终发送给研究者。在智慧医疗中无线传感器网通常利用其自身的优点（如低成本、简便、快速、实时、无创地采集患者的各种生理参数等），使其在医疗研究、医院普通/ICU 病房或家庭日常监护等领域中有很大的发展潜力，是目前研究领域的热点。

在患者身上放置用于监测人体参数的微型传感器节点，可对患者的心率、血压、心电、心音等生理参数进行远程实时监测，并将信息汇总传送给监护中心，进行及时处理与反馈；利用 WSN 长期收集被观察者的人体生理数据，对了解人体健康状况及研究人体疾病都很有帮助。此外，在药物管理和研制新品、血液管理等方面，也有其独特的应用。

总之，无线传感网为未来的远程医疗监护系统提供了更加简便、低成本的实现手段。无线医疗传感器节点逐渐向多参数、智能化、微型化、低功耗等方向发展，无线传感网也被逐渐应用于医疗领域。发展与组建具有智能化的病房与社区监护系统是当今国内外医疗发展的趋势。

1. 智慧医疗传感器发展的 3 个阶段

（1）个体感知与控制阶段：早期，传感器一般只在单个时间进行直接的数据采集、反馈和控制，传感器输出的信号也是非标准的。

（2）群体集散控制系统：在这个阶段，个体自控设备在完成自身控制需求后，还将采集到的信息传递给中心指挥系统，这些基于中央处理器的中心指挥系统与多个分散的个体自控设备，共同组成了具有系统化与群体协作能力特点的控制体系，即集散控制系统。传感器输出标准模拟信号，如 4～20mA 电流信号等。

（3）广域网络数据采集控制体系：个体设备的数据、集散控制系统的数据都集中到大型的中央数据平台上。传感器输出标准的通信协议，如 ModBu 协议，可以将数据直接上传到主机。

2. 传感器在智慧医疗中的应用及特点

目前，绝大多数医疗信息都可以通过医用传感器感知或采集，因此传感器应用广泛。传感器具有以下 5 个特点。

（1）技术复杂，原理不一。依应用环境而变，涉及几乎所有技术领域，跨学科技术很多。MEMS 压力传感器涉及材料、半导体技术；生物传感器涉及生物医学技术；扭矩传感器需要精密机械加工。

（2）同一种类的传感器，因技术和应用不同，不可以互相替代，难以做到大规模生产。常见的压力传感器的类型有应变式、压电式、压阻式、电容式及光纤式；此外，压阻式压力传感器还有扩散硅、陶瓷、溅射薄膜、蓝宝石压力传感器等。

（3）形状不同，大小不同，轻重相差较大，因而生产加工工艺截然不同。小的如微纳米技术的压力传感器，比绿豆还小，可以植入人体；大的如大吨位称重传感器，有脸盆大小。磁传感器、光敏传感器归为电子元器件，称重传感器、轴距传感器、电容式压力传感器归为机械或仪表。

（4）单价差异很大。热敏电阻作为温度传感器，单价仅为 0.1 元。同样，工业用红外温度传感器却要 2～3 万元；低精度压力传感器单价为 1 元，高精度压力传感器则需要数万元。

（5）企业规模普遍较小，但技术水平不低，人员技术要求高。就某一种单一传感器而言，如果销售额到 5000 万元，就可以在全国有影响力，如果销售额到 2 亿元，在国际上就有影响力。因此，传感器企业是一种投资密集、技术密集和人员密集型企业。当然，随着市场规模的扩大，这一状况还会随之发生变化。

3．传感器在智慧医疗中的战略意义

目前，绝大多数医疗信息都可以通过医用传感器感知或采集。医用传感器是一种电子器件，特指应用于生物医学领域的传感器，能够感知人体生理信息，并将这些生理信息转换成与之有确定函数关系的电信号。体温传感器、电子血压计、脉搏血氧仪、血糖仪、心电传感器和脑电传感器是智慧医疗中最常用的传感器。

传感器是智慧医疗系统中的关键组成部分，其性能决定智慧医疗的可靠性。传感器技术的升级换代将推动网络的升级换代，传感器承载着“信息源头”的重要作用，是“两化深度融合”的关键。因此，可以说各种类型的传感器是智慧医疗的基础和重要感知器件，是智慧医疗发展的最根本所在。传感器在智慧医疗中的战略意义如下。

（1）传感器是智慧医疗的重要组成之一。

（2）传感器的性能决定智慧医疗的可靠性。

（3）传感器升级推动网络升级。

（4）传感器是智慧医疗发展的瓶颈。

（5）传感器产业化决定智慧医疗的市场应用前景。

我国在大力发展智慧医疗的同时，若不发展传感器技术，则大量国外传感器将进入国内，传感器市场将被国外占有，不仅经济损失巨大，国家安全也无法保障。

4．我国传感技术发展现状

我国早在20世纪60年代就开始涉足传感器制造业。1972年，我国组建成立第一批压阻传感器研制生产单位；1974年，研制成功中国第一个实用压阻式压力传感器；1978年，诞生中国第一个固态压阻加速度传感器；1982年，国内最早开始硅微机械系统（MEMS）加工技术和SOI（绝缘体上硅）技术的研究。20世纪90年代以后，硅微机械加工技术的绝对压力传感器、微压传感器、呼吸机压传感器、多晶硅压力传感器、低成本TO-8封装压力传感器等相继问世并实现生产。改革开放40年来，我国传感器技术及其产业取得了长足进步，主要表现在：建立了传感技术国家重点实验室、微米/纳米国家重点实验室、国家传感技术工程中心等研究开发基地；MEMS、MOEMS（微光机电系统）等研究项目

列入了国家高新技术发展重点项目；在“九五”国家重点科技攻关项目中，传感器技术研究取得了 51 个品种、86 个规格新产品的成绩，初步建立了敏感元件与传感器产业。

5. 智慧医疗中物联网传感器发展中存在的问题

我国目前用于智慧医疗的主要是 RFID 应用。虽然正在逐渐普及智能传感器的物联网应用，但还未形成一个庞大网络。我国智慧医疗的物联网部分关键技术亟待突破，如传感芯片、物联网的统一标准等技术与其他发达国家差距较大。因此，传感器技术还有以下问题需要解决。

（1）核心技术少，创新能力弱。

（2）缺乏应用的统一标准。

（3）亟待掌握核心技术。

6. 我国医疗物联网传感器关键技术的突破

目前，国内的智慧医疗物联网总体处于起步阶段，为推进产业发展，未来 5 年应集中资源攻克共性关键技术，保证持续发展。我国在基础芯片设计、高端传感器制造、智能信息处理等产业环节依然薄弱。对此，工业和信息化部发布工作要点：突破核心关键技术，重点推进传感器、传输及信息处理的技术研发。其中，关键技术主要集中在无线传感器网络节点与传感器网关、系统微型化技术、超高频 RFID、智能无线传感器技术的应用上。

由此，可以看到，在“十三五”期间，解决上述关键技术对物联网的发展应用起着至关重要的作用。

目前，智慧医疗物联网传感技术有多种技术路线，其中业界公认应用前景最为广泛的物联网传感技术路线仍是无线技术发展的方向，其新技术主要有两种：一是 I-RFID（智能射频识别）技术；二是 MEMS（微机电系统）微传感器技术与 6LoWPAN 技术的结合。无论这两种技术在实现和应用场景上有怎样的不同，其工作任务都只有一个：传感数据的采集、自带预处理功能和实现传感网络的互联。

6.2.2 存储介质使用技术

智慧医疗监护是指通过感知设备采集体温、血压、脉搏等多种生理指标，对被监护者的健康状况进行实时监控。在这个过程中，由于是实时采集，因此产生了大量的数据。

从数据处理角度来看，智慧医疗中的物联网体系结构自下而上可以分为感知层、网络层、数据层及应用层，如图 6-5 所示。从图中可以看到，数据层在整个智慧医疗的物联网体系结构中起到了承上启下的作用，向下服务于感知层和网络层，向上为各类应用提供有力支撑，其核心功能之一是存储智慧医疗物联网感知数据，将各种生理数据以一定的形式记录于存储介质中。感知数据反映了患者在各种环境中的真实状态，因而蕴含了大量直接的有价值信息，借助于智慧医疗的处理技术可实现对患者的实时监护；而作为记录感知数据的手段，数据存储系统可以保证感知数据的持续积累，为智慧医疗物联网提取信息、挖掘知识提供实时的、大量的历史数据，是实现智慧医疗智能化应用的关键角色。因此，设计良好的数据存储方案对于推动智慧医疗发展、实现智慧医疗价值的最大化具有不可替代的作用。

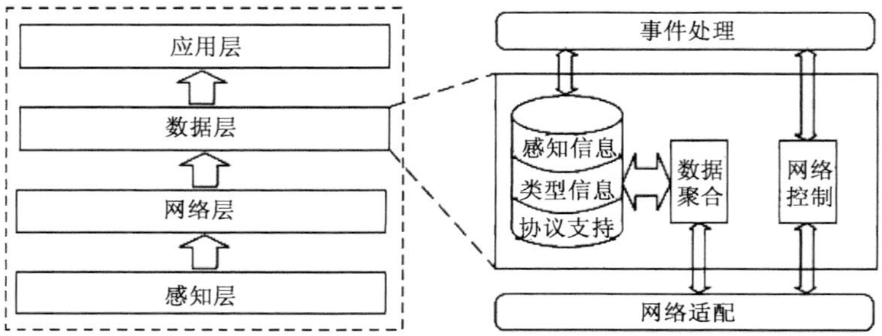

图 6-5　物联网体系结构

1. 智慧医疗数据的特征与挑战

智慧医疗数据来源于大规模异构感知设备，描述不同的生理信号，总体上呈现以下主要特征。

（1）多源异构。智慧医疗数据来源于不同的感知设备，如 RFID 识读器、视频设备、温度传感器、湿度传感器等，源自这些设备的数据代表着不同的生理信号，都有自己的意义。

（2）超大规模。智慧医疗部署了大量的感知设备，这些设备的持续感知将以较快的速度产生数据，导致数据规模的急剧膨胀，形成海量数据。

（3）时空关联。智慧医疗系统中每个采样数据都具备时间和空间属性，用于描述患者在时间和空间上的动态生理变化。

（4）多维标量。智慧医疗通常集成了多个不同种类的感知设备，可同时感知多个生理指标（多维事件），因而智慧医疗的采样数据通常是多维甚至是高维的。

（5）冗余度高。智慧医疗中存在采样频率过高，以及不同的感知设备对同一个患者同时感知等情况，这类情况导致了大量的冗余数据。

2．智慧医疗数据存储需求

为应对智慧医疗的挑战，应用于智慧医疗的存储系统需要满足以下需求。

（1）开放兼容，即智慧医疗信息服务系统具备良好的开放性。接口与交互协议必须便于信息的发现、定位和获取，使得智慧医疗信息的共享成为可能；兼容多种物联网技术，屏蔽多种数据接口带来的复杂性，智慧医疗数据可用于数据挖掘、状态跟踪等各类应用，兼容多源、异构的智慧医疗系统有助于缩减应用开发成本、降低使用代价。

（2）动态扩展包括两方面：一方面，存储能力动态可扩展，既具备伴随数据规模增大可无限横向扩展的能力，也具备需求完成后释放资源的能力，良好的弹性是应对智慧医疗海量数据存储的基本前提；另一方面，数据结构动态可扩展，即数据不要固定结构，可根据需求灵活定制数据格式。因此，智慧医疗数据具有多源、异构的特点，固定结构难以应对此类数据的管理，灵活结构可以解决此难题。

（3）可靠高效，即支持高并发、具有高可用性。一方面，智慧医疗存在大量网关同时向信息服务系统写数据，以及大量用户同时查询数据的情景，信息服务系统需要对这类高并发场景提供良好的支持；另一方面，在部分节点失效的情况下，整个系统依然可提供正常的信息服务，即具备高容错能力，这是智慧医疗信息服务系统可用的关键。

（4）安全可信。智慧医疗信息服务系统健康地运维需要健全的安全体系支持，系统的开放性对维护数据安全、提高隐私保护带来了更大的挑战。构建于安全可信框架下的智慧医疗信息服务是推动用户广泛接受必须满足的条件，也是智慧医疗普及应用的前提。

3．智慧医疗存储模式分类

智慧医疗整体由若干局域感知网络构成，感知网络之间基于互联网、卫星等手段实现互联互通。从网络构成角度划分，智慧医疗数据存储模式主要分为以下两类。

（1）网内存储模式。利用感知网络自身的存储能力记录感知数据，通常感知设备都具备一定的存储空间，以 WSN 为例，除电源、传感单位、处理器等部件之外，还配备了存储单元，可以保存一定量的数据。

（2）网外存储模式。感知数据由各个节点产生后，由专门的节点负责数据集成，并借助网络、无人机等设施与感知网络外部建立通信，最终以人工收集、自动推送或定期询问等方式将感知数据发送至网络外的存储系统集中存储，查询处理可以在网外存储系统中直接完成，无须与感知网络建立通信。

4. 典型智慧医疗存储技术及方案

在智慧医疗中，各种医疗设备采集录入的都是一些小文件数据。但是由于 Hadoop 在处理小文件时存在先天的不足，并且对智慧医疗数据有高并发、高响应读写要求。因此，使用基于 Redis 针对智慧医疗小文件的优化存储架构，充分结合 Redis 内存数据库存储优势及智慧医疗数据自身的特点设计存储架构及混合索引策略，并通过改进的 AHP 算法进行均衡负载预测，实现数据高并发快速响应。实验结果表明，该存储架构大大提高了智慧医疗小文件存储和访问效率，达到了预期良好的效果。

近年来，山东省依托大数据产业成为智慧医疗先行的领导者，带动了全国医疗智慧化进程。智慧医疗数据量目前呈现几何级增长，预计到 2025 年，智慧医疗数据量将急剧增长到 40ZB。如何利用 HDFS 高效存储访问这些海量小文件是一个严重问题。

由于 HDFS 本身是针对大文件进行设计的，针对海量小文件存储会消耗大量 NameNode 内存，同时读写效率低下。因此，Hadoop 针对海量小文件提供了改良方案，如 SequenceFile、HAR、MapFile。这些解决方案虽然能够解决 NameNode 高内存占用问题，但是无法满足快速访问和高并发读写需求。

同时，科技公司和学者也纷纷提出了针对海量小文件改进的存储与读写方案。例如，淘宝的 TFS 是为淘宝页面商品信息和图片信息等提供的分布式存储方案；Facebook 的 Haystack 是针对海量照片文件提出的存储方案；李孟等针对教育资源小文件的关联关系等特点，提出了针对该领域资源小文件的存储改进方案；Li 等根据一段时间内小文件读写频率，提出动态副本复制策略，提高 HDFS 小文件读写效率；谭台哲等设计了针对海量图像的小文件处理系统；王鲁俊等通过设计一个低延时、高可靠的小文件 SFFS 系统，解决了 TFS 系统中小文件存储存在的高延时问题。这些方案都是针对其他领域小文件特点进行的优化和设计，无法满足海量智慧医疗小数据高效存储及高并发、低延时访问要求。

根据山东省海量智慧医疗数据特点，以及移动互联网下对数据的高响应、高并发存储访问要求，结合 Redis 内存数据库优秀读写性能等特点，设计 Hash-B+两级元数据索引和分布式局部索引相结合模式，通过改进的 AHP 算法进行负载预测判断，使用基于 Redis 的海量智慧医疗小文件存储架构。

针对海量智慧医疗小文件分布式存储和读取问题，基于 HDFS 分布式架构，利用 Redis 集群缓存合并小文件、保存元数据信息，同时建立 Hash-B+两级索引与分布式块内集中索引机制等，以及通过改进的 AHP 算法进行系统均衡动态调节。该架构能够保证海量智慧医疗小文件快速、高效存储访问，解决了传统 HDFS 针对小文件处理先天不足的问题，同时满足了移动互联网下数据高并发读取需求。未来，将该架构拓展到普通海量小文件存储上[5]。

6.2.3　通信技术

随着物联网技术的发展，无线通信技术进入智慧医疗领域，为智慧医疗实现带来了技术保障。无线通信技术包括无线局域网和无线移动通信技术两类。无线局域网在无线查房、无线护理等方面为患者提供了更好的服务，同时通过射频识别（Radio Frequency IDentification，RFID）技术在药品管理和分发、医疗器械管理、患者位置标识、婴幼儿身份识别等方面发挥的作用，能够有效提高管理人员、医生和护士的工作效率，为医院的各种医疗活动提供准确、快捷、方便的服务。无线局域网能够有效地克服有线网络存在的弊端，是医院有线局域网的重要补充，能够协调相关部门有序工作。无线生命信息监测系统能够对患者的生命信息进行实时监测、记录，在出现异常现象时能及时报警。通过无线移动通信技术，医生和管理者可以随时随地对患者和医院信息进行查询和管理，包括远程查房、参与患者的会诊等。通过无线移动通信技术，医生还可以随时观察患者出院后的康复情况，实时提醒患者进行合理的护理和防护，减少患者进行二次治疗的情况[6]。

无线人体局（区）域网利用近距离无线通信技术，将穿戴或植入在人身体上的集中控制单元和多个微型的传感器单元连接起来。典型的生理传感器有穿戴式或植入式两类，如心电图传感器、血压传感器、血氧传感器、体温传感器和行为感知器等。无线人体局域网主要针对健康监护应用，可以长期、持续地采集和记录慢性病（如糖尿病、哮喘和心脏病等）患者的生理参数，并在需要时为患者提供相应的服务。例如，在发现心脏病患者的心电信号发生异常时及时通知其家人和医院，在发现糖尿病患者的胰岛素水平下降时自动为患者注射适量的胰岛素。

在移动医疗护理应用中，护士利用手持移动终端设备，可以快速将患者的相关信息通过医院无线局域网传输到医院信息系统的后台数据库中，也可以根据患者的唯一标识从后台数据库中读取患者的住院记录、化验结果等信息。无线局域网可以接入广域网，将数据和信息传送到远端服务器。在远程医疗应用中，通过布设在家庭的无线局域网，可以将居家老人的实时生理数据、活动记录和生活情况等传送到医院数据中心进行分析，并在发生紧急情况时通知家人或值班医生。此外，无线局域网还可用于室内定位。

广域网适用于医疗信息的远距离传输，主要用于远程医疗、远程监护、远程咨询等应用中的信息传输。

1. 无线局域网通信技术

1）无线查房

查房是医生每天的例行工作，目前大部分医院都建立了住院医生工作站系统，医生将全部信息录入计算机，生成电子医嘱和电子病历。但一般医生工作站的计算机都放于医生办公室，因此医生在查房前需要提前将患者的医嘱、病历、检验结果等信息打印整理出来，在查房时一个个翻阅，效率比较低；在查房过程中，医生先用纸记录下要开的医嘱和患者情况，等查房完毕后回到办公室再录入计算机，这个过程存在转录出错的可能，直接影响到医疗安全。而在医院覆盖无线局域网络，医生只要手持无线终端，就可以轻便地进行无线查房。通过无线终端可以快速查阅患者的住院信息、病史、检验检查结果，有效地与患者交流，根据病情变化立即开出检验、检查、治疗和其他医嘱，避免查房后再次转抄医嘱，或者凭记忆补开医嘱、记录病历等重复工作，甚至避免错误情况的发生。

2）无线护理

传统的有线局域网络需要医护人员在计算机前耗费大量时间进行查询、录入、处理患者信息等工作。这不仅减少医护人员为患者服务的时间，而且由于环节复杂，具体到每个病房和每个患者的医嘱执行过程中，容易出现失误或医嘱执行不当的情况，造成医疗事故。而通过在医院覆盖无线局域网络，医护人员手持终端，可实时收集患者的各项生理指标，并通过无线网络存入数据库，供电子病历调用。这样减少了医护人员进行转抄和录入的过程，提高了工作效率并降低错误发生率，减少了人力资源的浪费，缩短了等待时间，增加了医护人员为患者直接护理的服务时间，大大拉近了医护人员与患者之间的距离，提高了护理工作质量，改善了医患关系。

3）RFID 无线识别

射频识别（RFID）是一种无线自动识别技术，它通过射频信号自动识别目标并获取相关数据，不仅可以识别静止的目标，还可以识别高速移动的目标。RFID 系统的基本组成部分包括标签（Tag）和阅读器（Reader）。标签一般是由耦合元件（有些还有一些电路）组成的芯片，每个标签具有唯一的电子编码，将标签附着在物体上即可标识目标对象；阅读器是用来读取或写入标签信息的，阅读器和标签之间通过天线（Antenna）来传递射频信号。当标签进入阅读器射频信号覆盖区域就会接收阅读器发出的射频信号，通过感应电流所获得的能量核对存储在芯片中的信息反射回信号无源标签或被动标签（Passive Tag），或者主动发送某一频率的信号有源标签或主动标签（Active Tag）；阅读器读取信息并解码后通过医院本身的无线局域网将数据传输至中央信息系统进行有关数据处理。在医院中经常要对患者身份进行识别，同时也要对患者和医疗器械进行定位，RFID 技术能够显著降低身份识别的错误，随时跟踪患者和医疗器械的位置，大大提高了医疗工作效率。

RFID 技术最常用的形式是 RFID 腕带，这里存储了患者的相关信息，包括个人资料、药物过敏史等。另外，还可以通过 RFID 电子标签上的电子编码对应到医院信息系统（HIS）中找到更加详细的信息。通过一条简单的 RFID 腕带，医护人员可以随时随地掌握每位患者的准确信息。医生只要手持 RFID 阅读器就可以准确读出患者腕带上的相关信息，有时也可以写入相应信息。例如，患者是否对某种药物过敏，今天是否打过针，是否吃过药，等等。这就大大提高了医院管理的效率。

输液管理：传统的输液过程不仅存在患者信息核对差错的隐患，而且核对信息需要很长时间，导致工作效率低下；另外，护士的工作量也很难进行合理统计，无法准确考核输液室护士的工作。无线输液系统依托 RFID 技术和无线网络技术实现护士对患者身份和药物 RFID 标签的核对功能，杜绝医疗差错。护士工作站根据患者发票号采集患者的输液信息，将这些信息形成 RFID 标签，在患者接受输液和接瓶前，护士通过 RFID 阅读器进行患者身份及药物的 RFID 标签匹配，实现快速而准确的识别；当患者应结束输液或需要接瓶处理甚至发生病情变化时，按动输液座椅上的呼叫器，护士可在医院的任何位置使用移动终端接收，及时处理输液患者的求助信息；当患者结束输液后，核对患者身份 RFID 标签，确保输液正常完成。

婴幼儿管理：如何防止婴儿被无意或恶意调换是医院管理中非常重要的部分。传统的婴儿管理方式存在诸多弊端，如写上婴儿姓名的腕带等标识，但这些腕带标识往往不防水，容易脱落，也可以人为解开，无法及时发现和杜绝婴儿被盗、恶意调换及医护失误调换等事故的发生。这样，也不能准确识别，或者无法方便、随时检查婴儿的身份，以及家长身份的关联，给恶意和无意调换婴儿带来机会。引入 RFID 技术，在医院安装一系列的监控器和定位器，这些监控器直接连接到医院系统中。先给孕妇戴上 RFID 腕带，当婴儿出生后，也佩戴与母亲腕带的电子标识相对应的 RFID 腕带，这样婴儿一出生就处于正确的识别和监控之下。婴儿在医院内的位置可以通过定位器和监控器随时确定，在一些特殊位置（如门口或通道处）安装报警系统，婴儿单独被移动（被非授权人员抱走）或母亲在未办理出院手续时走出监控区域，系统即可报警。此外，腕带上可以配置人体感应传感器，当 RFID 腕带离开身体时发出报警信号，从而监测腕带拆卸是否被授权。

患者和医疗器械定位：RFID 技术还可以在医院范围内进行追踪，定位患者和医疗器械，称为 RFID 室内定位追踪系统（Indoor Positioning System，IPS），这个系统包括 RFID 和网络软件。采用的 RFID 标签为 433MHz 有源标签，将标签贴在医疗器械、患者的腕带或职工的工作证上。RFID 接收器可以安放在医院的不同位置，通过医院局域网传输到医院的服务器上，这样就实现了随时监测目标精确的空间位置。当 RFID 系统确定有患者在到处走动时，通信装置也可以向有关工作人员发出提示。当医护人员需要寻找某医疗器械时，可以随时定位其附近的所有可供使用的医疗器械，从而有效地利用医疗设备。

4）无线生命信息监测

医生在对患病婴幼儿进行治疗的过程中，很难与患儿进行有效沟通，而且婴幼儿的生理特性导致其生命特征非常容易变化，必须实时监测才能够有效地进行治疗，避免急危状况出现。此外，对于重症患者同样要实时监测其生命体征。目前已经在使用的生命信息监测系统有体温监测系统、血压监测系统和心率监测系统。但是这些生命监测系统基本上还只停留在病房内进行监测，而无法将数据传输到护理中心和看护中心及医生的计算机中，如果能够将这些监测信息通过无线网络传输到护理中心和看护中心，并发送到相应医生的计算机中，护士和医生就能实时查看到患者的生理变化过程，掌握最佳的治疗时机。当出现危险状况时，通过监测系统自动报警功能，可以有效地提醒医护人员进行相应处理。

2．无线移动通信技术

目前已有不少医院开通了短信平台，通过该平台医生可以向患者提供延伸、互动和个性化的优质服务。目前，我国成年人基本都拥有手机，因此采用短信平台的方式与患者沟通是行之有效的，也为系统的运作提供了方便。另外，通过医院短信平台，还可以通知医护人员参加相关会议、领取检验检查结果，通知排班等日常活动。

1）远程查房系统

远程查房能使医生在外地通过支持无线网络的手持终端查房，运用无线移动通信登录医院系统查阅患者的病历、生命体征数据、检验检查报告，调阅患者的医学影像资料等，及时了解危重患者的情况；也可以通过无线终端与科室的其他医生一起讨论病情，下达新的医嘱，使患者得到最优的治疗方案。此外，通过远程查房就不必担心资深专家外出而不能按时查房的问题，通过远程查房，专家、主治医生也一样可以向资历尚浅的医生传授经验知识，提高医院对医生的培养和医院的整体医疗水平。远程查房还可使医生随时关注患者信息，专家、主治医生适时安排下级医生用药或改变治疗方案，令住院患者无须因医生不能随时查房而担心，增进了医患之间的沟通。

2）康复期患者和慢性病患者的监测

据报道，很多病患在出院后因没有很好地监测生理状况而再次入院，如充血性心力衰竭，《新英格兰医学杂志》2012 年发现约 27%的患者是在出院后 30 天重新入院治疗的，因此患者在康复期需要随时观测其生理状况。对于糖尿病等慢性疾病，同样需要随时观测生理特征，这些疾病可以通过专用的无线传感器来远程监控患者在家中的情况，可以在早期发现患者的生理状况，及时调整治疗计划，提醒患者需要注意的环节。

我国无线医疗技术应用近年来十分活跃，但与欧美国家相比还仅处于起步阶段。如何加快无线技术的研究步伐，加大无线技术在医疗领域的投入，是一个值得深思的问题。因此，加快无线技术的研究步伐，加大无线技术在医疗领域的投入，是我国医疗行业信息化建设的重点之一。

6.3 解决方案

随着社会的不断进步、经济的快速发展，我国人民的物质生活水平不断提高。与此同时，我国老龄化进程日益加快，人口平均预期寿命逐年持续增长，现有老年人对医疗卫生服务的需求量也在不断增加，长期护理供给不足现象与老年人的身体健康情况多变复杂的问题日益突出。特别是部分老年病患者多病共存，存在不同程度的日常生活自我照顾障碍，而由家庭成员提供的长期照看护理功能日益弱化，空巢的家庭状况尤甚。为更好地解决老年人群的康复护理问题，智慧养老是大势所趋。“医养结合”作为一种创新养老模式，能够很好地将现代医疗技术与养老服务结合在一起，既满足了老年人群康复护理的特殊需求，又提高了老年人群的生活质量。随着科学技术的不断提高，传感技术、物联网、大数据等作为新一代高科技技术，能够很好地服务于智慧养老产业。本节针对当前老年人对护理的不同需求，推出了家庭养老服务平台、机构养老服务平台和社区养老服务平台。

6.3.1 家庭养老服务平台

随着人口老龄化、高龄化的加剧，失能、半失能老人的数量还在持续增长，照料护理问题日益突出，人民群众的养老服务需求日益增长，逐渐变成了一种弥漫全社会的压力[7]。

在此形势下，以家庭养老服务为基本依托，进一步将现代物联网、云计算、大数据、云管理等技术应用到对老年人的服务中，则不失为一种值得借鉴的方法。所谓家庭养老服务，是指老年人居住在家，通过科学的组织和管理，以弥补传统养老的不足，实现养老目标的养老方式。家庭养老可以让老年人生活在他们熟悉眷恋的环境中，既不割裂老年人的社会网络，又可以减轻家庭的负担，改善老人的护理条件，提高老人的生活质量。

物联网作为新兴技术，是指通过射频识别技术、红外感应器、全球定位系统、激光扫描器等信息传感设备，按约定的协议把任何物品与互联网连接起来进行信息交换和通信，以实现智能化识别、定位、跟踪、监控和管理，最终实现物与物、人与物之间的自动化信息交互和处理的智能网络。将物联网技术应用到家庭养老服务中，可以实现养老的智能化。大致来说，就是通过各类传感器，使老人的日常生活处于远程监控状态。其核心在于运用先进、科学的信息和管理技术，如传感网、5G 移动通信、云计算、Web 服务、智能数据处理等手段，将老人、政府、社区、医疗机构、医护人员等紧密联系起来，通过整合内外资源提高家庭养老服务的能力和水平，实现医养结合的新型养老护理模式。例如，老年人在家可以使用血糖实时连续监测系统来实时监测血糖指数，为家庭养老模式中的康复护理提供可靠保障。该系统由可更换连续血糖检测探头、射频发射器和接收显示器组成，探头通过细小金属丝贴在患者腹部，来测量皮下间质液里的葡萄糖浓度，其获得的信息通过无线方式传送到接收器上，并将数据共享到社区医疗卫生信息中心，以实时监测老人血糖情况。除此之外，智能家居系统、电子健康档案系统等，都是基于现代信息技术而发展起来的。物联网、云计算、大数据、云管理等现代信息技术，不仅可以为老年人创造一个健康、独立的居家养老环境，也为快速、及时地应对突发养老事件提供了有力保障。

在日常康复护理过程中，跌倒对老年人的创伤极大，不仅会对身体造成伤害，还会造成康复护理过程的中断，更会对心理产生极大的阴影，也会减少老年人日常生活的自信心和安全感，进一步使得他们的身体机能衰退，增大了事故再次发生的风险。在此现状下，家庭养老服务平台可以对在康复护理中的老年人身体健康、安全进行实时监测。老年人可以通过可穿戴防跌倒设备进行防跌倒的监测和救援。在正常情况下，可以实时显示老年人的生理参数，指导他们合理锻炼和饮食；在突发情况下，可以保持人体生理参数和发出求救信号帮助求援，从而确保了老年人的身心健康和行动安全。该系统选择人体最重要的几个身体参数进行监测，在不妨碍老年人正常活动的前提下，选择了体温、血氧、呼吸和心电4个生理参数。可穿戴健康设备具有以下6个特点。

（1）可以在正常活动的情况下使用，不影响日常的工作和生活。

（2）可以根据当前所处的环境切换不同的模式，如语音识别、光线感知等状况。

（3）在自主进行模式切换时，可与可穿戴载体上的传感节点进行通信，并向外界终端进行数据实时交互。

（4）可穿戴设备的设计具有便捷性，与载体服饰一体化。

（5）可穿戴设备具有实时性。可以进行持续的通信和数据交互。

（6）可穿戴设备具有多样性。依据康复护理的功能需要，可以在硬件、软件上进行个性化的设置。

该系统不仅实时监测人体的血氧、体温、呼吸和心电等主要特征参数，还实时监测人体动作的变化，尤其针对跌倒动作。如今，医疗技术、物联网技术更新换代，远程医疗监测技术也迅速发展起来，在不影响正常生活的前提下，精准、迅速地识别出老年人在日常生活中发生的跌倒事故，从而有效地进行报警、紧急求援，以保证他们晚年良好的生活状态和身心舒适度，因此具有十分重要的意义。

以杭州上城区智慧家庭养老服务为例。该区是杭州的老城区，60 岁以上的老年人口 7.7 万人，而很多子女由于工作、生活等原因，无法在家照顾老人，老年人群的照护、护理问题成为亟待解决的问题。为此，该区及时应用物联网技术，进行了“医养结合”新模式的积极探索。

该区家庭养老服务模式主要通过“居家养老服务平台”“一键通呼叫器”和“热线电话”3 种方式来为全区 60 岁以上老年人进行康复护理服务。首先，利用大数据技术将老年人的身体情况、居住情况、生活自理能力、经济状况及子女的经济供养能力等信息建立为一人一档的《养老服务对象信息表》，形成“全覆盖”“多方位”“立体化”的信息化数据库。其次，通过“养老服务对象评估系统”将老年人分成 A 到 F 共六大类，方便有针对性地实时监测和管理。再次，该区家庭养老平台服务内容包括生活照料、医疗保健、家政服务、精神慰藉、法律维护、紧急救助六大类 50 余项。通过公开的招标形式，成立了上城区养老服务信息处理中心，将联盟成员单位的服务内容、联系方式接入服务信息处理中心，实现呼叫受理、呼叫联动、服务追踪和服务对象满意度反馈、服务单位服务质量的评估等，这些信息都通过“一键通呼叫器”得到连通。最后，老年人有任何问题不仅可以拨打热线电话进行咨询和了解，还可以通过个人终端进行连续的信息交互。

家庭养老服务平台有效整合了现代物联网、移动互联网、现代通信网、智能呼叫、智能传感等科技手段，从而实现老人数据信息动态管理、智能感应传输、多终端服务响应、全自动预警、远程视频监控、动态电子地图标识、无线音画传输、多平台无缝接入、安全追踪定位、实时线路优化求助等服务功能。该平台的物联网技术采用 RFID 技术实现服务人员身份自动扫描识别，保障服务对象的人身财产安全；采用 GPS/AGPS 技术实时定位追踪服务对象、获取准确及时的数据信息。同时，通过手机终端和养老服务平台对接，实时接收服务对象的应急请求，远程播放服务对象的家中视频，实时获取服务状态，实现邻里和谐互助。此外，还通过与互联网电视机顶盒和智慧通居家养老服务平台对接，实现电视终端远程播放服务对象家中的实时视频，通过机顶盒遥控器在线通话，为未来实现远程医护会议、多方会诊通话奠定应用基础。信息平台好比一个中枢，了解老人需要什么服务，再帮忙联系提供所需服务。只要老人按下“一键通”呼叫器，信息中心即可收到信号，平台根据老人的需求，再随时转接到中心存储的服务网点，包括各类家政公司和志愿者服务队。“一键通”呼叫器是养老信息处理中心平台的便捷式服务终端。“一键通”有红、黄、绿 3 个键，功能分别为紧急求助、社区服务、生活服务。当老人处于危急情况时，只需要按下红色键，平台值班人员会在最短的时间内迅速回拨询问，根据情况直接联系亲属、社区、110、120 等；同时，亲属会在第一时间收到信息、视频开启通知，实现救援服务，此时，“智慧眼”感应式摄像头可以让工作人员看到现场情况。在老人使用紧急呼叫时，系统会根据用户档案信息和 GPS 定位信息，第一时间找到老人所在的具体位置，为救助人员提供最优化求助线路，以最快时间抢救生命。黄色键为社区服务键，老人有任何需要社区帮助的请求，系统接线员会帮助老人协调所需要的服务，包括生活照料、医疗保健、家政服务、精神慰藉、法律维权五大类服务。按下绿色键，平台的接线员会为老人安排服务单位以提供诸如家政等相关服务。当老人外出活动时，通过移动式呼叫器可进行移动定位服务、亲情互通，还能通过设置偏离告警，当老人离开指定区域，平台自动告警，并以短信方式通知家属，提前避免隐患发生。除此之外，系统平台还能查询所有老人享受过的服务、老人对服务做出的反馈信息，真正实现了所有服务都留痕的目标。使用家庭养老服务平台，不仅能够针对老年人的康复护理需求提供一对一的帮助，也能够实时监测老年人的康复护理过程，避免出现因发现过晚而延误治疗的情况。

家庭养老服务平台既有便利的发起方式，又有快捷、全面的服务内容，使广大老年人享受更优质的服务。

6.3.2　机构养老服务平台

我国已经进入人口快速老龄化发展阶段。国际人口预测软件（PADISINT）预测，未来老龄化形势还将进一步加剧，到 2050 年，我国 65 岁及以上老年人口将超过 4 亿人，老龄化水平将达到 30%。同时，老年人口的高龄、失能和空巢化将进一步加剧人口老龄化的严峻性和复杂性。高龄失能风险的明显增长，各种慢性病的患病率及发病率也随之大幅度升高，且很难彻底治愈，致残致死率高，一般需要长期持续治疗及康复护理。从目前的实际情况来看，居家养老、社区养老只适用于健康状况良好的老年人，为较好地服务患有慢性病、残障、绝症晚期的半失能或失能老人，我国多地养老机构正在积极探索、开展“医养结合”的新型养老护理模式。

当前各地区开办的各类养老机构收养的老年人多为失能和半失能老人，并且很大一部分不具备对长期需要生活护理、医疗护理、病后或术后康复，以及临终关怀的服务对象提供具有医学治疗性的护理服务能力。因此，创新医疗养老护理模式，建立“居家—养老院—医院”互为补充、有机结合的多元化医养结合服务体系，是保障老年人尤其是失能老人能够有一个有尊严的晚年的重要举措。

医养结合的新型养老护理模式能够充分利用现有医疗资源，通过医疗机构和养老机构之间进行的多方式的有机结合，实现现有医疗和养老资源共享、优势资源互补，将医疗、养老、康复、护理等方面融合到一起，构建医养康护一体的新型机构养老模式，能够实现政府、机构和个人三方的互利共赢。医养康护可视为“整合照料”的一个子概念，主要针对的是慢性病老人在医疗护理和生活护理方面的服务，并且将医疗服务和康复护理服务放在更加重要的地位上。医养康护是为了整合医疗和养老机构各自资源的优势，提高老年慢性病患者的生活质量，所提供的不仅包括基础的日常生活护理服务，更重要的是包括专业医护人员所提供的医疗康复护理服务，具体包括定期上门巡护服务、健康教育服务、疾病诊治服务、康复护理服务、临终关怀服务等。护理服务应该以人性化的护理为服务中心，充分体现以患者为中心的护理服务工作理念，建立和谐融洽的护患关系，并且根据患者本人的需求和病情采取具有针对性的护理服务措施，从而为患者提供优质而全面的综合服务。

以中国台湾地区为例，从 20 世纪 90 年代初开始，中国台湾地区就步入“老龄化社会”。在人口老龄化过程中，老年人口内部的年龄结构也在发生改变，老年人口高龄化是必然发生的现象。回顾中国台湾地区养老机构的发展历程，推进养老机构“社区化照护网络，使失能者得以获得连续性照护”是其重要经验。中国台湾地区安老机构通过整合现有的社会资源，特别是医护与安养的结合，为老年人提供居家护理及日间照护服务。其中，强调连续性、“社区化”与“在地养老”是养老发展的主要特点，其出发点都是以老人的需求为中心，注重养老中的人文因素，避免老人因身体原因而产生“照顾迁移”，或者隔离老人熟悉的生活环境，这对于老年人的身心都具有负面影响。中国台湾地区养老机构的模式是“福利”与“产业”并存，强调中国台湾地区政府的责任与支持，重视老人多元化养老需求取向，建立机构养老产业的行业协会以加强行业自律，因此养老机构具备了很高的专业品质与服务操守。中国台湾地区养老机构分类较多，服务对象多元，从健康老人到失智失能老人，甚至是需要插管护理照料的老人。身体健康的老人，可选择老人公寓、安养中心、养生村等；需要医疗服务，具备生活自理能力但是有长期慢性病的老人，可选择长期照护机构；行动不便，无法自理生活（如插有尿管、气切管、胃管等）的老人，可选择养护机构或护理之家；中度以上失智症老人，可选择失智照顾机构。

其中，最为有名的机构养老平台为中国台湾恒安集团旗下的台北市兆如老人安养中心。恒安安养照护集团成立于 1994 年，在中国台湾地区有多家连锁式实体机构。恒安的机构养老网络框架设计覆盖老龄化的全过程，基于老年人全生命周期的不同阶段要求，涵盖健康、自理、半自理、半失能、半失智到失能、失智的状态，服务项目从社区服务、老人住宅、老人赡养、老人养护到长期照护等多重模式，整合了医院及养老机构的多方面资源，使老年人免于在不同层级机构间往返搬迁的困扰。恒安集团旗下的养老中心对自身机构的品质内涵研究十分注重。这不仅表现在服务层面，更包含着主观与人文感受的传递。机构养老的品质内涵中，富含着丰富的“家”文化，老人入住的养老机构，其内部的“小家”具有家的私密、舒适与惬意，而推开家门又是一个“大家”，住户之间邻里和睦，并通过机构与社区、社会接轨而不产生隔离感。因此，要实现真正注重人文关怀的机构平台，应首先依据老年人在老龄化过程中的不同需求，提供多元化与多层级的服务，并且从时间的长轴来看，服务的内容应覆盖老年人的全生命周期。

恒安的机构养老系统重在医养结合，也就是将医疗方面的资源与养老方面的资源相融合，从而达到结构重塑的创新。其中的“医”分为 3 个方面，即医疗、康复和保健，具体内容包括医疗服务、咨询服务、健康体检、疾病诊治、医疗护理、病后康复及临终关怀等；而“养”包括提供生活照料、进行精神安慰和心理辅导、组织文化活动等。“医养结合”的发展模式，是集诊治、康复、护理、养老于一体，将老年人医疗健康放在首位，把医院的功能与养老机构进行多方案的融合，同时做到生活照料、医疗康复和人文关怀三位一体的新型养老服务模式，增强养老机构中医疗设施建设，提升养老机构中医疗服务的水平，强化机构养老中医疗人员、养老人员的整体素质和专业化能力，引进专业化人才，完善医养结合的机构养老服务政策。恒安机构养老平台医养结合智慧养老模式的构建在传统养老服务的基础之上，将康复护理服务作为重点，在照顾好老年人生活、精神的基础上，将治病医疗、病后康复、临终关怀等服务的质量着重提高，打破了传统的养老和医疗分离的模式，其最大优点是专门为老年人各种病症提供及时、便利、精准的医疗服务。将临床诊治和生活照料相互融合，不仅使老年人的病症得到了及时的治疗，而且得到了医院无法顾及的临床护理。恒安旗下机构养老平台的构建需要政府、社区、医院的多方位合作，再通过互联网的信息共享来实现现代化的新型机构养老模式。首先通过明确职能部门的职责，将业务的流程精简化，服务项目最优化，机构管理规范化，加强和提高养老机构的业务处理能力和管理效率，将资源合理利用，减少浪费，最终做到核心竞争力的有力提升。开发官网和 App 平台，使得老人家属通过移动终端就能清晰明了地看到老人在养老机构中的日常生活、护理效果、医疗效果、身体状况及消费记录等情况；不仅能在线查看老人在养老机构中的视频和照片，还可以在线充值缴费，预约定制专门服务项目，做到让老人更舒心、家属更放心。将带有数据传输功能的电子设备与开发的 App 和 PC 终端对接，如随身电子血压仪、血糖仪、智能床垫等，使得养老机构的管理人员、护理人员、医疗人员及老人家属可以及时观察老人身体的健康状况，并且在遇到突发事件或身体异常时做出预警提示。为每位老人配备一键呼救装置，在老人需要紧急帮助时不仅能及时通知相关人员，而且能对老人的位置进行定位。开通融门禁、餐饮、消费为一体的一卡通，不仅方便了老人在机构中的生活消费，也解决了养老机构管理的烦琐。“医疗+养老”一体化的服务发展模式，融医疗、康复、护理、养老等为一体，实现“医疗机构能养老，养老机构有医疗”。在机构养老中搭建医养护一体化平台，整合医养护服务资源，将硬件设施资源及社会资源有机结合，合理利用养老资源，实现资源的最大化利用，培养专业化人员，生病就地治疗，解除养老院患病住院的后顾之忧，平时也要在养老院内配备医护人员，对老年人的身体变化进行测量并录入系统，随时掌握老年人身体的基本情况。

医养结合的新型机构养老护理模式，可以整合多方资源，为老年人提供精准的康复护理方案，在为老年人提供便利的同时，也提高了老年人的生活质量，使老年人真正实现老有所养、老有所乐。

6.3.3 社区养老服务平台

随着我国人口老龄化形势日趋严峻，人口红利优势越来越薄弱。而传统的依靠儿女养老的模式存在很多问题，这些问题主要体现在以下 5 个方面。

（1）大多数老人没有定期检查身体的意识，许多疾病无法监测到，从而延误了最佳治疗时机，甚至危及老人的生命。

（2）老人病史和身体指标信息不完善、不清晰，使医生不能了解老人病史，对老人身体状况做出不精准的判断。

（3）由于子女长期在外，陪伴老人的时间有限，多数老人心理和精神需求得不到满足，身体也得不到有效的锻炼，使孤寡老人更加孤独，生活没有色彩[8]。

（4）养老服务队伍专业化程度不高，大量养护人员缺乏专业培训。养护人员流动性较大，不能对老人进行长期照料，短时间的照护对老人的身体状况了解得不够全面。

（5）许多老年人在饮食习惯上没有改进，仅满足了温饱而忽略了营养的丰盛和均衡。

总体来说，我们面临的最大困难不是技术，而是缺乏一个智慧的养老系统。社区养老模式使老年人能够居住在自己家中，实现老年人对于传统家庭养老的心理诉求，减少老年人晚年养老的经济压力，同时老年人在自己比较熟悉的社区享受专业护理服务，不会割裂老人的生活圈。由社区专业的养老护理服务人员上门提供老人所需要的日常生活护理和医疗护理服务，能为身体状况不佳的老人解决自身行动不便的困难。

重庆地区响应政府号召，对医养结合智慧养老模式展开积极探索。其中，社区养老系统具有很强的借鉴意义。它以“互联网+物联网+社区养老”理念为指导，该系统不仅可以将老人被动就医转变成主动就医，提高老人的就医意识，还可以在线视频咨询医生、预约专业护理人员，实现医生、护理人员时时在身边的全方位医疗、护理；同时，通过物联网与互联网相结合的设计，医生可以直接从系统上查询老人的各项身体指标数据，了解老人的详细病史，并进行远程诊断，实现疾病及时发现、及时治疗。为了满足老人的精神需求，社区养老系统对娱乐设备和娱乐需求进行智慧管理，可以有效地满足老人的精神需求、保障老人的身心健康；社区养老系统使 O2O 与智能家居技术结合，实现老人居家生活所需品的智慧感知技术，定制一套将老人需求通过系统直接发送给相应超市平台，由超市人员主动联系老人确认需求，并提供及时将老人所需物品送货上门的服务，餐厅还可以利用系统平台上的个人数据电子档案，参考每位老人的身体营养需求及子女建议来定制餐品，并及时送达。可见，社区养老系统分别从智慧医疗、智慧娱乐、智慧餐厅、智慧购物等方面进行设计，切实满足当代养老的新需求，在实现有效养老的同时提高老年人的生活品质。

针对我国养老所面临的四大主要问题，采用“互联网+物联网”技术构建一个社区养老系统，包含解决社区养老主要问题的各子系统：智慧养老医疗子系统、智慧养老娱乐子系统、智慧养老购物子系统、智慧养老餐厅子系统。各子系统数据的获得均通过互联网与物联网技术结合实现，并将数据统一存储于智慧社区养老云端，并经智慧养老社区云平台的处理和数据挖掘分析后分别反馈给各个子系统，用于优化系统的运行和使用性能；智慧养老医疗子系统、智慧养老购物子系统和智慧养老餐厅子系统之间的数据可以相互访问，分别发挥不同使用环境与要求下的功能。

1．智慧养老医疗子系统

智慧养老医疗子系统的设计充分发挥了“互联网+物联网”技术的优越性，将老年人身体指标通过自身佩戴的仪器传输到互联网上，利用云计算技术将数据保存，医生可根据老人身体指标进行健康管理。健康管理主要由健康信息采集、健康评估、健康干预 3 个基本过程组成。在传统的健康管理实施过程中，健康信息采集的内容主要来自居民的健康体检和疾病就诊记录，采集手段单一、获得的信息内容少。新型健康管理模式能够充分利用移动医疗技术的优势，通过移动 App、可穿戴医疗设备的使用，为健康信息采集的手段及信息量带来很大的突破。另外，传统的健康评估体系是基于小规模的测量数据或有限的专家知识建立的，已经不符合近年健康变化的趋势和特点。随着老人健康信息数据量的不断扩充，利用大数据挖掘分析、机器学习等手段建立一套智能的、动态的健康评估体系，为老人实现更精准的健康评估，为日后照护人员对老人的康复护理提供更强的针对性。在健康信息采集阶段，除通过健康体检和疾病就诊等传统方式获取个人健康信息之外，还可通过可穿戴设备、移动 App、健康网站等手段完成个人健康信息采集。移动医疗技术产品可以记录老人的生活方式，如饮食、睡眠、运动、烟酒等，也可以记录体征情况，如身高、体重、腰围、体温、血压、血糖等，这些信息可以为后续的健康评估和干预提供有效真实的数据。在健康评估阶段，借助智能健康评估、智能疾病预警、智能健康干预、数据挖掘、大数据等技术，可以为老人的健康状况提供科学、有效的分析评估，并为后续的健康干预和康复护理奠定基础。在健康干预阶段，医生结合健康评估结果，对健康、亚健康、疾病人群分别进行远程在线诊断，并制订可行的治疗护理方案，针对突发的健康危险因素或疾病，制订有针对性的干预方案。老人配合各种专业人士的指导，开展自我健康干预。经过一定的时间后，继续开始健康信息采集→健康评估→健康干预的自我健康管理循环。在进行健康管理的过程中，一旦发现有异常数据，将采用“医生团队—社区居民”模式，即由社区卫生服务机构的社区医生、护士等专业人员组成医生团队，为社区居民提供服务。一旦发现老人身体指标不正常，便通过在线联系方式对老人进行提醒、预约，上门为老人做进一步检查，确立诊断治疗护理方法。智慧养老医疗子系统专门针对一些行动不便、家人无法护理的社区老人设计了以 Android 为开发平台进行定制医疗服务的个人护理定制应用 App，通过应用 App 可以与社区护理人员进行预约，护理人员根据老人的健康信息进行有针对性的康复护理，护理人员护理结束后老人登录应用 App 对护理人员各项工作情况进行打分并给予评价，建立护理人员信誉与工作档案，从而对护理人员的工作进行管理和监督。

2. 智慧养老娱乐子系统

在养老社区所有娱乐设备上部署传感器节点，令节点就近组成若干无线传感器网络，各网络网关以有线方式接入智慧养老娱乐子系统的管理平台，实现对娱乐设备的智慧管理、预约。为了更进一步地满足老人的娱乐需求，选择 Android 系统作为开发平台，设计一款专门适合老人使用的手机 App“要约么”，应用查询可以直接连接到养老娱乐管理平台，从而实现在约定人员的同时预约设备。“要约么”的设计主要着眼于老年人对于手机应用的操作习惯，尽量做到操作步骤简便化，分为加入预约、创建预约、我的预约 3 个方面，并特别设计了语音操作模式，让老人用语音口令输入即可，使整个操作更加简便流畅，进而逐渐建立老人智慧养老的习惯，提高老人的生活质量。

3. 智慧养老购物子系统

在传统智能家居设备之上结合 O2O 技术进行智慧养老购物子系统的设计，通过智能家居设备感知老人居家生活所需物品的需求情况，并将需求通过社区养老系统直接发送给连入智慧养老购物子系统的超市平台，由超市人员主动联系老人确定需求，并及时将老人所需物品送货上门。在智慧养老购物子系统中，老人如果有什么需求，可以直接登录手机 App，进行语音购物，同时超市会根据语音信息给老人配送需要的商品，这样就可以解决老人因身体不便而不方便购物的问题。

4. 智慧养老餐厅子系统

在传统智能家居 O2O 的技术上进行智慧养老餐厅子系统的设计，在老人授权下，通过智能设备查询老人电子病历及医生建议，同时老人及家属的意愿也会通过社区养老系统直接发送给接入智慧养老餐厅子系统的餐厅，餐厅人员综合多方面因素为老人设计膳食并在规定时间内送达。餐厅也可与智慧养老医疗子系统中老人的护理师进行直接交流，或者通过网上留言等方式进行沟通。依据护理师为老人提出的用药建议及生活建议对餐品进行适当的改进，让餐品与老人的用药更好地结合，使药效得到更大的发挥。当老人身体状况发生变化时，电子病历会随之改动，餐厅也会相应地接收信息。根据老人状况的改变，餐厅会在老人的用餐食谱上做出相应变化。餐厅和社区共享一个网络，双方的信息实时共享，餐厅根据社区传送的老人健康状况表为每位老人推荐不同的营养餐品。当老人的身体情况发生变化时，餐厅的菜单会随之发生改变，从而能更科学、准确地为每位老人提供身体营养补给。

社区养老平台以解决当前社会所面临的养老问题为目标，研究了老人在医疗、娱乐、购物、就餐等方面存在的问题，从智慧养老医疗子系统、智慧养老娱乐子系统、智慧养老购物子系统和智慧养老餐厅子系统 4 个方面进行了详细研究，并以医疗护理为重点，打造全方位的医养结合新模式。社区养老系统综合运用了物联网、云计算等技术，实现了老人与社区、医疗机构、超市、餐厅人员之间的互动与沟通。中国的人口老龄化形势愈加严峻，“4+2+1”家庭的增长使空巢老人和独居老人随之增加。基于物联网社区养老平台可以减少人力资源在养老上的浪费，从而使社会能更好发展。因此，在信息技术与物联网技术飞速发展的今天，打破传统的养老方式建立新的智慧养老社区系统势在必行。

本章小结

将物联网技术、传感技术等应用于养老服务平台可以完善养老服务模式，提高政府工作效率，整合公共服务资源，提升公共服务能力，产生良好的社会效益和经济效益，使老年人足不出户就能享受实时化、多样化、个性化的全方位康复照护服务。

参考文献

[1] “医养融合”老年护理改革的实践与发展[J]. 中国护理管理，2014(6): 656-658.

[2] 李春玉. 试论我国老年护理现状和发展方向[J]. 护理学杂志，2014(3): 1-3.

[3] 何小俊. 我国老年康复护理现状与愿望[J]. 中国护理管理，2018(6): 733-736.

[4] 邢丹，姚俊明. 面向医疗行业物联网：概念、架构及关键技术研究[J]. 物联网技术，2014(11): 49-52.

[5] 程晗，汪学明. 基于 Redis 的海量智慧医疗小文件存储架构设计[J]. 计算机应用与软件，2018，35(4).

[6] 杜柯，朱新银，赵碧霞. 无线通信技术在智慧医疗管理系统中的应用[J]. 医学信息学杂志，2013，34(6): 14-17.

[7] 屈魏，矫培艳. 基于物联网的智慧养老社区系统[J]. 沈阳师范大学学报，2017.

[8] 蒲瑶琼，卢明威. 重庆市南岸区智慧养老模式建设探析[J]. 广西师范学院学报，2015.

第7章

我国基于物联网的智慧养老服务典型案例

本章摘要

围绕机构、社区及居家老年人群的安全及健康需求，依托智慧养老服务平台，搭载多形态的智能健康监测设备，整合政府、社区服务驿站、养老机构、终端服务商等社会各界资源，开展多元化、多层次的“互联网+养老”精准智慧养老服务，打造多种角色共赢的智慧养老创新服务模式。

7.1　案例应用概述

建设智慧养老服务平台及部署智能健康监测设备，面向养老运营机构，提供线上全流程的人、财、物的信息化管理手段，形成全方位、一站式、定制化的养老机构信息化管理解决方案，满足养老机构日常管理运营、老人安全监护和健康管理、文娱活动等需求，全面提升养老机构综合服务质量，降低机构运营成本；面向社区居家老人，采用线上智慧养老综合服务平台和线下服务相结合的养老服务模式，为老人提供24小时安全照护、健康管理、生活服务和精神关怀等全方位的菜单式养老服务；面向政府部门提供养老运营监管指挥中心平台，协助政府管理部门全面审核养老服务资质，监督服务质量，监管补贴资金发放，同时汇聚展示该地区养老产业数据，为政府管理部门提供有效的监管手段及决策支撑。智慧养老综合服务应用如图7-1所示。

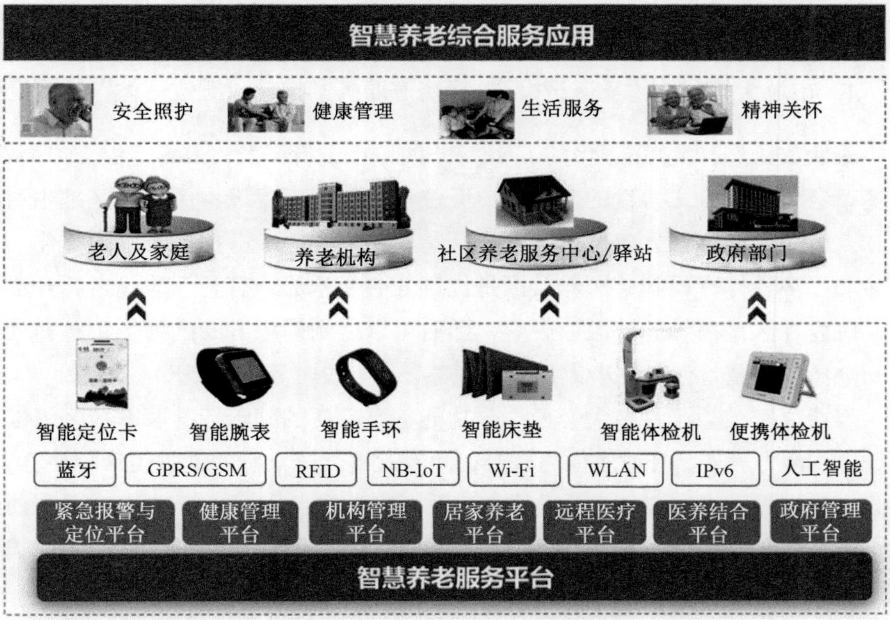

图 7-1　智慧养老综合服务应用

7.2　泰康之家燕园定位告警案例

7.2.1　项目背景

泰康保险集团股份有限公司（以下简称泰康集团）成立于 1996 年，至今已发展成为一家涵盖保险、资管、医养三大核心业务的大型保险金融服务集团。泰康集团旗下拥有泰康人寿、泰康资产、泰康养老、泰康健投、泰康健康、泰康在线等子公司，业务范围涉及人身保险、互联网财险、企业年金、资产管理、医疗养老、健康管理、商业不动产等多个领域。

泰康集团始终坚持“专业化、市场化、规范化”理念，深耕寿险产业链，依托“活力养老、高端医疗、卓越理财、终极关怀”四位一体的商业模式，构建大健康产业生态体系。泰康集团致力于成为全球领先的保险金融服务集团，让保险更安心、更便捷、更实惠，让人们更健康、更长寿、更富足，让泰康成为人们幸福生活的一部分。

泰康集团深耕养老产业多年，以保险、资管、医养为切入点，布局 3 个板块（泰康人寿、泰康养老、泰康之家）的多项养老产品及住区项目的建设与运营。

7.2.2 运营模式

1. 市场大格局，“重资产投资+轻资产服务”推动“五位一体”社区建设

泰康集团选择北京、上海、广州等一线城市进行开发，市场定位于中高端，以变革老年生活方式为目的，推动“五位一体”社区建设：医养社区是生活的家，入住居民能够独立自主；医养社区是老年大学，能够提供丰富的文化、娱乐活动和多种体育设施；医养社区是优雅开心俱乐部，有利于居民之间开展社交；医养社区是高级保健医疗中心，随时可以得到健康方面的呵护；医养社区是一个精神家园，让入住老人都有归属感。

泰康之家致力于打造大规模、全功能、高品质的国际标准医养社区，以医养结合、活力养老、舒适居住为核心，为老人提供全方位的退休生活解决方案。泰康之家为居民提供独立生活、协助生活、专业护理、记忆照护 4 个不同的生活服务区域，实现一站式退休生活解决方案，提供不同程度的生活照顾及护理服务。

泰康集团以“养老+保险+医疗”的商业模式推进产业扩张。在投资建设养老社区方面，泰康集团的角色定位是：“既要做养老社区的所有者，又要做养老社区的经营者”。由此，泰康集团成了“重资产投资+轻资产服务”商业模式的坚定布道者。

2. “养老+保险+医疗”融合发展，延伸产业价值链

为了实现养老和医疗的融合，在社区规划建设过程中，泰康人寿建立了以康复和老年医疗为核心的社区医疗体系，提供集预防保健、疾病治疗、慢性病康复、长期护理于一体的闭环整合型医疗保健服务，并不断加快在医疗领域的布局。为了进一步将保险和医养结合起来，泰康人寿拟将满足客户的保险、医疗、养老需求形成一个闭环，即泰康人寿的健康险、养老险客户在生病时可以到泰康投资的医院去看病，达到一定年龄和条件后可以到泰康人寿投资的养老社区去养老，一切都围绕客户的健康和财富管理来展开，在真正意义上实现金融产业的人文关怀，有效延伸产业价值链。

7.2.3　智慧养老应用与实践

1．搭建智能化“医养融合”养老社区

智慧养老作为面向居家老人、社区及养老机构的传感系统与信息平台，可以为老年人提供实时、快捷、高效、互联化和智能化的服务。泰康集团经过多年考察与探索，在中国打造“医养融合”的养老社区，将大数据、智能互联的运作模式融入其中。不仅能时刻保护老人在社区的安全，还能全方位监测老人的健康状况。泰康养老社区以国际一流的信息安全技术为依托，以尖端的智能化信息系统为支撑，用完善的安全服务标准与全天候的人员职守构建一张无处不在的安全网。

2．泰康开启智能化平台的建设与应用

目前的智能化产品在适老化市场基本还是空白，大部分智能化产品瞄准校园市场、C 端家庭使用等场景，这类产品由于功能花哨、操作复杂、界面过于前卫、续航能力差等问题并不适合直接用于老年人市场，泰康紧急报警与定位产品项目致力于打造国内第一套针对老年人市场、符合老年人使用需求的集安防管理、大数据分析于一体的智能化平台。

泰康集团采用普天信息技术有限公司提出的紧急报警与定位产品建设综合解决方案，以泰康燕园为试点，结合园区内外安全管理需求，应用 RFID、无线网络、移动通信等集成技术，打造园区内外的智能监测网络。

该紧急报警与定位系统以软硬件相结合的方式满足泰康之家老年会员的园区内定位、求助、门禁和消费，以及园区规范管理的重点需求。通过搭建定位监控、一键呼救、身份识别、用户行为分析等平台，实现全方位无死角管理、实时应答照护服务、门禁消费一卡通等功能，达到为园区管理提供决策支持的目的。

1）定位监控，全方位无死角管理

通过无线定位技术实现对园区内外老人位置的监测，并支持通过后台软件查看老人的历史活动轨迹；支持电子围栏功能并能够对老人活动的异常情况进行自动判断和告警；当老人活动轨迹异常时，能够进行告警；可与园区内监控系统对接，控制选定位置的摄像头进行视频联动。

园区为老年会员配备的一卡通具有人员定位功能，结合平台，可以为会员提供安全监测和电子围栏等照护服务。该功能可实现楼宇内外会员历史位置和

活动区域的精准监测，其应用场景如图 7-2 所示。工作人员在平台上对会员在园区内外的活动范围进行干预管理，有效预防会员走失，防止出现老人失联却无人发现等情况。

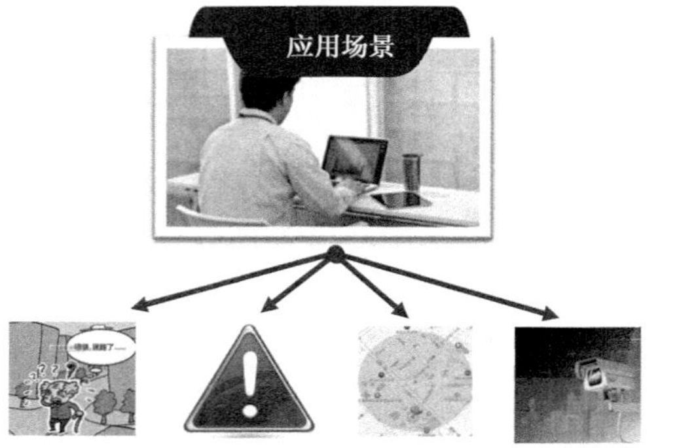

图 7-2　定位监控应用场景

系统能够提供的定位服务包括以下几种。

（1）位置和活动轨迹监测：老人随身携带的定位卡设备能够通过网络将老人的位置信息上报到平台，园区管理人员可以通过工作站查看老人所在位置和行动轨迹，同时调取相应时间地点的录像。有效保证老人活动安全，在老人出现异常动向时及时干预，实现智能监护功能。

（2）视频联动：当老年会员使用定位卡求助时，监控系统会及时发出告警，老年会员手中的定位卡可定位到老年会员在园区内的具体位置，并与视频监控系统联动，触发距离老年会员最近的视频监控，园区工作人员能在第一时间掌握老年会员报警信息并进行处理，有效缩短园区工作人员的反应时间。

（3）电子围栏设置及告警：通过平台安全围栏功能，工作人员可根据会员分组为不同的会员设置不同的安全活动范围。

当老年会员离开安全区域或进入危险区域、在某一地区长时间驻留、位置信息消失、活动状态异常、有一键呼救等行为时，系统将自动报警到监控中心，并提示老年会员的身份信息及位置信息，工作人员可通过老年会员附近的视频监控观看老年会员的行为和状态，密切关注老年会员的活动，以便在发生意外时及时实施救助。

2）一键呼救，实时应答照护服务

在老人随身携带的定位设备上设置 SOS 按钮，支持一键呼叫告警，并开启即时语音通话功能；呼叫中心管理员可通过系统平台接收到呼救信息，并实现老人呼救请求的接续、派单和回访；后台系统可与园区拉绳报警系统对接，采用统一系统平台进行管理。

园区为老年会员配备定位卡作为随身一键呼救设备，该定位卡兼具通话和定位功能，可用于一键呼救并发起即时语音通话，其应用场景如图 7-3 所示。当老人发生意外或遇到困难时，可以按下定位卡上的 SOS 告警按钮向后台发送告警信息，并自动拨打呼叫中心，与呼叫中心客服进行双向通话，实现语音求助。

图 7-3　一键呼救应用场景

客服询问老年会员呼叫原因并记录，随后系统会自动将老人告警推送到相关工作人员（养老管家、护理人员）的移动终端，工作人员根据接收到的呼叫信息（呼叫人的姓名、位置、需求等）前往告警发出位置进行处理，有效地提高护理人员救治会员的及时性。避免老人在遇到突发事件需要帮助时，工作人员未能及时赶到现场而耽误最佳救治时间。

在告警处理过程中，工作人员通过定位卡进行老人身份及告警处理的确认，并通过拍照记录服务过程，上传至 App。

告警处理完成后，呼叫中心客服通过对救助结果进行客户回访生成满意度反馈记录。

该系统可与园区拉绳报警系统对接，采用统一系统平台进行管理，并预留与园区内监控系统进行视频联动的接口。

3）身份识别，门禁消费一卡通

定位设备内置无源 RFID 芯片，具有身份识别功能，支持与目前园区内的门禁系统、刷卡支付系统对接，兼容现有无源卡片刷卡进入公共区、刷卡消费支付的功能。佩戴者可以使用该定位卡进入公共区及指定区域，也可以使用该定位卡进行刷卡支付，其消费功能主要用于一卡通餐卡系统。

一卡通餐卡系统主要由刷卡系统（包括充值机、消费机）、一卡通系统、护理工作站、紧急报警与定位系统平台 4 个部分组成，如图 7-4 所示。一卡通系统先对会员一卡通进行创建，包括一卡通的加密、信息写入，一卡通创建完成后可以进行充值、消费，食堂餐卡系统通过局域网与护理工作站、紧急报警与定位系统平台建立连接，充值、消费记录能通过护理工作站显示和查询。

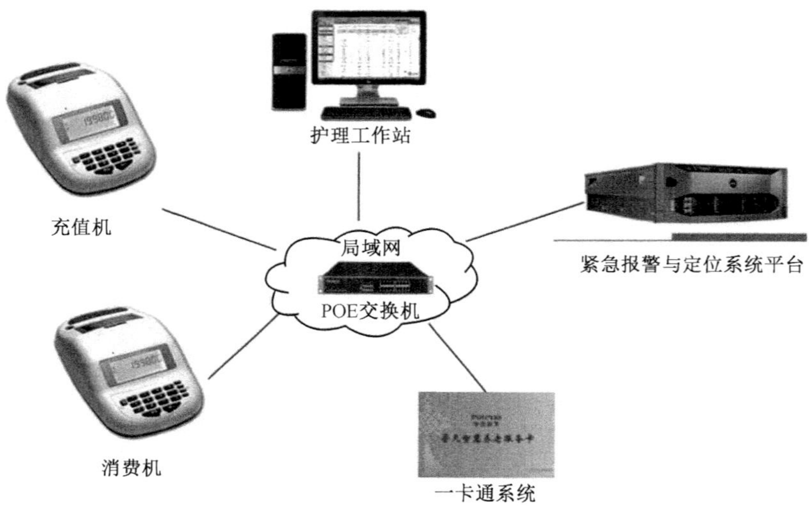

图 7-4　一卡通餐卡系统组成

如图 7-5 所示，门禁系统主要由一卡通系统、门禁刷卡系统、护理工作站（含各类活动室工作站）、紧急报警与定位系统平台 4 个部分组成，其中门禁刷卡系统由门禁读卡器、门禁控制器、电磁锁组成。智能终端业务流程：门禁刷卡系统通过局域网与护理工作站、紧急报警与定位系统平台建立连接，一卡通系统对老年会员一卡通进行加密，并写入相关信息。当老年会员外出或进入活动室时，使用一卡通刷门禁读卡器，门禁读卡器会显示门已开，门禁控制器会控制电磁锁进行开锁操作；刷卡出入记录能够通过护理工作站显示和查询。

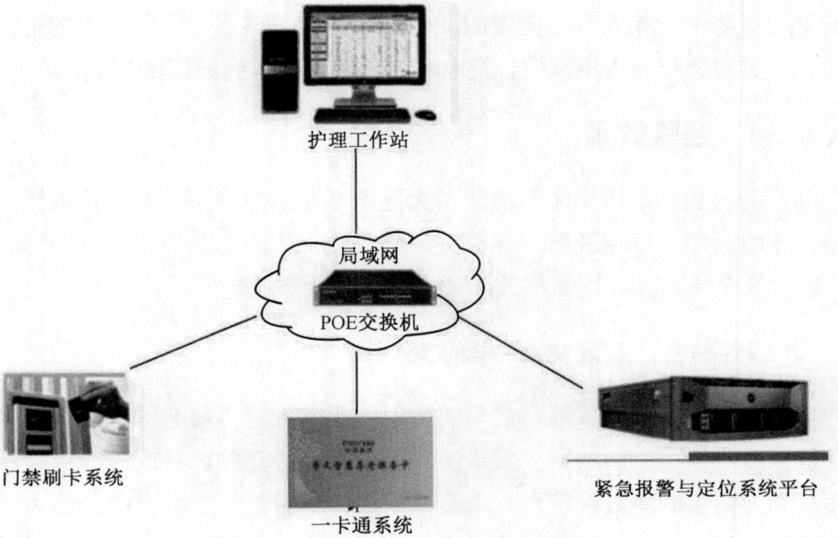

图 7-5　门禁刷卡系统组成

该系统可与园区内其他养老设计系统进行连通，实现一卡多用，减少老人的负担，增加佩戴率，实现园区会员全方位管理。

4）老年会员行为分析

管理平台软件可以对老人的活动、告警等历史数据进行统计分析，为园区管理提供决策支持。

系统对老年会员行为活动数据的采集和统计，可深度挖掘会员的高频活动区域和日常活动习惯，为管理者的决策提供数据支撑，为园区管理提供精准洞察。

（1）老年会员基本情况分析：可反映整个老年会员群体的各项信息情况，通过各个维度去分析会员的具体情况。对于会员性别、婚姻状况、学历、党派、平均年龄等一些重要指标进行统计分析。

（2）告警事件分析：通过对告警事件的类型、发生的时间和区域进行统计，可以及时发现告警高发时间段和区域，并有针对性地采取防范措施，消除安全隐患。

（3）服务满意度分析：通过对救助服务的回访记录进行统计分析，了解老年会员对救助服务的满意程度及改进建议，以便不断提高服务质量。

（4）历史数据分析：平台通过对老年会员行为活动数据进行统计分析，了解老年会员的生活习惯和活动偏好，使泰康之家可以有针对性地开展多样、健康向上的有益于老年人身心健康的文化娱乐活动，丰富广大老年人的精神文化生活。让更多老年人走出家门，把老年文化建设深入到园区的每家每户。

7.2.4 经验效果

到目前为止，泰康集团已构建了大健康产业生态体系，未来将依托“活力养老、高端医疗、卓越理财、终极关怀”四位一体的商业模式，打造养老、健康、财富 3 个闭环，实现从摇篮到天堂的全方位产业链。

1．跨界融合，实现健康中国战略

泰康集团通过虚拟保险产品与实体医养服务的跨界融合，整合全生命周期产业链，践行健康中国战略。秉承医养融合理念，在养老社区内配建以康复、老年医学为特色的康复医院，打造泰康国际标准康复体系。目前，泰康集团已投资运营泰康仙林鼓楼医院、建设泰康同济（武汉）医院、启动泰康西南医学中心，着力打造多个医教研一体化医学中心。

2．打造高品质养老社区，推动市场布局发展

作为中国保险业首个投资养老社区试点企业，泰康集团已完成北京、上海、广州、三亚、苏州、成都、武汉、杭州、南昌、厦门、沈阳、长沙等全国重点城市养老社区布局，成为全国最大的高品质连锁养老集团之一。2018 年伊始，泰康集团加快了在大健康产业上的投入，2018 年 1 月 12 日泰康集团获得了天府新区医疗用地，将打造医教研一体化的泰康西南医学中心；同期，泰康医养社区又接连在南昌、厦门、沈阳三地布局；2018 年 1 月 18 日，泰康集团斥资 23 亿元在西南地区投资兴建的国际标准医养社区——“泰康之家·蜀园”在成都落成，加速布局全国养老社区。未来 5 ~ 8 年，泰康人寿将在全国投资 1000 亿元，建设 25 ~ 30 个养老社区，先期构建拥有超过 5 万名客户的连锁养老网络，后期将达到 20 万名客户规模。

3．通过智能化平台的建设，实现园区内外的安全管理信息化建设目标

（1）建设园区内基于蓝牙、园区外基于 GPS 的定位监测管理系统，结合 NB-IoT 低功耗数据传输技术和实时定位等多种技术，在园区内外实现复杂的人员定位、监测和追踪任务，并准确找寻到目标对象，结合园区内监控系统实现位置视频联动，为老人提供多重安全保障。

（2）呼叫中心实时响应老人的紧急呼叫救助，GSM 双向语音通话确认老人需求，准确定位老人救助位置，及时将老人求助信息通知相关人员，为老人提供精准的救助服务。

（3）结合消费、门禁系统，实现一卡通功能，使得老年人在社区内的生活更加智能化，实现对老人的人性化、智能化监护。

（4）对老人的活动、告警等历史数据进行挖掘分析，为园区管理提供决策支持。

7.3　扬州曜阳国际老年公寓养老综合管理系统案例

7.3.1　项目背景

扬州曜阳国际老年公寓是中国红十字总会事业发展中心秉承“心系民生、回报社会”的公益理念，打造的一个敬老、助老的新型公益项目，是一所集养老、康复、疗养于一体的养老机构。公寓占地 177 亩，得到了扬州市政府的大力支持；公寓建设资金约 3.5 亿元，全部来源于社会各界爱心人士的捐助。公寓落成以来一直坚持“人道、博爱、奉献”的红十字精神，以公益性为主导，本着“放在心上，住在爱里”的服务理念，致力于将传统的社会福利服务与更科学、更专业、更有保障的健康生活服务相结合，引导老年人树立现代、科学、健康的晚年生活价值观，力求让入住老年人实现“老有所养、老有所医、老有所教、老有所学、老有所为、老有所乐”。

扬州曜阳国际老年公寓于 2009 年 11 月 7 日落成，“一期项目”包含 5 栋公寓楼（154 户）、1 栋多功能服务会所、1 栋康复医院。公寓楼内设标准间、一室一厅、两室两厅 3 种户型；“二期项目”总建筑面积近 3.8 万平方米，有 336 套公寓楼（7 种户型，面积为 57 ~ 139 平方米）及室外连廊，配套的养老设施符合老年人的体能和心态特征。整个公寓具备生活服务、呼救报警、医疗保健、休闲娱乐、文化学习、自助劳动等设施和场所。扬州曜阳国际老年公寓可同时容纳近千位老人，可以满足不同层次、不同需求老人的居住要求和服务需求。

7.3.2　运营模式

1. 以引进优质医疗资源为重点

扬州曜阳国际老年公寓内设“扬州曜阳康复医院”。康复医院设有 24 小时值班的救护中心和救护车辆，并与市内三甲医院建立了绿色通道，确保高危患者外送市内三甲医院得到及时救助；康复医院还与上海华山医院合作设立了“复旦大学附属华山医院中西医结合老年病与延缓衰老研究基地”，同时也是苏北人民医院康复基地，医护人员定期为入住老人提供免费上门巡诊服务。康复医院聘请了多位国内外知名医学专家、教授组成顾问团队，为康复医院提供管理及技术指导，并不定期来公寓义诊和进行远程会诊；同时，还不定期与北京 301 医院进行远程视频咨询、诊疗活动。

2．以推进细致服务，完善服务体系为重点

扬州曜阳国际老年公寓自 2015 年被确立为省级服务业标准化试点建设单位后，以《服务业组织标准化工作指南》（GB/T 24421—2009）等标准为指导，本着“来源社会、服务社会”的经营宗旨，把“提供一流的设施和优质的服务，满足老年人享受高品质晚年生活的需求”作为服务标准化建设的目标。

1）管家服务

公寓实行 24 小时值班制，为老人提供 24 小时管家服务。保安人员 24 小时值班确保老人居住安全；医护人员 24 小时守护提供医疗保障；工程维修人员 24 小时在岗免费为老人维修家具、家电……公寓管理员的 24 小时管家服务可及时为老人处理各种突发状况。

2）亲情服务

公寓员工定期走访老人，与老人聊天交流，从而了解老人近期的状况，及时处理存在的问题。除定期走访老人之外，还定期与老人的亲属保持联系，向亲属反馈老人的信息；在传统节日里，除组织老人举办相关活动之外，还特别提醒亲属多与老人联系，减少老人的孤独感。

3）卫生服务

公寓有专属的卫生保洁队，负责公寓公共区域及公寓楼走廊过道的卫生打扫，要求每天都保持干净整洁，在打扫过程中注重安全性，地面要保持干燥，防止滑倒事件的发生。建立家政服务队，可对需要入户服务的老人有偿提供家政、保洁、护理等全方位的服务。

4）巡防看护

公寓有 80%的 75 周岁以上的高龄老人，30%的单身老人，13%的陪护型老人，因此加强对高龄、单身、陪护型老人的管理是公寓的重点。公寓实行了日点名制、日巡访制，每天早晚各看望这些老人一次。

5）医疗保障

康复医院与公寓之间设有紧急呼叫系统，公寓每个房间内都装有紧急呼叫器，一旦老人在家中发生紧急情况，按下按钮，护士站值班人员和佩戴手表式无线呼叫接收器的曜阳管家将在最短的时间内赶到现场进行处置。此外，老人在康复医院就医可享受多重优惠。例如，可使用医保卡就医买药、免收挂号费、自费部分再给予 50%的优惠等。

7.3.3　智慧养老管理系统搭建与应用

作为高品质综合养老社区，原有设备设施已跟不上现代信息化管理和智慧健康养老方式的要求，迫切需要在软硬件方面采取有效手段，以满足现代化养老公寓的运营需求。

2018 年年初，扬州曜阳国际老年公寓与中国普天进行合作，其旗下的普天大健康科技发展公司专门精心打造了一套适合扬州曜阳智慧养老管理系统的信息化管理系统，为扬州曜阳国际老年公寓在信息化、智能化和智慧化养老方面提供了一揽子综合解决方案，如图 7-6 所示。该方案满足日常管理相关的入住、费用、人员、运营等基本信息化管理需求，以及面向入住老人的健康评估、安全照护、健康管理等服务需求，实现对公寓传统养老运营模式的升级改造。

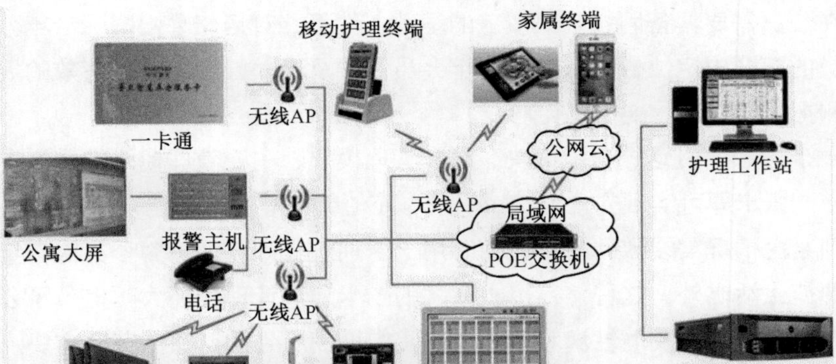

图 7-6　智慧养老综合管理系统框架

1．老年人能力评估系统

如图 7-7 所示，照护评估管理模块能够科学确定老年会员的服务需求类型、照料护理等级，明确护理、养老服务等补贴领取资格等，系统依据相关标准，通过对老年会员的生活自理能力、认知能力、情绪行为、视觉能力、社会生活环境和重大疾病七大类影响老年会员日常生活的项目进行评判，得出其日常生活的能力状况，确定其需要照护的程度及服务内容的活动，最终制订个性化的服务方案，提高养老服务的针对性和效率。

图 7-7　照护评估管理模块

2．一卡通、紧急呼叫、视频智能监控“三合一”系统

公寓一卡通是以智能卡为载体，借助各种智能卡读写设备及相配套的管理平台在公寓需要具备网络全部覆盖的基础条件下，对扬州曜阳国际老年公寓老年会员的院区内定位告警求助、老年会员消费及出入园管理进行有效的规范、管理和把控的一项重要信息化功能。

一卡通系统由定位告警模块、门禁管理模块、消费管理模块组成，老年会员携带一张卡即可实现安全监护、门禁、充值缴费等多重功能，如图 7-8 所示。当遇到紧急情况需要救助时，可随时用一卡通进行呼救。除为公寓内老年会员提供便捷生活之外，这种“三位一体”的一卡通设计理念还大幅提升了公寓管理工作的准确性和及时性。老人在公寓院内地面看到的密布的黄色方块，便是定位告警模块，可以准确通过无线网络接收和发送老人的地理位置，一旦老人需要紧急帮助便可以按压一卡通上的“SOS”按钮，信息中心大屏和工作人员手机客户端 App 就会显示老人的具体位置，并与视频监控系统联动，触发距离老年会员最近的视频监控，公寓管理人员能在第一时间掌握老年会员报警信息并进行处理，有效地提高了公寓管理人员的反应时间。

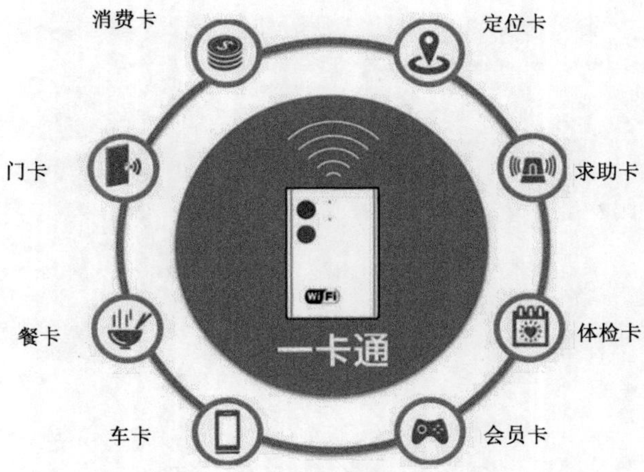

图 7-8　一卡通功能图

系统可实现安全围栏功能，在扬州曜阳国际老年公寓老年会员主要活动区设置安全范围，老年会员进入危险区域或发生长时间驻留等异常行为时，老年会员一卡通将自动报警到监控中心，同时一卡通联动触发视频监控系统，管理者可通过老年会员附近的视频监控观察老年会员的行为和状态，获得老年会员的信息及位置，方便公寓管理人员随时关注老年会员的活动，以便发生意外时及时实施救助。

3. 健康管理系统

健康管理系统为每位会员建立健康信息档案，包括健康指标测评数据（血压、血糖、体重、身高、血氧、血脂、血红蛋白、尿常规、尿酸、体温、肺活量、脂肪等）、测评时间记录、专项健康指标变化趋势测评、健康报告的查询及导出、健康建议贴士及第三方体检档案资料的上传与存储。

通过对老人健康信息档案的管理，可有效掌握老人的体检情况；通过健康指标变化趋势预测帮助老人及时发现健康隐患，排除健康危险。老年会员及亲属可通过终端 App 关注老年会员的就医和治疗情况，及时了解病情发展并做好治疗和保健。

健康管理平台示意如图 7-9 所示。

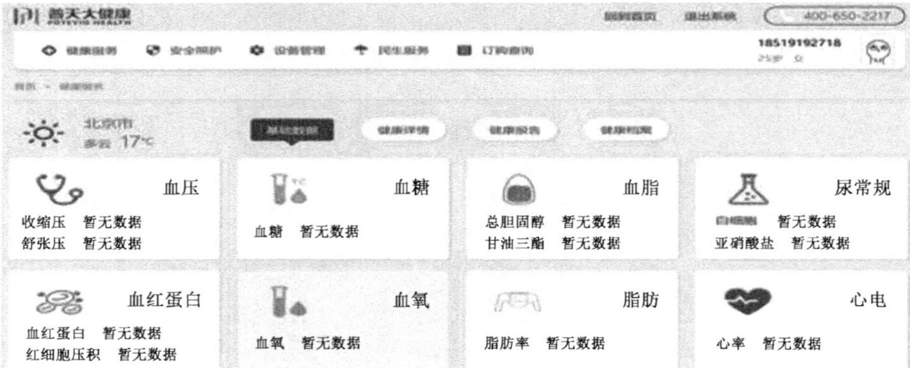

图 7-9 健康管理平台示意图

如图 7-10 所示的智能床垫也是智能养老的重要一环。智能床垫是一款无拘束、无干扰的智能生命体征监测设备。它可以实时监测老年会员的心率、呼吸等生命体征信息和在/离床状态，通过普天智慧健康养老平台，实现对体征异常状态的报警，并将提醒消息推送至 App、安全照护平台等终端应用，以便老年会员享受到实时的安全照护和及时的救助。

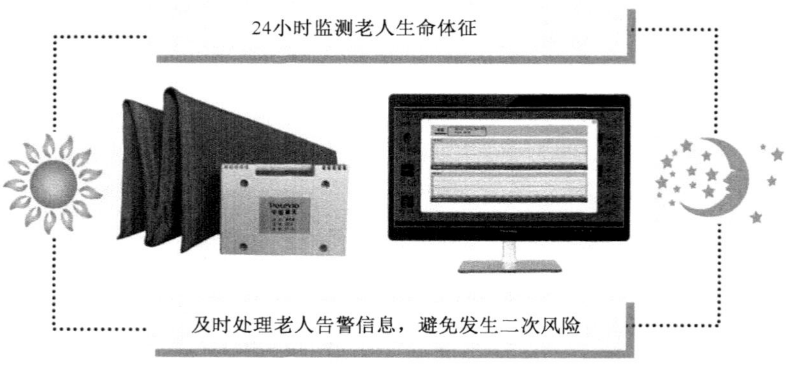

图 7-10 智能床垫

4．养老综合管理系统

智慧养老综合管理平台设立照护评估、入住管理、照护服务、费用管理、活动管理、物业维修管理、决策分析和基础设置等相应的功能模块，平台建设充分考虑扩展性、高效性、安全性和可管理性的需求，从老年会员的体验效果、统一资源和安全管理出发，以老年会员为中心，整合养老服务资源，为老年会员提供多元化的服务，以满足养老公寓信息化需求。

7.3.4　经验效果

1. 以细致服务为基础，打造模式样板

公寓以管家服务、亲情服务、卫生服务、寻访看护服务、医疗保障服务为主线，为老人提供全方位的服务，打造公寓养老服务业标准化模式样板。

2. 以医疗服务为支撑，为医养提供有力保证

扬州曜阳康复医院完善的医疗保障、高水平的医疗团队、先进的医疗设施是扬州曜阳国际老年公寓的重要特色，为老人的老有所养、医养结合提供了有力保证，同时为老人开展体格检查、疾病治疗、保健医疗、康复护理、紧急救护、健康管理等多项服务。

3. 以智慧养老系统为助力，提升综合服务质量

新的智慧养老系统是对原有传统养老模式进行定制化的升级改造，推动建立信息化管理标准体系，指导和规范扬州曜阳国际老年公寓信息化管理平台的应用和建设。利用信息化手段，以及互联网和物联网技术，针对扬州曜阳国际老年公寓的实际情况和需求，研发了适用于公寓管理者、公寓老年会员、老年会员子女及亲属的信息化管理平台。以信息化为驱动力，以软硬件智能设备、设施为载体，以建设高效、便捷的新型现代化医养结合体系为建设目标，打造现代化扬州曜阳国际老年公寓。

普天智慧养老综合管理系统，以信息化手段为支撑，通过满足曜阳国际老年公寓日常管理运营、老人安全监测和健康管理、文娱活动等需求，全面提升养老机构综合服务质量，降低运营成本。

7.4　诚和敬健康小屋案例

7.4.1　项目背景

北京诚和敬养老健康产业集团（以下简称诚和敬养老集团）是北京市国有资产经营有限责任公司（以下简称北京国资公司）全额出资设立的致力于发展老龄产业全方位建设的集团公司。诚和敬养老集团作为投资平台，秉承国资公司“社会效益为首，经济效益为本”的经营理念，致力于开创中国养老的新模

式，建设老年产业品牌，推动老年社区、老年护理康复中心、居家养老服务机构等养老服务设施的建设。根据北京市"十三五"规划纲要提出的"建设以居家为基础、社区为依托、机构为补充的多层次养老服务体系"定位和北京市民政"十三五"期间大力发展社区养老驿站的指示精神，诚和敬养老集团设立机构型养老品牌（诚和敬长者公馆）和社区型养老品牌（诚和敬养老驿站），为老人提供机构康复、养老及社区居家养老的专业运营服务。

7.4.2 运营模式

诚和敬养老集团采用一个服务平台，多元化养老驿站服务模式，开展多类型特色养老服务。

1. 运营模式及基础服务

驿站公司通过品牌化、连锁化经营模式，整合国资系统内部资源及产业链上下游资源，结合驿站网点的规模优势，打造养老服务平台，如图 7-11 所示。

通过社区居家养老驿站的建设与运营，做老人身边最值得信赖的"服务管家"，将养老服务延伸至社区和家庭，在迅速扩大服务网络的同时，不断增加服务的覆盖人群。同时，社区居家养老驿站作为服务平台，不断整合优质的服务资源并进行平台孵化，不断丰富为老人服务内容，为老人提供老年营养餐、智能呼叫及 IT 支持、家政服务、康复理疗、辅具适配及租赁、适老化居家改造、日间照料、医疗服务、文化娱乐、心理慰藉等服务。

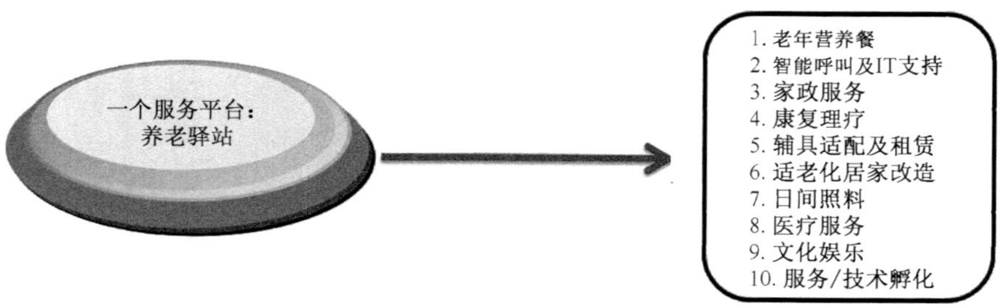

图 7-11 养老服务平台

2. 特色服务

1）口述历史——"讲述者"

老年心理慰藉新尝试——"讲述者"带你走进老人心里尘封的记忆！

开发关注老年人心灵生活的大型公益项目——“讲述者”，围绕社区老人挖掘集体记忆、个人记忆、社会变迁等议题，通过拍摄视频、录制音频、文字记录等方式留存，现已创作 5 部口述历史非虚构影像作品。将原心理慰藉室改造成“家传”口述历史小站，并逐步建立“故事素材库”，以口述形式与老人沟通，成为驿站心理慰藉服务的创新方式。

通过挖掘老年群体的集体记忆，进行影像记录采集及公益推广，透过小驿站呈现大社会，包装制作系列衍生文化产品，打造首都养老驿站服务的新特色和新名片。

2）“城市—农村”驿站互助交流

利用农村驿站地理优势，策划系列“农养”活动，增加城市驿站和农村驿站之间的交流，开展主城区—新农村“农产品双向交流”计划。

3）旅游

依托诚和敬的养老机构和社区驿站特色运营模式，探索将文化特色活动、社工特色服务与旅游资源相结合，为老人提供旅居服务，依托布局全国的适老旅居基地资源，为老人提供一站式旅居解决方案。

4）互助养老服务体系

通过发起、带动低龄老人服务高龄老人，以互助的方式解决养老问题，借助精准评估分析需求，以数据库建立为依托，链接各种资源，提供各项居家养老服务，形成不靠政府、不靠子女、提升活力、自助助人的养老模式，如图 7-12 所示。

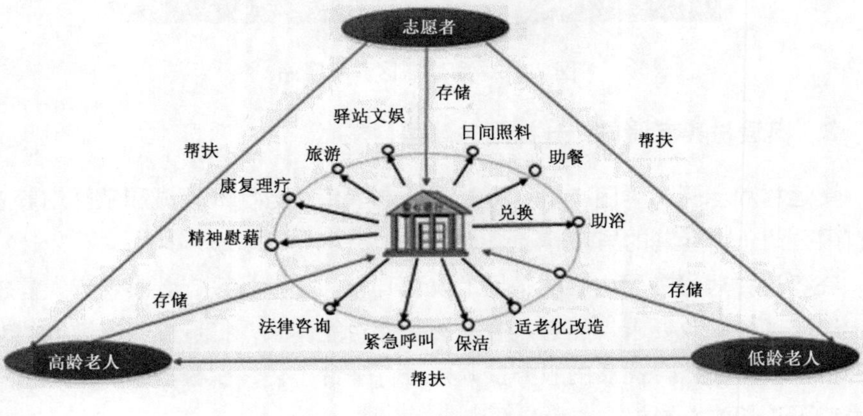

图 7-12　互助养老服务体系

7.4.3 诚和敬多类型特色驿站介绍

1．南里东区驿站——智慧养老型

创设适老化智能设备体验区，使居家智慧养老照护与应急呼叫响应相结合，用高科技提高老年人的生活质量，为紧急事件处理提供保障。

南里东区养老驿站（图 7-13）依托诚和敬集团智慧养老平台和指挥中心系统构建“智能终端+驿站响应”智慧养老新模式。老人躺在床上时，具有感应作用的智能床垫会对老人生命体征进行感应。房间里安装的红外线设备同样有此功能，当感应设备察觉老人身体不适时，会立刻传达警示内容到驿站的智能平台上。驿站可对老人提供第一时间的紧急救助联络和响应。此外，驿站还提供适老化用品租赁，以方便老人在家使用。

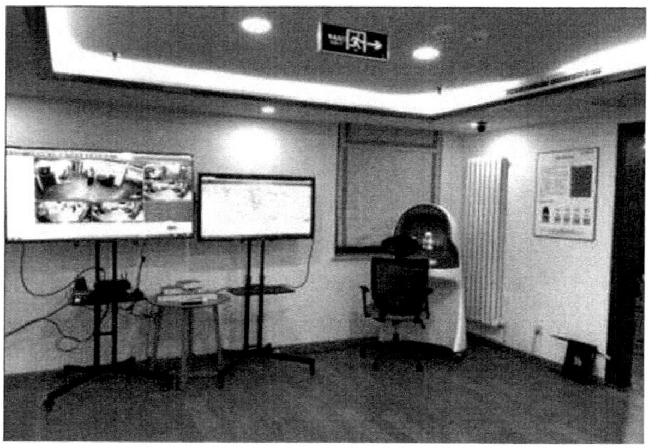

图 7-13 南里东区养老驿站

2．奥运村养老驿站——社区共建型

奥运村养老驿站（图 7-14）是由奥运村街道主办、北京诚和敬驿站养老服务有限公司负责运营的居家养老服务项目。

在奥运村居民关爱中心的基础上改造升级，扎根社区，着眼老年人需求，逐步形成了按民政要求、应老人急需的服务功能体系，打造成养老敬老的专业服务机构，不断整合优质的服务资源并进行平台孵化，积极实践城市居家和社区养老服务长效发展模式。

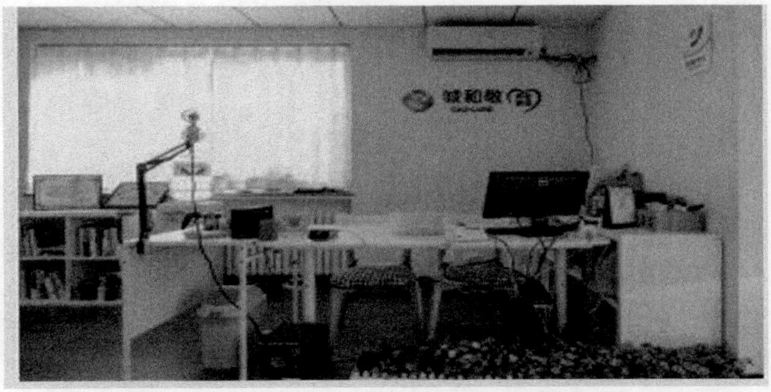

图 7-14　奥运村养老驿站

3．八千平养老驿站——医养结合型

八千平养老驿站（图 7-15）是医养结合型驿站，位于石景山区古城小街一号泰康医院南楼二层，项目面积 435 平方米，拥有 17 张床位，收住失能和半失能老人，提供医生巡诊查房和 24 小时站内医疗护理服务，并为驿站周边自理、失能、半失能及有照料需求的人群提供服务支持。

图 7-15　八千平养老驿站

4．天通苑养老驿站——一老一小型

天通苑养老驿站（图 7-16）是社区养老服务功能和社区幼儿教育功能兼备的“一老一小”特色养老驿站，建立社区教育“幼”和养老服务“养”相结合的共建共享模式。该驿站定期组织交流活动，“老少同乐”，让孩子们的欢歌笑语给老人欢乐与慰藉，而孩子们与驿站老人的相处可培养孩子敬老、孝顺的好品格。

图 7-16　天通苑养老驿站

5. 国子监养老驿站——胡同文化型

东城区方家胡同比邻国子监、东临雍和宫，作为东城区中国文化的中心，国子监养老驿站（图 7-17）挖掘胡同历史、讲好胡同故事、做好文化传承，别出心裁地打造了“光阴的故事”怀旧小屋，让社区老人放飞心灵，追忆精彩、美好过往。

图 7-17　国子监养老驿站

6. 西三旗养老驿站——组团式

诚和敬在北京市海淀区西三旗街道辖区建立了以福美苑驿站为旗舰店，联动周边小营联合社区驿站、北新集团社区驿站、建材西里驿站、电科院社区驿站等形成驿站群，优化资源配备，各项工作紧密衔接、互为补充与支撑，总辐射面积可达 9 平方千米，为附近社区老人及家庭提供定制化的居家养老服务。西三旗养老驿站（图 7-18）目前是北京市已运营的集中度最高的养老驿站群落。

图 7-18　西三旗养老驿站

7. 杭州星洲社区居家养老服务中心——社区互助型

杭州星洲社区居家养老服务中心是诚和敬驿站在杭州首个落地项目，位于杭州西湖区文新街道星艺街 25 号，坚持以党建为引领，紧紧围绕老年群体多层次、多样化的服务需求，充分发挥驿站居家养老服务力量的主体作用，联合社会领袖共同推动老幼结合、家庭陪伴、公益志愿等形式建立老人乐园，积极促进邻里互助，让更多的老人得到关爱，传递正能量。

7.4.4　经验效果

由北京国资公司全额出资设立的致力于发展老龄产业的集团公司——诚和敬，已经在首都深耕养老投资与运营多年，在如今“共享经济”迅速崛起的情况下，诚和敬从信息化时代物联网的发展中看到了人与人之间情感联网的重要性，初步构建了“一网一链”架构，即“大一中一小一家”全网布局和全产业链“投资+孵化”，形成了养老核心业务与产业链相关业务相互支撑的商业模式。

1. “一网一链”架构，“大一中一小一家”全网络布局

诚和敬构建“一网一链”架构，初步形成养老核心业务与产业链相关业务互补互融、分工协作、相互支撑的商业模式，主要包括 “大一中一小一家”全网络布局，即构建大型综合性机构、中型特色型机构、小型养老驿站、辐射居家服务的“四位一体”养老设施网络，打造立足首都的“东西南北”空间布局，形成以大型综合性机构（亦庄项目、朱辛庄项目、石景山项目）为引领，中型特色机构（丰台南苑、通州中交、八里庄、东高地）为主体，社区驿站（东花市智慧养老驿站、八千平医养结合驿站、王静康复护理驿站、通州民俗文化养

老驿站群等，共 80 余家）为平台，居家养老辐射半径的点线面结合网络化与轻重资产协调化格局。“十三五”期间，诚和敬将重点建设和运营好大型项目，拓展一批特色中型项目，重点完成驿站网络建设，以驿站为依托，深入家庭服务，形成大型带动中型，机构带动驿站，择机试点智慧社区，打造“大—中—小”设施互为依托、互为补充的模式，形成区域内多功能、全覆盖、可复制的区域养老服务综合体。

2. “投资+孵化”，实现资源的有效整合和优化配置

诚和敬的定位是养老产业投资平台，形成自己较为完整的产业链条，挑选优秀的产品、服务进行投资和孵化，共享经济时代，重要的是实现资源的有效整合和优化配置。请专业的公司干专业的事情，诚和敬能够有更多的精力去发掘适合养老市场的好产品、好服务。

诚和敬依托养老核心业务的用户量，尤其是社区驿站 1 千米的大数据，大力培育“吃、行、用、乐、游、医”等延伸服务，搭建全产业链服务平台。孵化出诚和敬学院、诚和敬乐智坊、营养膳食工作室、适老化设计工作室、智慧化养老团队、旅居旅游团队等，并通过健康养老产业双创大赛和养老产业投资基金搭建“投资+孵化”平台，不断征集、培养发掘适合老人的高科技产品，如健康管理、一老一小、文化艺术等特色项目。

7.5 上海市奉贤区智慧居家养老服务案例

7.5.1 项目背景

上海于 1979 年步入老龄化社会，早于全国 21 年。截至 2016 年年底，上海户籍老年人口总数已达 457.79 万人，占比 31.6%。2018 年年底，上海户籍老年人口突破 500 万人，2020 年达到 540 万人，预计 2045 年至 2050 年将达到峰值。上海快速的人口老龄化、高龄化进程，与快速的城市化发展及经济转型升级、社会结构调整交织在一起，决定了这座特大型城市无论在过去还是未来，都必须直面挑战、积极回应问题、努力创新实践。

2013 年，国务院出台了《关于加快发展养老服务业的若干意见》。上海市以此为契机，积极贯彻国家要求，全面加强顶层设计，2014 年出台《上海市人民政府关于加快发展养老服务业推进社会养老服务体系建设的实施意见》，提出构建“五位一体”的社会养老服务体系。以养老设施布局专项规划为引领，扩大

养老床位、社区居家养老服务设施建设，大力发展符合特大型城市特点的社区嵌入式养老服务等新型供给模式，构建多层次养老服务供给体系。聚焦支付保障、医养结合、护理队伍建设、信息化支撑 4 个短板创新突破，全面健全养老服务保障体系；明晰政府与市场在养老服务领域的边界，充分调动社会力量参与养老服务业发展的积极性，发挥各类主体的作用，致力于形成完善的养老服务政策支撑体系；促进基本养老公共服务与养老服务需求有效对接、公平匹配，建立老年照护统一需求评估体系；通过加强准入监管、日常监管、行业自律、社会监督，打造科学有效的养老服务行业监管体系。“五大体系”建设的实践创新，标志着上海养老服务业进入了全面深化、深度改革、持续发展的新阶段。

上海市奉贤区针对居家老人的养老服务自 2015 年开始实施了“睦邻四堂间”工程，奉贤区庄行镇作为第一批试点工程，根据统计，当地 60 周岁以上老年人口为 13484 人，占户籍人口的 29.9%；80 周岁以上老年人口为 1936 人，占户籍老年人口的 14.4%。目前，庄行镇养老服务模式主要有 3 种：一是居家养老服务，占户籍老年人口的 6.8%；二是机构养老服务，占户籍老年人口的 1.1%；三是宅基睦邻点服务，占户籍老年人口的 15.6%。智慧养老是智慧城市的重要落脚点，针对奉贤区智慧城市建设，智慧养老工作要紧贴奉贤区智慧城市发展要求，推进奉贤区智慧城市建设，践行“奉贤美、奉贤强”的战略目标。以贴近民众需求和服务改革发展为导向，关注民生工程、关注社会治理、关注转型发展，按照创新驱动发展、经济转型升级的总体要求，助力社会治理体系和治理能力现代化，推动信息化与城市发展融合。

上海市奉贤区人民政府在《奉贤区推进智慧城市建设三年行动纲要（2017—2019）》（沪奉府办〔2017〕50 号文）中设立了智慧养老专项，明确提出要围绕构建服务供给、社会保障、政策支撑、需求评估、行业监管“五位一体”的社会养老服务体系，探索全区统一的养老公共服务信息平台，提供一站式养老咨询、申请、评估、分类转接等服务。

依据沪奉府办〔2017〕50 号文，2018 年奉贤区启动了“奉贤区智慧居家养老系统”项目建设工作，并由上海恩谷信息科技有限公司作为项目承建单位，开展项目详细规划及实施。该项目针对“高龄纯老家庭、高龄独居老人和失智老人”等老年群体，即依托奉贤区云计算中心及政务内外网资源，建立奉贤智慧居家养老云服务综合管控平台，在前端连接智能可穿戴设备、健康一体机等健康检测感知设备，围绕健康大数据的采集、处理、存储、分析、呈现及应用服务全过程，为奉贤区困难老年群体提供具备科学性、实时性、便捷性、个体化等特征的紧急救助、居家监测、电子围栏、健康体检、健康管理、健康评估、健康干预等服务。该项目将首先覆盖1.6万名高龄、困难老人，在开展居家养老和健康管理服务的同时，面向全区108万个居民，利用奉贤区推进智慧城市建设三年行动契机，持续推进物联网、移动互联网、大数据等新一代信息技术在健康服务领域的应用，开展健康养老、医养结合智慧化应用，为奉贤区居民提供更加便捷、准确、及时、安全的个人健康服务，创造奉贤智慧城市新特色。

7.5.2 运营模式

在上海市奉贤区智慧居家养老服务项目中，采用云计算、物联网及移动互联网相关技术，通过智能可穿戴设备、健康检测设备等智能终端，有效整合了奉贤区社会资源、政府资源、信息资源等各类线下资源，为困难老人提供一键呼救、应急救助、体征监测、定位服务、健康管理等养老服务，以打造“智慧健康养老产业生态圈”为目标进行产品线布局，在产品体系建设、分类管理、产品线规划、品牌策略、价格体系、营销策略等方面具有清晰的规划和设计。

（1）兼顾消费导向与市场竞争战略，综合考虑消费者的购买力与需求弹性、关联商品的价格变化趋势和自身竞争策略，具备云服务平台、人工智能大数据、智能终端设备、线下服务四大领域核心的产品及品牌布局。

（2）通过运用新一代信息技术，提供“管理云平台＋智能硬件＋健康服务中心”等产品和服务综合解决方案，提供线上和线下整个产业闭环服务。

① 面向监管方，提供老年信息库、养老服务机构监管、应急救助响应、大数据分析决策、能力评估及需求采集等系统。

② 面向养老机构，提供机构养老业务综合管理系统、物联网智慧监测服务、云呼叫中心等系统。

③ 面向老人及监护人，提供标准化健康档案建立、安全管理、精准健康体检，以及健康管理、慢性病管理及干预、养老服务跟踪、精准需求响应等。

④ 面向智慧健康养老生态圈其他合作伙伴，提供开放的平台接口及物联网设备二次开发包等，为第三方提供快速集成对接与二次开发支持。

（3）以物联网架构标准（ISO/IEC 30141DIS、GB/T 33474—2016）为基础，建立健康养老跨界服务“六域模型”，将复杂的健康养老行业应用关联要素进行系统化梳理，并从不同角度对智慧健康养老跨界服务进行分析和建模映射，建立健康养老跨界服务的用户域、目标对象域、感知控制域、服务提供域、运维管控域、资源交换域六大部分，并在域和域之间按照业务逻辑建立网络化连接，对跨界服务核心细节进行条理清晰的分析和应用实现。

面向健康与养老两个交叉领域的数据，具有异构、海量、动态和不确定等特点，而且不便于管理。通过将 Hadoop、NoSQL 与大规模并行分析技术进行有机结合，能对用户高度分散、结构松散、高速动态增长的健康数据进行深度挖掘分析。运用大规模并行分析数据库技术，对大容量的主流结构化数据提供接近实时的分析。

通过基于微服务+容器构建的 SaaS 体系，让新型智慧健康养老服务平台支持更广泛的多业态养老模式，打通不同应用场景，整合不同业态数据。SaaS 化服务平台能够在 B（大企业）端/G（政府）端用户中快速传播和复制，能够以最快的速度占领市场，获取市场反馈，促进产品的进一步优化，形成良好的产业发展闭环。

7.5.3 智慧养老应用与实践

依据奉贤区信息委智慧城市规划设计的总体框架，智慧养老服务系统采用云计算、物联网、大数据、移动互联网及人工智能等新一代信息技术，建设综合健康养老服务平台，通过智能腕表、互联网健康一体机等智能终端，有效整合社会资源、政府资源、信息资源等各类线下资源，为困难老人提供 7×24 小时不间断的一键呼救、应急救助、居家监护、定位服务、健康管理等养老服务。

该系统包括面向管理机构的综合管理，面向建设运营人员的设备管理服务响应，面向老人及其监护人的服务请求、体征监测、定位服务、健康管理及民生关爱大众服务。同时，支持面向卫生健康委员会健康数据的相互共享，支持面向养老院、福利院等养老机构扩展与资源整合。

1. 定制开发应用软件系统

系统业务逻辑关系如图 7-19 所示。系统软件提供云呼叫中心，为运营方提供了针对性的用户信息管理业务系统，实现用户信息管理、话务管理、服务工单等。系统建设部署于奉贤区政务信息网中，让老人基础数据等重要信息数据被更有效地保护。同时，支持将应用软件相关的公众交互在移动端上实现。

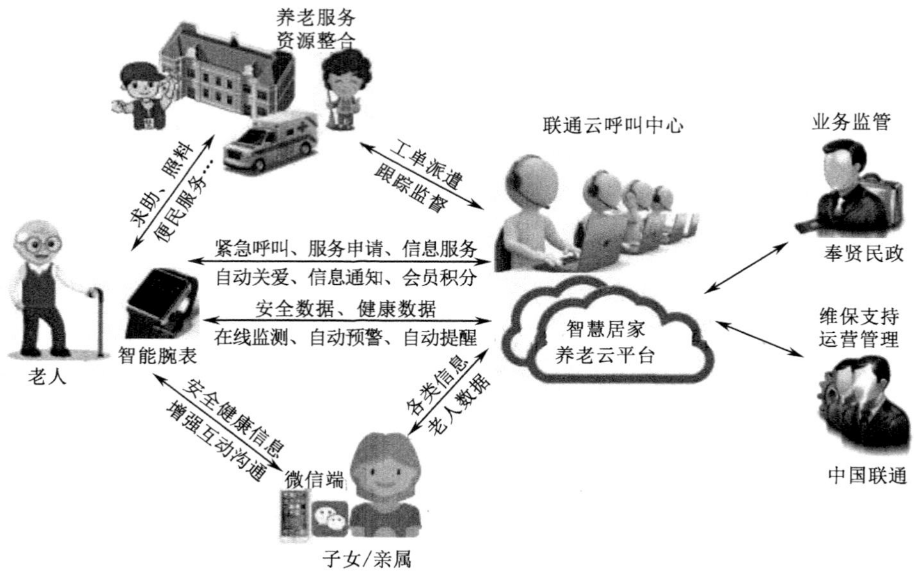

图 7-19　系统业务逻辑关系

智慧居家养老应用软件系统包含业务支撑应用、一键呼救应用、居家监测应用、定位应用、智慧健康应用、运营监督应用等功能模块。该系统完成的主要服务功能有 4 种：①完成紧急救助服务，以 GIS 地理信息服务为基础，提供电子围栏、定位监测、一键呼救等服务；②完成居家养老服务，实现派单系统、安全服务、设备管理、报表分析、绩效考核、供应商管理、系统管理、接口管理、综合查询服务等；③完成定位服务，实现多模式实时定位、定位记录、电子围栏设置、基于位置的为老人服务等；④完成健康管理服务，实现健康状态监测、健康体检、健康管理、健康评估、健康干预等为老人服务。

2. 部署智能腕表设备

面向奉贤区 80 周岁以上的单身独居老人和 60 周岁以上的失智老人等困难老年人群发放智能腕表，设备需要简单、易用、稳定可靠，且具备一键呼救、定位和语音通信功能。通过该智能腕表为首批 4200 名老年人提供全天候的定位服务、应急救助服务，以及心率、脉搏等生理参数和健康状态信息的监测服务，实现在线即时管理、预警和报警响应。同时，智能可穿戴设备与软件平台需无缝兼容，提供直观的地图展示方式，在派单时可以根据服务类型、位置自动计算距离等条件，更加直观、快速地选择最优服务公司提供服务，高效协调服务资源。

3．运营管理服务

通过持续开展运营服务工作，通过对呼叫中心的运营组织及对系统的运维保障，使智慧居家养老系统建设成果能有效、持久地发挥价值。通过组建专业客户服务运营管理团队，建立智慧居家养老线上线下运营管理体系，健全呼叫报警保障机制，实现呼叫中心的运营服务合理有序开展。对高龄、独居、失智等困难老人提供 7×24 小时不间断的一键呼救、应急救助、居家监护、定位服务、报警监测与响应、健康管理等居家养老服务，并结合智慧居家养老系统开展健康管理、生活帮扶等相关养老服务。运营服务要提供有效培训、辅导，监督保障服务质量，处理服务投诉，能组织就近养老服务资源和应急辅助救助服务力量，促进奉贤区智慧居家养老服务良性发展并实现可持续运营。

7.5.4　经验效果

在本项目中，通过物联网、互联网等信息领域的技术积累，以核心技术提升智慧健康养老产业竞争力，通过构建智慧健康养老产业生态圈，为用户提供线上和线下整个产业闭环服务，打造新型智慧健康养老服务新模式。

1．满足老人健康安全需要

智慧健康养老服务，首先要满足老人健康安全保障的基本诉求。一方面，由于生理功能减退大量老人长期被病患困扰；另一方面，部分“空巢”独居老人、失智老人，突发意外概率较高。在全国多地发生过老人突发意外或走失未能及时被发现，造成生命财产损失的事件。在突发情况下能随时随地得到健康应急救助，是为这部分老人提供的基本健康安全保障。

2．满足老人居家养老生活服务需要

老人居家养老需要解决养老生活中的日常照料、医疗保健、精神慰藉、法律服务、应急服务等需求，让老年人“居者有其所，老者有其养，病者有其医，弱者有其助”是社会广泛关注的问题。同时，为普通老年人提供家政、助行、助医等便捷的生活服务，从小修小补到出行陪护，提供方方面面周到贴心的服务也是居家养老服务的重要内容。

3．满足民政等主管部门对养老服务监管的需要

对于居家养老而言，政府监管、社区服务、社会医疗机构与老人及其亲人

缺少彼此紧密联系的平台和纽带，这使得养老服务、健康管理服务要输送到每个家庭和社区中难以实现，养老服务也就很难实现跨越式的水平提升。尤其是在当前社区养老服务整体面临社区服务人员不足的现状下，通过智慧居家养老系统建设来实现更高效和及时的服务，全面、深入、动态掌握辖区内老人的生活状态，从而提升政府的管理服务水平和能力。

4．满足老人精准健康管理的需要

一方面，老人在生活中的健康状态堪忧，2/3 以上的老年人晚年生活质量和家庭的和谐受此影响；另一方面，老人自身及家人对其健康关注度不够，上海是个繁忙的大都市，多数子女都面临着较大的社会压力，终日奔波劳碌，陪伴老人的时间非常少，老人的健康状况被普遍忽视，很难做到身体健康状况的提前感知、提前预防和提前消除。围绕老人动态健康大数据的采集、处理、存储、分析、呈现及应用服务全过程，提供具备科学性、实时性、便捷性、个体化的健康管理、居家监测、电子围栏、健康体检、健康管理、健康评估、健康干预、家人互动等服务，为老人提供生活、健康、文化、精神 4 个领域的统一规范的多层次、主动性、亲情化、全天候服务，让老人真正“老有所养、老有所依、老有所乐、老有所安”。

5．满足服务资源便捷接入及监管需求

智慧健康养老体系的搭建不是单一企业或政府职能部门就能实现的，需要社会上广泛的健康养老服务及产品提供商的共同参与。一方面，需要及时动态吸纳新兴的优秀智慧健康养老服务产品，以便为用户提供更加便捷、高效的智慧健康养老服务；另一方面，需要打造严格的主动识别机制，杜绝各类名不副实、欺瞒欺诈的内容加入平台，造成恶劣的影响。同时，还要对已加入平台的服务和产品进行长期有效的监管，对服务质量下降的产品及时进行下架处理，建立第三方服务提供商诚信评价体系。

本章小结

多元化智慧健康养老创新服务模式的搭建，能够促使智慧养老服务与各领域深度融合发展，同时激发养老产业可持续发展思路。养老产业市场布局将依托持续完善的养老服务体系，向着积极应对人口老龄化国家战略总目标前行。

第8章 智慧养老展望与建议

本章摘要

物联网与智慧养老的结合，是一种社会发展趋势，是一种技术应用上的创新和挑战。如何使得物联网在与医疗、养老及人工智能的结合中发挥出更大的应用价值，当前物联网面临的行业标准制定和物联网安全等多种问题，以及智慧养老产业的发展趋势，都会在本章进行展望与分析。

8.1　物联网的机遇与挑战

信息产业经过多年的高速发展，经历了计算机、互联网与移动通信网两次浪潮，而物联网被称为世界信息产业第三次浪潮，被世界各国当作应对国际金融危机、振兴经济的重点技术领域。实际上，1995 年比尔·盖茨就在《未来之路》中提出了物联网的概念，然而受限于无线网络、硬件及传感设备的发展，并没有得到重视。随着技术的不断进步，互联网、通信网发展到了较高的层次，2005 年国际电信联盟正式提出物联网的概念，指出“永远在线”的通信，从轮胎到牙刷，每个物体都可能很快被纳入通信领域。而物联网真正被关注是在 2009 年 1 月，在美国工商业领袖举行的“圆桌会议”上，IBM 首席执行官彭明盛首次提出“智慧地球”的概念，在获得时任美国总统奥巴马的积极回应后，物联网再次成为热潮。之后，物联网 10 多年未被关注，如今又得到全球的高度关注，并迅速上升为国家和地区的发展战略，其背后有着深刻的国际背景和长远的战略意图。从这个过程来看，物联网被提出，既有人类对物品信息网络化的需求，也有当前技术发展的推动，如传感技术、身份识别技术、通信技术、网络技术、海量数据分析技术等，但最终还是振兴经济这个大旗使物联网得到广泛追捧。在物联网重新崛起之后，其得到了比之前更加快速的发展，物联网与各方面的结合，使得生产力得到进一步的解放，其生产效益也得到了进一步的提升，人民的生活质量与生活方式发生了质的改变，物联网从各个方面改善着人们的生活。其中，中国老龄化致使子女尤其是独生子女面对巨大的赡养压力问题，物联网与养老和医疗的成功结合，使得老年人可以得到更周全的照顾，并大幅度减轻了子女的压力。面对物联网的热潮，我们应把握这个重大的机遇，但是只有有条理地分析出物联网面临的挑战，积极面对并解决问题，发展自己的核心技术，才能在物联网产业占据更大的份额。

物联网的机遇是大家的，是全球性的，而挑战更多是对我们自己而言的，本节主要从核心技术、安全问题、商业模式问题等 10 个方面来具体展现发展物联网所面临的挑战。

1. 核心技术

中国的信息产业目前非常缺乏核心专利，半导体专利国外企业占 85%，电子元器件、专用设备、仪器和器材专利国外企业占 70%，无线电传输相关专利国外企业所占比例高达 93%，移动通信和传输设备相关专利国外企业也占到了 91%和 89%。目前，国内很多物联网应用涉及的芯片、传感器、核心软件都是国外的产品，大多处于应用集成的初级阶段。这从信息安全和经济利益上都是巨大的挑战。

2. 安全问题

物联网涉及的都是核心软硬件领域（如操作系统、数据库、中间件软件、嵌入式软件、集成电路等），如果通过物联网覆盖医疗、交通、电力、银行等关系国计民生的重要领域，以现有的信息安全防护体系，难以保证敏感信息不外泄。一旦遭遇某些信息风险，很可能造成灾难性后果，小到一台计算机、一台发电机，大到一个行业甚至本国经济都会被他人控制。

3. 商业模式问题

任何产业的发展，最终还是需要用户愿意买单才能得到持续的发展和真正意义上的壮大。除政策和技术层面的支持之外，最重要的就是有能够持续盈利的商业模式，否则物联网产业就只能停留在概念、实验室阶段，难以走向真正的产业应用。

4．知识产权问题

在物联网技术发展产品化的过程中，我国一直缺乏一些关键技术的支撑，因此产品档次上不去，价格下不来。缺乏 RFID 等关键技术的独立自主产权是限制我国物联网发展的关键因素之一。

5．技术标准问题

目前，行业技术主要缺乏两个方面的标准：一是接口的标准化；二是数据模型的标准化。虽然我国早在 2005 年 11 月就成立了 RFID 产业联盟，2006 年又发布了《中国射频识别（RFID）技术政策白皮书》，指出应当集中开展 RFID 核心技术的研究开发，制定符合中国国情的技术标准。但是，直到现在，中国的 RFID 产业仍是一片混乱，技术强度固然在增强，但技术标准却还如镜中之月。就像中国的 3G 标准一样，出于各方面的考虑，最后中国的 3G 有了 3 个不同的标准。物联网的标准最终怎样，只能等时间来告诉我们了。

6．产业链条问题

与美国相比，我国物联网产业链完善度还存在着较大差距。虽然目前国内三大运营商和中兴通讯、华为这一类的系统设备商都已是世界级水平，但其他环节仍相对欠缺。物联网的产业化必然需要芯片商、传感设备商、系统解决方案厂商、移动运营商等上下游厂商的通力配合，所以要在我国发展物联网，在体制方面还有很多工作要做，如加强广电、电信、交通等行业主管部门的合作，共同推动信息化、智能化交通系统的建立。因此，必须加快电信网、广电网、互联网的三网融合进程。产业链的合作需要兼顾各方的利益，而在各方利益机制及商业模式尚未成型的背景下，物联网普及仍相当漫长。

7．行业协作问题

物联网应用领域十分广泛，许多行业应用具有很大的交叉性，但这些行业分属于不同的政府职能部门，要发展物联网这种以传感技术为基础的信息化应用，在产业化过程中必须加强各行业主管部门的协调与互动，以开放的心态通力合作，只有打破行业、地区、部门之间的壁垒，促进资源共享，加强体制优化改革，才能有效地保障物联网产业的顺利发展。

8. 盈利模式问题

物联网分为感知层、网络层、应用层 3 个层次，在每个层次上，都将有多种选择去开拓市场。因此，在未来生态环境建设过程中，商业模式变得异常关键。对于任何一次信息产业革命来说，出现一种新型而能成熟发展的商业盈利模式是必然的结果，可是这一点至今还没有在物联网的发展中体现出来，也没有任何产业可以在这一点上统一引领物联网的发展浪潮。目前，物联网发展直接带来的经济效益主要集中在与物联网有关的电子元器件领域，如射频识别装置、感应器等，而庞大的数据传输给网络运营商带来的机会及对最下游的行业（如物流及零售等）所产生的影响还需要相当长时间的观察。

9. 使用成本问题

物联网产业需要将物与物连接起来并进行更好的控制管理。这一特点决定了其发展必将随着经济发展和社会需求而催生出更多的应用。因此，在物联网传感技术推广的初期，功能单一、价位高是很难避免的问题。因为电子标签和读写设备价格昂贵，所以很难形成大规模的应用。由于没有大规模的应用，电子标签和读写设备的成本问题始终没有达到人们的预期。成本高，就没有大规模的应用，而没有大规模的应用，成本高的问题就更难以解决。如何突破初期的用户在成本方面的壁垒成为打开这一片市场的首要问题。所以，在成本尚未降至能普及的前提下，物联网的发展将受到限制。

10. 政府统筹监管力度不够的问题

物联网应用领域十分广泛，许多行业应用具有很大的交叉性，而这些行业分属于不同的政府职能部门，要发展物联网，必须加强电信网、广电网、互联网的三网融合进程与各行业主管部门的协调与互动，只有打破行业、地区、部门之间的限制，才能有效地保障物联网产业的顺利发展。

总之，物联网虽然是公认的第三次信息产业浪潮，是很好的历史机遇，但我们也要清醒地认识到这不仅是我们的机遇，它更面临巨大的挑战。因此，如何把握住这个机遇，是值得我们认真思考的战略问题，需要政府、企业、专家三方协同作战、明确定位、分工协作。其中，政府抓标准，专家攻核心技术，企业做应用研究，共同摸索大规模应用经验和商业模式。

8.2　物联网技术发展建议

随着物联网技术的飞速发展，各种各样的新事物不断改变人们的生活，但是同时也出现了一些问题，制约着物联网技术的发展，行业标准的制定首当其冲。同时，物联网技术的安全问题也不可被忽视。我们要正视这些问题，加大科技研发力度，不断缩小与发达国家的技术差距，甚至领先于世界。

8.2.1　规范物联网标准

物联网的发展越来越迅速，大到汽车、冰箱，小至微波炉、手机，都可以通过 Wi-Fi、蓝牙、3G 网络、4G 网络等信号技术联系在一起，这让人们的生活变得更加方便。因为，现在没有办法确保我们的设备是否连上网络或有网络适用，情况有点失控。所以，我们需要一个能统一物联网的标准。

现在混乱的网络服务商问题，是因为需要网络服务商的移动设备越来越多。例如，适用 GSM 网络的智能手表无法连接到 CDMA 或 Wi-Fi 网络，要解决这个问题除需要运营商的合作之外，还需要一个通用的网络协议。

大家正在努力解决这个问题，美国的欧洲电信标准协会（ETSI）、电信行业协会（TIA）和电信行业解决方案联盟（ATIS）正努力在中国、日本、韩国开发一个通用“服务层”给全世界所有的机对机网络使用。当那一天来临时，我们将可以从不同服务商的限制中走出来。

又如，常常连不上 GSM 网络，这是设备间的连接问题，设备越多，网络越多。设备越多，设备往往通过两两连接来组建网络，难以管理，具体的案例则是亚马逊的 Kindle 系列正在面临的国际间网络问题。虽然亚马逊的 Kindle 系列在世界各地都有发售，但由于只支持 AT&T 这家本地网络服务商，导致 Kindle 所有用户都要支付国际连接的下载费用，如果能有一个更好的服务商整合方案，Kindle 的用户一定可以变得更多。7 家操作系统 KPN、NTT DoCoMo、Rogers、SingTel、Telef ó nica、Telstra 和 Vimpelcom 计划创建一个通用的 M2M 网络管理平台。显然这不是解决物联网连接问题的最终标准。因为，这个平台将由 Jasper Wireless 公司提供通用的网络服务。除了这 7 家服务商，还有其他服务商在加入，包括 AT&T 和 America Movil。显然，这只是一家创业公司在这个问题阶段找到的机会，但并不是解决根本问题的标准。

随着服务商和不同的移动设备越来越多，以上这些问题也越来越严重，我们需要打破设备技术标准的壁垒，才能从根本上解决这些问题。而在那之前，向 Jasper Wireless 公司学习开发一些通用的平台小工具也是过渡期的好办法。

作为一年一度的科技风向标，CES 告诉我们 2016 年是物联网之年（也有人说是虚拟现实之年）。虽然市面上已经有了智能车门、智能洗衣机、智能门铃、智能灯，而且还有越来越多的智能化日用品，但是它们还没有真正互联，不能实现智能家庭的愿景。

随着智能手机市场的饱和，许多公司转做物联网产品，谁做得好，或者说谁能吸引到更多消费者，这都很难说。要了解发展状况，需要知晓以下信息。

1. 标准

如果每个公司都遵循同样的标准，消费者应该会更方便，但现实并不是这样的。每个标准都有优缺点，而市场也会逐渐选择使用最多、布置方便、兼容性最强的一个，就像移动操作系统 Android 的发展状况一样。但是，物联网的情景不同，开发芯片组、系统和应用的公司都有各自的标准，一些联盟也想制定物联网设备的通信标准。

旧式家电都没有蓝牙、Wi-Fi 这样的功能，因为没有电子元件，家里的家电都无法智能化。公司无论大小，都在开发自己的平台和芯片，其中比较知名的有三星的 ARTIK 平台、英特尔的 IoT 平台、联发科的 LinkItSmart7688 及高通的开发者平台。其他公司则想把自己的芯片放在产品中，如 Marvell、博通、Atmel 和 GainSpan 等。

谁能胜出在很大程度上取决于谁能找到更好的伙伴，这也让三星、英特尔和高通处于更有利的位置。但是，苹果 A9 芯片门让三星在短期内失去了信任，所以随着竞争的加剧，其他公司也有了机会。

2. 操作系统

操作系统也是物联网发展的关键因素。桌面和移动端的知名企业有微软和 Google，物联网领域的操作系统则出现了 Google 的 Brillo、华为的 LiteOS 和联发科的 Openwrt。还有一些不太知名的公司，如 MicroEJ 为嵌入式系统开发操作系统多年，现在看准了物联网。上述所有系统都基于现有平台进行了改良，以适用低功耗的硬件，而且都是开源的，希望吸引更多人使用。

3. 通信技术

除了操作系统，进入物联网还可以从通信技术上着手。苹果的 HomeKit、

LG 的 LINK、华为的 HiLink 和 GoogleWeave，通过这些技术框架，物联网设备在手机之间可相互通信。

4. 协议

设备间的通信还需要蓝牙、Wi-Fi 和 NFC 等通信协议，而且这几个通信协议已经通过智能手机被人们熟知了。蓝牙和 NFC 由于传输距离短，很可能不适用于智能家居，Wi-Fi 是个不错的选择，而且已经应用在不少家电产品中，但随着设备的增多，信号干扰会成为大问题。

还有一些协议可选，如 ZigBee、Z-Wave、EnOcean 和 DECT。这些协议都有自己的支持联盟，以及一些公司，而且都认为自己的协议是物联网的最好选择。协议之争日趋激烈，但最终只会有一两个能够获得普及。

5. 一个设备控制所有

大公司争夺的焦点在于芯片和操作系统，而设备制造商 OEM 想的是消费者用自己的手机应用控制所有产品。我们应该看到新设备与旧设备的整合，使用这些设备的家庭也会越来越智能，但若要做到真正的设备互联，可能还需要一段时间，除非你愿意一直购买同一家公司的产品。

例如，三星推出的新冰箱和 SUHDTV 电视，不能用现在的手机和计算机控制，而是要用它们的高端设备才能控制。有些公司则比较开放，如 LG 与 Google 合作，用后者的 Weave 技术，从而让认证的设备都能兼容。

8.2.2 加强物联网安全防范

物联网的未来很吸引人，但也带来了安全隐患。如果家里的所有设备都能联网，那么网络安全就是不得不考虑的事了。目前已经有了一些标准的设备管理和认证方法，如用密码和指纹信息等，但有一些公司想用更独特的方法解决这一问题。

在企业端，PFPCybersecurity 能帮助公司检测软件中的零日漏洞。他们开发了一个外部功率检测器，能检测出细微的异常状况（与系统上线前的情景进行对比），从而确定系统是否被更改。这家公司还想与芯片厂商合作，将功率检测芯片嵌入物联网设备的主板。

在消费端，不用过于担心自己的敏感信息会被家里的智能空调、智能咖啡机等盗走，但恶意入侵者还是会控制智能设备，它们在你外出的时候运转，轻则费电，重则造成人员损伤。这听起来有点危言耸听，但如果有人入侵了汽车，对方在你开车时做一些小动作，后果不堪设想。

Domotz 公司主要提供智能设备监控服务，其产品能监测所有接入家庭网络的设备，并进行连接和警报设定。例如，用户可以通过手机开/关家里的电器，甚至能在远程协议打开后，远程控制家里的计算机。随着物联网设备的普及，还会有更多类似的公司出现，这是一个不错的创业方向。

2021 年应该有更多的物联网产品被开发出来，如果你并不是新技术的狂热爱好者，那么可以等一段时间，等到技术标准统一、各产品的通信更简单时，再看有什么产品值得购买，否则单一的产品容易让人生腻。

互联网的发展是从机器互联到生命互联逐步进化的过程，将不断加速人类文明发展进程。物物相连的物联网是互联网发展到一定阶段的产物。物联网是“互联网+传感器或控制器”的网络，融合了智能感知、识别技术与普适计算等通信感知技术。可以说，物联网是互联网的应用拓展。

物联网直接关联着人们的实体生活，控制着无数的终端设备，所以建立在互联网基础之上的物联网，其安全风险在某种程度上比虚拟的互联网更为严重。我们在期待物联网帮助人类改进工作效率、提升生命质量的同时，也需要高度重视其安全问题所带来的隐患。

从技术架构来看，物联网分为感知层、网络层和应用层。感知层由各种传感器及传感器网关构成，是物联网识别物体、采集信息的来源，包括温度、湿度、力与能、位移和角度等各类传感器，以及二维码标签、RFID 标签和读写器、摄像头、GPS 等感知终端。网络层由各种私有网络、互联网、有线和无线通信网、网络管理系统和云计算平台等组成，负责传递和处理感知层获取的信息。应用层是物联网和用户的接口，它与行业需求结合，实现物联网的智能应用。

物联网属于一类复杂的系统：一方面，物联网涉及各种各样的传感终端和应用设备；另一方面，物联网涉及海量数据的采集、传输和处理。但长期以来，国际各标准组织分别聚焦在不同的物联网领域进行标准研究，缺乏通用的标准架构，这既制约着物联网在不同行业的应用范围，也不利于物联网产业链的推进，还容易产生系统性的安全盲区。

物联网安全性的脆弱主要体现在 3 个方面：一是物联网以互联网为基础，所以目前互联网上暴露的很多问题，如黑客攻击、恶意软件、病毒攻击等都有可能通过网络层危害物联网的安全；二是传感器通过网关节点接入网络层，网关节点的安全性最容易被外界控制，尤其在物联网环境中受攻击的可能性很大；三是应用层智能终端本身的局限，如许多简单的智能终端缺乏足够的运算能力，不能进行复杂加密。因此，很多智能终端部署在不受监控的位置，很容易被有企图者拆卸、破解或入侵。

随着物联网技术的发展，安全性问题已成为制约其未来广泛应用的瓶颈。虽然目前没有一个一劳永逸的办法能彻底解决物联网安全问题，但是加速研发基于 IPv6 的物联网技术和产品，尽快推进 IPv6 商用进程，广泛部署基于 IPv6 的物联网，实现一物一址、一物多址的映照操控，有望能系统性地减少物联网的安全风险。

这不仅因为只有 IPv6 才能满足物联网的大量地址需求。从协议本身来看，IPv6 在 IPv4 功能的基础上进行了扩展。IPv6 具有简易灵活的头部格式，网络资源可进行预分配，支持即插即用，有更高的安全性和移动性。对物联网来说，系统的复杂性使得智能终端对于网络协议有更多的特殊要求，如具有可扩展性、互通性、架构稳定性和普遍性等。在这些方面，IPv6 更能适应物联网的需要。

因此，以 IPv6 取代 IPv4 可以使物联网摆脱日益复杂、难以管理和控制的局面，使物联网变得更加稳定、可靠、高效和安全。在网络传输领域实现从 IPv4 到 IPv6 的全面升级之后，随着传感技术行业、智能信息处理行业的发展和完善，安全问题将不再是重要的掣肘，物联网产业也会酝酿出更多新的商业模式和市场机会。

物联网领域主要存在以下 4 个方面的安全威胁。

（1）数据保护。很多设备收集的是敏感数据，不论是从商业角度，还是从管控角度，数据的传输、存储和处理都应该在安全情况下进行。

（2）攻击界面扩大化。物联网时代会有更多的设备出现在网上，这样 IT 基础设施会进一步扩大，攻击者会试探着去破解。与用户的终端不同，很多物联网设备需要永久在线和实时连接，这一特征使得它们更容易成为攻击的目标。

（3）对物联网运行过程的攻击。那些想干扰一个特定企业活动的行为，会让更多基础设施、设备和应用成为攻击目标，通过 DoS 攻击个人设备。

（4）僵尸网络。未得到有效保护的物联网设备可能会招致僵尸网络攻击，大大降低企业的效率，长期如此将会导致企业声誉受到损伤。所有这些威胁在一定程度上依赖于物联网设备的潜在漏洞，因此在部署和管理物联网设备时应该有安全的意识，精心设计，大量的工作应该列为高优先级。

为了应对盘旋于物联网安全架构周围的、日益增长的恐惧和疑虑，信锐技术在物联网系统的安全防护方面也做了长期的实践和研究，下面将详细解说。

物联网系统主要分成 LoRa 终端、无线通信、LoRa 网关、云平台四大环节，物联网系统的安全防护也可以从这几个方面来分别说明。

1. LoRa 终端

LoRa 终端没有操作系统，不能远程登录控制，不需要担心被黑客攻击后用来执行恶意代码；程序代码写在 Flash 上面，无法通过远程篡改让其停止工作。

2. 无线通信

使用 OTAA 方式入网，无线终端接入网络前要先经过 SN 和 KEY 的校验，可以避免假冒终端攻击；无线通信过程使用高级加密标准（AES）及 128 位的密钥进行加密，通信报文不会被破解。

3. LoRa 网关

LoRa 网关本身只开放很少的服务端口，避免黑客利用常见网络协议服务端口的漏洞进行攻击。LoRa 网关与 LoRa 终端之间的通信为无线通信；与云平台之间的通信为有线 TCP/IP 通信，使用会议密钥进行加密。

4. 云平台

公有云平台除了阿里云的防火墙防护，还将私有云整合到无线控制器 WAC 上面，WAC 本身具有防护能力；云平台只开放很少的服务端口，避免黑客利用常见网络协议服务端口的漏洞进行攻击；公有云平台不允许使用弱密码，私有云平台会检测客户是否使用弱密码，如果是就提示客户修改；每个项目发布之前，都会使用多种漏洞扫描工具对平台进行检测，确认平台不存在可能被黑客攻击的漏洞。

8.3 物联网先进技术展望与产业延伸发展

中国信息通信研究院发布的《物联网白皮书（2018）》指出："全球物联网产业规模由 2008 年的 500 亿美元增长至 2018 年的近 1510 亿美元。"所以，物联网时代的到来，比人们想象得还要快。从 500 亿美元到 1510 亿美元，是哪些项目支撑了如此庞大的产业规模？

《物联网白皮书（2018）》指出，物联网的应用主要分为消费物联网和产业物联网，消费物联网无须赘言，产业物联网则涉及工业、能源、交通、物流、医疗、教育等行业。GSMA Intelligence 预测，从 2017 年到 2025 年，产业物联网连接数将实现 4.7 倍的增长，消费物联网连接数将实现 2.5 倍的增长。

8.3.1　工业互联网与智慧医疗：落地爆发

物联网一直被视作互联网的延伸，但与商业模式极度成熟的互联网不同，物联网商业落地难、盈利路径不清晰等问题一直影响着物联网的发展，随着移动互联网人口红利消耗殆尽，老年医疗养护等问题日益严重，智慧养老与工业物联网正成为下一个重要的流量入口。

智慧医疗正成为全球国家发展的大趋势，智慧养老作为智慧医疗理念的延伸和扩展，物联网智慧养老的投入和建设、管理和运维相比于智慧医疗更具优势，而且可以更好地与地方医院、养老院相融合，以更加充分地运用互联网技术。2019 年，随着物联网智慧养老投入和建设的不断推进，物联网智慧养老将实现应用和推广。

传统医疗行业在就医困难的前提之下，必然寻找新的出路，而网联化一定会给传统行业提供新的发展契机。医疗行业普遍渴望通过新技术解放生产力，降本增效，加快转型升级，工业物联网云平台无疑成为它们转型发展的主要抓手。

2019 年，随着工业物联网平台大规模的使用，平台建设将日渐成熟完善。工业物联网时代客户的个性化需求信息更加透明，以网络为主的工业物联网平台则将分布式、模块化、开放式的微服务架构，与第三方公有云或私有云进行对接、部署和开发，将数据、软件、平台、服务等资料都聚集在平台进行资源整合。

8.3.2　真正的“互联互通”——云平台

根据国家标准化委员会 2018 年第 9 号中国国家标准公告，《物联网系统评价指标体系编制通则》等 3 项物联网基础共性国家标准发布，并于 2019 年 1 月 1 日起实施。这 3 项物联网基础共性国家标准的发布，进一步完善了我国物联网标准体系，将有力地促进物联网标准的落地实施，对于指导和促进我国物联网技术、产业和应用的发展具有重要的意义。

截至目前，国家物联网基础标准工作组织制定并发布的国家标准已经达到7项、在研标准14项。智慧医疗作为物联网行业的垂直领域，也在不断的发展过程中通过标准制定来规范应用技术，推动行业的稳步前进。

通信标准缺失一直是物联网发展的重要掣肘，从芯片组到操作系统，从网关到应用，各行各业和单独国家标准各自为阵，这就导致终端和网络无法做到真正的“互联互通”。当下物联网行业出现“诸侯割据”的局面，如果不能打破此局面，用户就不能做到无缝连接。标准之争不仅存在于企业之间，还存在于国家之间，既然无法撼动各巨头，行业和企业又该用什么方法实现跨品牌的互联互通呢？云平台给了我们一个很好的答案。

同一网关可以支持多种通信技术，如Wi-Fi、蓝牙等，不同的终端通过不同的通信技术接入云平台，使得数据在云端可以实现互联互通，达到不同产品的互联互通。

在物联网领域，每个人都深知通信标准统一的重要意义，但是如果没有强有力的企业来推动，这个进程必定是缓慢的。国外的微软、思科、Intel，国内的百度、阿里巴巴、腾讯、华为早已在着手布局物联网，随着5G通信标准的争夺，5G技术及标准逐渐为人们所熟知。中美两国的设备制造商和电信服务商正在争相测试并开始推广未来一代无线网络，它比现在的4G标准快100倍。自2013年以来，5G专业委员会便与中国移动运营商和设备制造商协作进行测试和研发，力求取得统一的互联标准，并确保中国公司可以销售大量的物联网设备。

通信协议和统一互联标准只能保证小范围的互联互通，真正能够实现大“互联互通”的方法和新技术主要是云平台，可以通过收集和整理数据来实现全平台和全设备使用的目的。在互联网企业中，基于云平台已经发展出了一套全新的技术研发体系，颠覆了原有的开发框架、运维框架，甚至是企业组织架构和项目管理方式。互联网企业也利用其先天的技术优势和开放、灵活的互联网思维，以互联网为基础，快速而高效地影响甚至颠覆了诸多传统行业。

软件厂商为了满足企业的需求，一般会从两个方面进行改进：一方面，开发数据接口增强与外围系统的协同能力；另一方面，逐步扩大自己的功能范围，既满足了客户整体性的业务需求又抢占了更大的市场资源。软件厂商扩大功能范围的思路有两个。一是把软件做大，然后通过配置裁剪功能（早期很多软件都用这种做法），但问题是研发和维护成本大幅增加。二是做平台，平台提供基础资源、服务和标准，然后通过合作伙伴按照平台标准提供特定功能性应用来配套形成企业整体的解决方案，这样一方面解决了研发和运维成本的问题；另一方面通过标准和接口提高了不同应用之间的整合能力，而云计算也恰逢其时地为这种思路提供了实现的技术手段，所以涌现出了各种各样的工业云平台。做云平台的思路也有两个：一是系统集成商或第三方做的公有云平台，在平台之上部署各类现成的应用和服务，企业来用就好；二是企业做私有云平台，软件厂商在企业的云平台上按照企业的标准和要求开发应用，这样从满足企业需求的角度来讲无疑是最佳的。两个思路可以彼此融合、互相补充，如此便发生了一件有意思的事情。这就是互联网和传统制造两类原本不相干的企业慢慢地走向相同的技术路线，甚至互相影响、互相融合。但是，在这个过程中，双方都面临着巨大的困难。对于互联网企业来讲，制造企业的行业领域知识、生产管理体系，以及底层纷繁复杂的工控设备、自动化仪表仪器是难以逾越的坎；对于制造企业来讲，互联网企业快速更新的软件研发技术、研发管理模式，以及敏捷快速的互联网思维也是难以克服的障碍。

那么使用云平台有什么好处呢？

（1）提高服务器的使用效率。因为云平台可以在原有服务器资源的基础上做出更多的虚拟机，通俗地讲，就是一台服务器可以当作多台服务器使用。

（2）降低基础设施成本。一家企业如果购入一套大一点的系统，可能需要配备应用服务器、报表服务器、数据库服务器、开发服务器等，有些“高富帅”的企业还需要配备存储外加机，成本相当高。而将机房云化以后，增加一个计算节点就够了。做同样的事情，需要的服务器少了，购机成本、运维成本及电费自然下降了。

（3）降低运维门槛，提高运维效率。企业机房的运维不像个人管理自家的计算机，要处理的事情复杂得多。不仅包括路由器、交换机、存储阵列的配置，还包括不同类型服务器的维护，并且这些配置大多需要命令行操作，非专业人员来做这件事是非常困难的。另外，生产制造企业一般对稳定性、响应速度的要求很高，在突发事件发生时快速定位错误并解决错误是对机房运维人员最大的挑战。不过使用云平台就方便多了，在云平台上配置网络、存储及创建服务器通过图形化界面就可以操作。如果担心关键系统突然不能用，可以做个镜像，再做一下数据备份，在错误不好定位解决时直接把原有环境删掉重建，虽简单粗暴，但也立竿见影。

首先使用云平台就意味着生产环境要接入互联网，虽然现在有专线和 VPN 技术可以解决企业私有网络与公有互联网络的隔离问题，但实际效果是否能够为企业所接受还有待检验。其次就是数据隐私的问题，对于企业来讲，生产数据中隐藏着企业的诸多秘密，企业的工艺信息、产能信息等都蕴含其中，将这些数据发送到互联网也是一个需要反复权衡的问题。最后，还有性能问题，一般在软件系统架构中，网络延时是拉低系统整体性能的重要原因，在局域网环境中这个问题是可控的，但在互联网环境中问题要复杂得多。

总之，没有最好的技术，只有最适合的技术。云平台作为一项或一套技术，必然有其卓越的使用价值。企业或软件厂商能不能用好，则要看对自身和这项技术的认知，但合理的规划设计可能更为重要。

8.3.3 更安全的数据传输

Mirai 僵尸网络 2016 年的施虐给大家留下了深刻的印象，但是物联网设备的安全仍然很少有人提出。无论是个人还是企业网络，物联网设备都存在严重威胁。由于物联网安全标准迟迟没有建立，相关的物联网厂商和行业在安全标准上很难取得进展。医疗又是严重涉及个人隐私问题的领域，智慧医疗的发展与推进更需要保障物联网的使用安全。

为什么物联网设备的安全标准如此难以建立呢？这涉及芯片厂商、云计算厂商及网络服务运营商等，难以统一管理。例如，使用蜂窝网络往往比 Wi-Fi 和 ZigBee 等安全得多，但是现实生活中还是 Wi-Fi 和 ZigBee 协议居多。物联网设备普及时间短，缺少专业的运维人员进行管理。目前，全球部署超过 100 亿个物联网设备，大部分设备部署在 2000 年之前，而且制造物联网设备的公司数量庞大，质量控制和安全标准推行等问题难以在短时间内解决。根据 IDC 的研究，2016 年在安全网络方面支出 740 亿美元。可见，在物联网大潮的影响下，全球都很重视网络安全问题。

2018 年 10 月中下旬，华为在第四届全球物联网解决方案大会期间发布了《物联网安全技术白皮书 2018》，分析了 IoT 安全技术发展现状及潜在的安全威胁，结合华为在 2017 年提出的“3T+1M 物联网安全架构”，进一步展示物联网安全领域的技术演进，以及最新研究和优秀实践；同时探讨了如何通过政府、行业组织、标准组织、认证机构、产业联盟等多利益方的开放合作，共同探索和应对新技术应用的安全风险，以及隐私保护要求，共建物联网安全生态，促进物联网产业的快速、健康发展。“3T+1M 物联网安全架构”与传统 IT 网络相比，在终端、网络、平台/云、应用、隐私合规等方面，物联网安全都提出了更高的要求。华为提出的“3T+1M 物联网安全架构”，核心在于基于物联网应用场景（如车联网、LPWA 应用、工业物联网等）安全威胁，构建物联网终端防御、管道保障、云端保护 3 个物联网技术组，进行安全运维与管理，以此满足国家和区域法律法规、行业标准等的合规要求，构建物联网安全端到端的纵深防御体系，抵御威胁。

物联网安全研究属于新兴的技术领域，在安全生态和标准建设上刚刚起步。华为致力于提升整个产业链的安全能力，建设了遍布全球的 OpenLab，帮助垂直行业伙伴构建云、管、端全面的安全方案。华为此次在《物联网安全技术白皮书 2018》中重申了华为在物联网安全领域构建合作联盟的主张，合力推动物联网安全在关键技术、解决方案、测试验证、行业应用等方面的迅速落地和成熟。此外，华为还大力推动产业标准组织尽快制定和完善物联网安全标准，并规范各种物联网安全认证，从而为物联网产业的快速发展提供安全保障。据报道，为促进物联网的安全发展和 5G 技术的落地，以“万物互联，安全为本”为主题的 2019 首届中国物联网安全高峰论坛的召开，以密码应用、5G 技术、金融安全和未来交通等行业领域为重点，解读政策方向，广纳专家智慧，凝聚产业力量，促进行业合作，实现产品链、服务链和创新链的三链融合。

2016 年央视“3・15”晚会上曾经曝光了这么一幕：正在执行任务的无人机突然被劫持、家中的智能插座失控导致灯光闪烁不停、智能烤箱突破温度限制自行升温、智能摄像头监视下的卧室一览无遗、银行卡中的钱不知不觉地被智能 POS 机转走……央视的“黑客大片”让全国观众大开眼界。物联网安全问题被 CES2016 列为五大焦点问题之首。明文网络通信，缺乏敏感信息防反编译处理，权限管理环节薄弱，这些都为物联网发展埋下了隐患。如何保证消费者安全可靠地享受红利，这是整个物联网生态链都要考虑的头等大事。

随着消费者的安全意识普遍增强，通信加密、生物识别等技术正在迅速普及。生态厂商也在积极研究应对策略，国内的云计算巨头阿里云相继发布了 HTTPS 通信加密、权限管理等服务，并与中科院合作研发量子通信技术保障通信安全，在 2017 年 4 月 20 日的深圳云栖大会上，阿里云还发布全新的物联网解决方案，推出 IoT 套件等物联网产品。

技术的先进性从来就不是推动其被广泛应用的唯一因素，快速发展的云计算和大数据已然成为促使物联网全面爆发的关键要素，物联网能否撬动，还要看云计算厂商能为物联网描绘出一幅怎样的蓝图。在 2019 年举行的 CES2019 上，其中的一个亮点是“保护隐私靠科技”，未来学者、2017 年福布斯 U30 上榜者 Will Mason 说：“2018 年发生了各种信息泄露事件，今年对消费者数据和隐私保护将具有重要意义——CES 总是寻求解决上一年成为头条新闻的技术问题。”

2020 年全球物联网产业规模达到 1 万亿美元，未来 5 年预计年均复合增速为 23.4%。根据中国物联网研究发展中心的数据，2020 年我国物联网产业规模达到 2 万亿美元，未来 5 年预计年均复合增速为 22%。

因此，以智能硬件为核心的物联网正在快速发展，用户的安全意识和需求也在提升，如何保证智能硬件产品的安全性是所有厂商需要共同面对的课题。

物联网安全需要一个多层次的方法论。从设备的角度看，应该从设计和开发的初始就着重考虑安全性，并保持硬件、软件和数据在整个设备生命周期中的安全。在设计安全功能时应采取积极主动的方法而不是被动的方法，研发出更好的产品和解决方案。

8.3.4 物联生态圈闭环

360 企业安全集团副总裁韩永刚在接受访谈时提出，物联网风险凸显，亟待构筑闭环安全生态圈。物联网产业生态系统由基础设施层、平台层（横向）及应用层（纵向）三大部分组成。其中，基础设施层包含芯片、传感器、网络协议、操作系统等，平台层包含开发者工具、传感器网络、云平台等，应用层包含了可穿戴设备、智能家居、车联网、智能医疗及工业机器人等。可见，物联网生态圈覆盖面非常广，各个环节的发展也参差不齐，而国外的微软、苹果、AT&T，国内的阿里巴巴、小米等企业正在积极参与促进物联网生态圈闭环的构建，各大企业结合自己已经取得的优势向物联网领域延伸，并相互借力。例如，AT&T 就以自身 4G-LTE 的技术与云计算厂商 Salesforce 合作实现物联网的数据互联。又如，小米旗下的智能摄像头小蚁就借助阿里云的云计算平台实现了全天候的移动监测及数据保密。类似的跨界合作越来越多，没有任何一家企业可以做到“通吃”，要么扮演平台支撑角色，要么从被集成的角度深入细分行业领域，创业公司或企业需要明确自己在物联网生态中的定位，各司其职，才能源源不断地带来物物相连的行业效应。

物联网安全风险来源复杂、攻击手段多样，基于物联网的各类智能系统由于缺乏统一的安全标准、开发人员安全设计经验不足等原因，导致安全防护能力与服务端系统存在很大的差距。一旦智能系统被入侵，轻则导致用户敏感数据泄露、被黑客利用发起攻击等，重则直接危害到人身安全。然而，物联网安全保护不仅是安全行业企业的责任，更是广大智能设备生产商、软件系统供应商、工业企业共同的责任。物联网安全是贯穿全产业链环节的系统工程，当前构建闭环安全生态的需求尤为迫切，物联网安全生态圈的相关企业应发挥各自的技术专长和优势，提升和改善我国的物联网安全水平。例如，企业在设计物联网智能设备时多考虑一下安全因素就会收到不错的效果，监控产品供应商和解决方案服务商可通过一系列安全策略保护用户的安全等。

8.3.5　边缘计算+AI

2018 年物联网产业所表现的最大特征是市场格局基本形成，核心技术区域成熟，目前最重要的是要解决各种碎片化的物联网应用和相应的智能传感器采集终端产品的技术突破和产业化问题，如何把 AI 与 IoT 紧密结合，把边缘计算和物联网融合发展正成为物联网的下一个问题。

物联网正在从万物互联走向万物智能的阶段，如消费、医疗等众多行业数据都将在边缘进行处理，强大的边缘计算将是物联网发展的必备能力。据悉，随着 5G 临近，行业转型及敏捷连接、智能应用等方面的需求剧增，数据量的增长速度已超过网络带宽的增长速度。2020 年，50%的数据需要在网络边缘进行处理，以百度、阿里巴巴、腾讯为首的互联网巨头已纷纷布局 AI+边缘计算这一环节。2018 年百度发布的智能边缘计算产品 BIE、智能家居云平台度家 DuHome 等产品，用边缘计算+AI 的能力在各产业落地，腾讯则在 2018 年提出“人+物联网+智能网”的三张网概念，以“一云两端”模式，打通物联网全生态链路，构筑设备、云、应用一体化应用体系。

边缘计算作为物联网设备与远端云设备的桥梁，将数据处理、存储、应用在靠近实物的边缘上，为物联网设备提供边缘智能服务，满足行业数字化在敏捷连接、实时业务、数据优化、应用智能等方面的关键需求，使得用户可以获得更快的响应，从而解决设备与云端的数据传输问题。2019 年，边缘计算逐渐渗透于物联网各主要领域，根据各领域物联网技术的不同发展状态，边缘计算呈现不同的渗透率。数据增长也大幅提升了实时性数据处理需求，因此数据在边缘进行处理将成为刚需，物联网将按照物联、智能、自主 3 个阶段发展。随着人工智能技术被越来越多地运用到物联网领域，AI 在边缘计算领域的重要性也将越来越大。

8.4 智慧养老产业技术展望

8.4.1 新兴人工智能技术

人工智能发展在20世纪50年代末和80年代初先后经历了两次小的高潮，但因为技术瓶颈、数字化数据局限、应用成本过高等问题而未能实现有效突破，对社会经济生活产生的影响很小。

近年来，在信息科技持续发展的推动下，人工智能发展环境发生了深刻变化，从互联网到万物互联，从人到物都被打上了“数字标签”，再加上数据处理能力的大幅提升，新一代人工智能呈现出全面快速发展之势。

1. 定义

人工智能的定义有很多种，通常有5种说法：人工智能就是让人觉得不可思议的计算机程序；人工智能就是与人类思考方式相似的计算机程序；人工智能就是与人类行为相似的计算机程序；人工智能就是会学习的计算机程序；人工智能就是根据对环境的感知，做出合理的行动，并获得最大收益的计算机程序。总的来说，人工智能是一门利用计算机模拟人类智能行为科学的统称，它涵盖了训练计算机使其能够完成自主学习、判断、决策等人类行为的范畴。人工智能、机器学习、深度学习是我们经常听到的3个热词。关于三者的关系，简单来说：机器学习是实现人工智能的一种方法，深度学习是实现机器学习的一种技术。机器学习使计算机能够自动解析数据、从中学习，然后对真实世界中的事件做出决策和预测；深度学习是利用一系列“深层次”的神经网络模型来解决更复杂问题的技术。人工智能从其应用范围上又可分为专用人工智能（ANI）与通用人工智能（AGI）。专用人工智能是在某一个特定领域应用的人工智能，如会下围棋并且也仅仅会下围棋的AlphaGo；通用人工智能是指具备知识技能迁移能力，可以快速学习，充分利用已掌握的技能来解决新问题，达到甚至超过人类智慧的人工智能。

通用人工智能是众多科幻作品中颠覆人类社会的人工智能形象，但在理论领域，通用人工智能算法还没有真正的突破，在可见的未来，通用人工智能既非人工智能讨论的主流，也看不到其成为现实的技术路径。专用人工智能才是真正在这次人工智能浪潮中具有影响力的主角。我们的讨论范围将聚焦在更具有现实应用意义的专用人工智能技术上，具体讨论现有专用人工智能技术能带来的商业价值。

人工智能是研究使计算机来模拟人的某些思维过程和智能行为（如学习、推理、思考、规划等）的学科，主要包括计算机实现智能的原理、制造类似于人脑智能的计算机，使计算机能实现更高层次的应用。人工智能涉及计算机科学、心理学、哲学和语言学等学科，可以说几乎涉及自然科学和社会科学的所有学科，其范围已远远超出了计算机科学的范畴，人工智能与思维科学是实践和理论的关系，人工智能处于思维科学的技术应用层次，作为思维科学的一个应用分支。从思维观点来看，人工智能不仅限于逻辑思维，还要考虑形象思维、灵感思维才能促进人工智能的突破性发展，数学常被认为是多种学科的基础科学，因此也进入语言、思维领域，人工智能学科必须借用数学工具，数学不仅在标准逻辑、模糊数学等范围发挥作用，还进入了人工智能学科，它们将互相促进并更快地发展。

麻省理工学院的温斯顿教授认为："人工智能就是研究如何使计算机去做过去只有人才能做的智能工作。"这些说法反映了人工智能学科的基本思想和基本内容，即如何让计算机和电子元器件的集合体像人一样思考问题和解决问题。

2. 发展过程

1）人工智能的起源

人工智能在 20 世纪五六十年代正式提出。1950 年，一位名叫马文·明斯基（后被人称为"人工智能之父"）的大四学生与他的同学邓恩·埃德蒙一起，创建了世界上第一台神经网络计算机。这也被看作人工智能的一个起点。巧合的是，同样是在 1950 年，被称为"计算机之父"的阿兰·图灵提出了一个举世瞩目的想法——图灵测试。按照图灵的设想：如果一台机器能够与人类开展对话而不能被辨别出机器身份，那么这台机器就具有智能了。就在这一年，图灵还大胆预言了真正具备智能机器的可行性。1956 年，在由达特茅斯学院举办的一次会议上，计算机专家约翰·麦卡锡提出了"人工智能"一词。就在这次会议后不久，麦卡锡从达特茅斯搬到了 MIT。同年，明斯基也搬到了这里，之后两人共同创建了世界上第一座人工智能实验室——MIT AI LAB 实验室。值得提出的是，达特茅斯会议正式确立了 AI 这一术语，并且开始从学术角度对 AI 展开严肃而精专的研究。不久之后，最早的一批人工智能学者和技术开始涌现。达特茅斯会议被广泛认为是人工智能诞生的标志，从此人工智能走上了快速发展的道路。

2）人工智能的第一次高峰

在 1956 年的达特茅斯会议之后，人工智能迎来了属于它的第一段“欢乐时光”（Happy Time）。在这段长达十余年的时间里，计算机被广泛应用于数学和自然语言领域，用来解决代数、几何和英语问题。这让很多研究者看到了机器向人工智能发展的信心。当时，有很多学者认为：“二十年内，机器将能完成人能做到的一切。”

3）人工智能第一次低谷

20 世纪 70 年代，人工智能进入了一段痛苦而艰难的岁月。由于科研人员在人工智能的研究中对项目难度预估不足，不仅导致与美国国防高级研究计划署的合作计划失败，还让大家对人工智能的前景蒙上了一层阴影。与此同时，社会舆论的压力也开始慢慢压向人工智能这边，导致很多研究经费被转移到其他项目上。

4）人工智能的崛起

1980 年，卡内基梅隆大学为数字设备公司设计了一套名为 XCON 的“专家系统”。这是一种采用人工智能程序的系统，可以简单地理解为“知识库+推理机”的组合，XCON 是一套具有完整专业知识和经验的计算机智能系统。这套系统在 1986 年之前能为公司每年节省超过 4000 美元的经费。有了这种商业模式后，衍生出了像 Symbolics、Lisp Machines 和 IntelliCorp、Aion 等这样的硬件、软件公司。在这个时期，仅专家系统产业的价值就高达 5 亿美元。

5）人工智能第二次低谷

遗憾的是，命运的车轮再一次碾过人工智能，让其回到原点。仅仅在维持了 7 年之后，这个曾经轰动一时的人工智能系统就宣告结束历史进程。到 1987 年时，苹果和 IBM 公司生产的台式机性能都超过了 Symbolics 等厂商生产的通用计算机。从此，专家系统风光不再。

6）人工智能再次崛起

20 世纪 90 年代中期开始，随着 AI 技术尤其是神经网络技术的逐步发展，人们对 AI 开始抱有客观理性的认知，人工智能技术开始进入平稳发展时期。1997 年 5 月 11 日，IBM 的计算机系统“深蓝”战胜了国际象棋世界冠军卡斯帕罗夫，它的运算速度为每秒 2 亿步棋，并存有 70 万份大师对战的棋局数据，可搜寻并估计随后的 12 步棋。这在公众领域引发了现象级的 AI 话题讨论，这是人工智能发展的一个重要里程碑。

2006 年，Hinton 在神经网络的深度学习领域取得了突破，人类又一次看到机器赶超人类的希望，也是标志性的技术进步。

2011 年，IBM 开发的人工智能程序“沃森”（Watson）参加了一档智力问答节目并战胜了两位人类冠军。沃森存储了 2 亿页数据，能够将与问题相关的关键词从看似相关的答案中抽取出来。这一人工智能程序已被 IBM 广泛应用于医疗诊断领域。

2016—2017 年，AlphaGo 战胜围棋冠军。AlphaGo 是由 Google DeepMind 开发的人工智能围棋程序，具有自我学习能力。它能够搜集大量围棋对弈数据和名人棋谱，学习并模仿人类下棋。DeepMind 已进军医疗保健等领域。

2017 年，深度学习大热。AlphaGoZero（第四代 AlphaGo）在无任何数据输入的情况下，开始自学围棋 3 天后便以 100：0 横扫了第二版本的“旧狗”，学习 40 天后又战胜了在人类高手看来不可企及的第三个版本“大师”。

2017 年 7 月，我国在《新一代人工智能发展规划》中，对中国人工智能发展明确提出了三步走的战略目标，第一步就是到 2020 年初步建成人工智能技术标准、服务体系和产业生态链，培育若干全球领先的人工智能骨干企业，人工智能核心产业规模超过 1500 亿元，带动相关产业规模超过 1 万亿元，这也充分证明了我国对机器人行业的高度重视。

7）人工智能的“数据挖掘”时代

随着各种机器学习算法的提出和应用，特别是深度学习技术的发展，人们希望机器能够通过大量数据分析，自动学习知识并实现智能化水平。这一时期，随着计算机硬件水平的提升，以及大数据分析技术的发展，机器采集、存储、处理数据的水平有了大幅提高。特别是深度学习技术对知识的理解比之前浅层学习有了很大的进步，AlphaGo 和中韩围棋高手过招大幅领先就是目前人工智能的高水平代表之一。

3. 人工智能的核心技术

1）机器视觉

计算机视觉是指计算机从图像中识别出物体、场景和活动的能力。计算机视觉技术运用是指由图像处理操作及其他技术所组成的序列将图像分析任务分解为便于管理的小块任务。例如，一些技术能够从图像中检测到物体的边缘及纹理，分类技术可被用作确定识别到的特征是否能够代表系统已知的一类物体。

计算机视觉有着广泛的应用，其中包括 4 个方面：一是医疗成像分析被用来提高疾病预测、诊断和治疗；二是人脸识别被 Facebook 用来自动识别照片中的人物；三是在安防及监控领域被用来指认嫌疑人；四是在购物方面，消费者现在可以用智能手机拍摄下产品以获得更多购买选择。

机器视觉作为相关学科，泛指在工业自动化领域的视觉应用。在这些应用中，计算机在高度受限的工厂环境里识别诸如生产零件一类的物体，因此相对于寻求在非受限环境中操作的计算机视觉来说目标更为简单。计算机视觉是一个正在进行中的研究，而机器视觉是“已经解决的问题”，是系统工程方面的课题，而非研究层面的课题。由于应用范围的持续扩大，某些计算机视觉领域的初创公司自 2011 年起已经吸引了数亿美元的风投资本。

2）计算机自主学习

计算机自主学习又称为机器学习，指的是计算机系统无须遵照显式的程序指令，而只依靠数据来提升自身性能的能力。其核心在于，机器学习是从数据中自动发现模式，模式一旦被发现便可用于预测。例如，给予机器学习系统一个关于交易时间、商家、地点、价格及交易是否正当等信用卡交易信息的数据库，系统就会学习到可用来预测信用卡欺诈的模式。处理的交易数据越多，预测就越准确。

机器学习的应用范围非常广泛，针对那些产生庞大数据的活动，它几乎拥有改进一切性能的潜力。除欺诈甄别之外，这些活动还包括销售预测、库存管理、石油和天然气勘探，以及公共卫生等。机器学习技术在其他认知技术领域也扮演着重要角色，如计算机视觉，它能在海量图像中通过不断训练和改进视觉模型来提高其识别对象的能力。

3）自然语言处理

自然语言处理是指计算机拥有的与人类一样的文本处理能力。例如，从文本中提取意义，甚至从那些可读的、语法正确的文本中自主解读出含义。一个自然语言处理系统并不了解人类处理文本的方式，但是它却可以用非常复杂与成熟的手段巧妙地处理文本。例如，自动识别一份文档中所有被提及的人与地点；识别文档的核心议题；在一堆仅人类可读的合同中，将各种条款与条件提取出来并制作成表。这些任务通过传统的文本处理软件根本不可能完成，而自然语言处理系统仅针对简单的文本匹配与模式就能进行操作。

自然语言处理就像计算机视觉技术一样，将各种有助于实现目标的多种技术进行了融合。建立语言模型来预测语言表达的概率分布，举例来说，就是某一串给定字符或单词表达某一特定语义的最大可能性。选定的特征可以与文中的某些元素结合来识别一段文字，通过识别这些元素可以把某类文字同其他文字区别开，如垃圾邮件与正常邮件。以机器学习为驱动的分类方法将成为筛选的标准，用来决定一封邮件是否属于垃圾邮件。

因为语境对于理解“Timeflies”（时光飞逝）和“Fruitflies”（果蝇）的区别是非常重要的，所以自然语言处理技术的实际应用领域相对较窄，这些领域包括分析顾客对某项特定产品和服务的反馈，自动发现民事诉讼或政府调查中的某些含义，自动书写诸如企业营收和体育运动的公式化范文，等等。

4）语音识别

语音识别主要是关注自动且准确地转录人类的语音技术。该技术必须面对一些与自然语言处理类似的问题，在不同口音的处理、背景噪声、区分同音异形/异义词（“Buy”和“By”听起来是一样的）方面存在一些困难，同时还需要具有跟上正常语速的工作速度。语音识别系统使用一些与自然语言处理系统相同的技术，再辅以其他技术，如描述声音及其出现在特定序列与语言中概率的声学模型等。语音识别的主要应用包括医疗听写、语音书写、计算机系统声控、电话客服等。例如，Domino’s Pizza 最近推出了一个允许用户通过语音下单的移动 App。

4．人工智能技术在智慧养老中的应用展望

未来，人工智能技术可以在养老和医疗产业发挥重要作用。人工智能被比作 21 世纪的听诊器，有望成为医疗机构和医护人员的强大“助手”和外脑，可以显著提升医疗健康服务的效率和质量，并帮助节约医疗支出以满足更多医疗需求。

在我国医疗资源整体不足、地域分布不平衡、全科医生短缺、分级诊疗不理想、医疗需求持续攀升等大背景下，发展人工智能医疗应用具有重大意义，可助力新医改和党的十九大报告提出的健康中国战略。

1）影像辅助诊断

人工智能在医疗健康领域中的应用包括虚拟助理、医学影像、药物挖掘、营养学、生物技术、急救室/医院管理、健康管理、精神健康、可穿戴设备、风险管理和病理学。影像辅助诊断的主要技术原理分为两部分：图像识别和深度学习，首先计算机对搜集到的图像进行预处理、分割、匹配判断和特征提取一系列的操作，随后进行深度学习，从患者病历库或其他医疗数据库搜索数据，最终提供诊断建议，如图 8-1 所示。

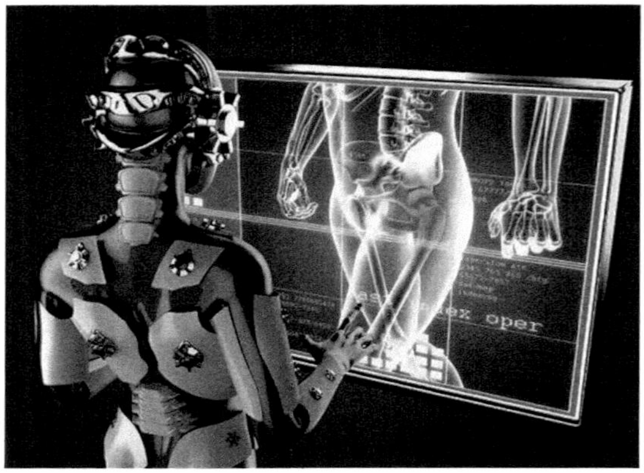

图 8-1　计算机影像辅助诊断

目前来说，影像辅助诊断的准确率相较于放射医师对临床结节或肺癌诊断的准确率高出 50%，可以检测整个 X 光片面积 0.01%的细微骨折。深度学习的计算机辅助诊断系统颠覆了传统的计算机视觉和模式识别，作为深度学习等人工智能技术最先突破的领域，图像识别已广泛用于图片搜索、自动驾驶、人脸识别等。在智慧养老领域，人工智能技术将有望解决各种医学影像的数据解读问题，如 CT、MRI、PET、超声波、太赫兹、眼底视网膜等，并将逐步实现关键器官覆盖和模块化扩展，对某一器官的特定病例进行判断、筛查和诊断，以达到主任医师级水平。

2）人工智能与药物开发

人工智能助力药物研究主要体现在临床前和临床研究上。在临床前通过深度学习，提高药物筛选效率并优化其构效关系，在临床研究过程中结合医院数据，可快速找到符合条件的受试患者。

人工智能有一个很重要的优点，那就是其通用性。随着基因测序成本的大幅下降，每个人都可以很容易地获得自己的遗传信息，但是解读遗传信息、挖掘遗传信息和疾病之间的关系就要依靠人工智能的帮助了。新药研究分为临床前研究和临床研究两个主要阶段，一种药物是否能够成功通常在临床前研究的药物靶点确认和活性化合物筛选阶段就已经决定了。药物靶点通常是某种蛋白质分子，蛋白质分子是一种由氨基酸组成的生物大分子，有复杂的空间结构，许多蛋白质分子含有二硫键和糖基化修饰等。对一个普通的蛋白质分子来说，其潜在的构象不计其数。而今天已知的有可能形成药的小分子化合物大概有 10^{33} 种，如果药物本身就是蛋白质，针对其靶点的药物设计和筛选就更加困难了。

药物分子设计和筛选的难度和复杂程度绝不亚于航空航天领域。要处理这种数据量庞大且需要快速检索、自动推理、快速归纳学习的复杂问题恰恰是人工智能的强项，人工智能为药物设计和发现带来了新的希望。在临床试验阶段，人工智能系统可以指导临床试验的进行和数据的收集。通过人工智能把人、技术和生物学结合起来，集中处理全世界大量高度碎片化的信息，用以加速科学研究和发展。

3）人工智能医疗机器人

对于专科医生和著名专家而言，庞大的患者群体和海量的就医需求带来的高强度工作是最头疼的问题。如何能够为这类医生节约时间，是人工智能最大的价值体现。因此，在一些需要大量数据处理，重复性、规律性较强的环节，可以用人工智能技术进行补充甚至替代。如图 8-2 所示为医疗机器人。

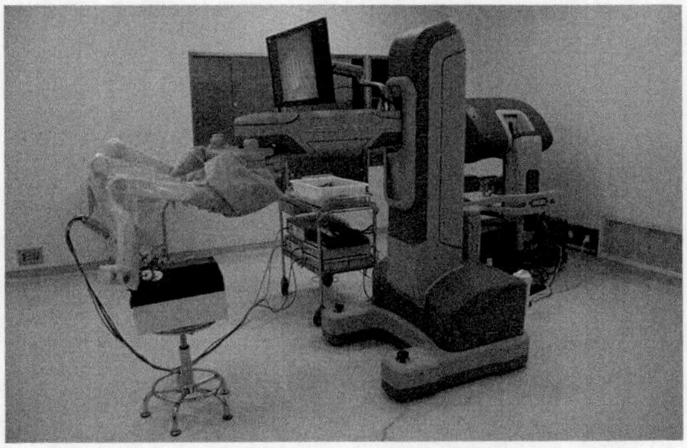

图 8-2　医疗机器人

例如，腾讯觅影的 AI 影像，就是以人工智能训练学习海量的影像数据，实现对特定疾病智能筛查的系统。该系统能够有效助力医生提升筛查诊断效率，从而提高早期患者的治愈率和存活率。其主要工作过程是：① 把医疗传统影像系统中的患者影像传送到 AI 影像系统中；② 对图片进行预处理，包括去掉影像中拍到的其他部位进行 3D 化增强等，形成机器可识别的图片；③ 将图片放到后台模型中判断该部分是否有病变，标识出病变位置，亮点越亮表示病变风险系数越高；④ 最关键的一步——分辨到底是炎症还是癌症，除进行图像切分和识别之外，还能结合患病位置、大小、周围环境等其他信息，最终对病变进行判断，从而达到较高的识别准确性。

如图 8-3 所示为智能外科手术机器人。

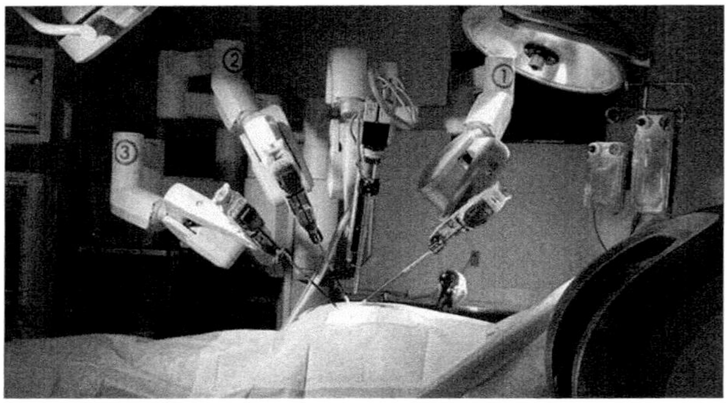

图 8-3　智能外科手术机器人

目前，该系统已实现了对早期食管癌、早期胃癌、早期乳腺癌、糖尿病性视网膜病变等多种重大疾病的识别和诊断，每月可处理上百万张影像，准确率已达到较高水平。

4）智能化医学会诊中心

几乎所有医院都会遇到类似的情况，如全院或相关科室医护人员数量不够，以及疑难病症会诊、转诊消耗医生资源等问题。通过查找原因、制定措施、加强整改等强化手段，问题依然很难解决。这些多层次结构问题具有互根性，一般不易发现问题的关键，也很难找到解决办法。智能化医学会诊中心是一套基于计算机辅助诊疗的系统，其技术核心是基于全医学知识库的人工智能，如图 8-4 所示。它为一组症状提供多个专科临床视角，防止漏诊误诊，提高诊疗水平。它为临床提供最便捷的工具，提供 3 种录入方式、4 种症状参与推导的选择模式，多种工具的使用（如症状可节点缩展等），把医生从繁杂的工作中解放出来，为疾病诊治提供最佳方案。该系统提供三病鉴别的功能，并能够详细地记录诊断的全过程，方便医生参考、书写病历或建立电子病历。智能化医学会诊中心迅速弥补了医疗资源的匮乏，降低了医疗事故率，提供了临床最佳思路，是医生案头的一部快速、准确、随心所欲的智能化医学百科全书。人工智能一直处于计算机技术的前沿，人工智能研究的理论和发现在很大程度上将决定计算机技术的发展方向。

图 8-4　智能会诊

8.4.2　虚拟现实技术在智慧养老中的思考

虚拟现实技术是一种通过计算机和电子影像结合的仿真技术，能够使用户沉浸到一种虚拟仿真环境中，是可以实现综合信息融合的、交互式的三维动态场景的系统仿真技术。通过这种方式，系统可以创造一种与真实环境高度相似的模拟现实世界，无论场景空间距离相隔多远，都能够展现在用户面前，让人们体验虚拟世界的氛围。3D 空间指的是三维空间世界，即长、宽、高的世界，拥有真实的三维坐标空间感，人眼就具有反映大小远近的立体特性。目前的计算机显示系统是一个只有长和宽的二维平面图景，3D 技术则是要在平面上显示三维图像。在技术上，三维物体边缘的凸出部分采用高亮显示，而凹下去的部分采用暗色显示，这样就可以在人脑中呈现出三维立体感觉。

1．虚拟现实技术

虚拟现实技术（Virtual Reality，VR）又称为灵境技术，是综合利用计算机图形处理、光电成像技术、传感技术、计算机仿真、人工智能等多种技术，创建一个逼真的，具有视、听、触、嗅、味等多种感知的计算机系统，它是以沉浸性、交互性和构想性为基本特征的高级人机界面。人们借助各种交互设备沉浸于虚拟环境之中，与虚拟环境中的实体进行交互，产生等同于真实物理环境的体验和感受。近年来，在虚拟现实的基础上又发展出增强现实（或称混合现实）技术，通过跟踪用户的位置和姿态，把计算机生成的虚拟物体或其他信息准确地叠加到真实场景的指定位置，实现虚实结合、实时互动的新体验。它的兴起为人机交互的发展开创了新的研究课题，为智能化工程建设提供了新的界面工具，为各类工程大规模数据可视化提供了新的描述方法。它是由计算机来处理与参与者的动作相适应的数据，对用户的输入做出实时响应并分别反馈到用户的五官，实现与人的头部、眼睛、手势等的动作相协调的交流方法。

1）虚拟现实技术的起源

希腊数学家欧几里得（Euclid）发现了人类能洞察立体空间的原因，主要是由左右眼所看到的图像不同而产生的，这种现象被称为双目视差（Binocular Parallax）。1838 年，Charles Wheatstone 利用双目视差原理发明了可以看出立体画面的立体镜。通过立体镜观察两个并排的立体图像或照片给用户提供纵深感和沉浸感。1849 年 David Brewster 以凸透镜取代立体镜中的镜子发明了改良型的立体镜。受欢迎的 View-Master 立体镜（1939 年专利）的后期发展被用于"虚拟旅游"。立体镜的设计原理也应用于当今较为流行的 3D 立体视觉模拟技术（影院的 3D 电影屏幕、家用的 3D 电视），以及结合手机使用谷歌纸板（Google Cardboard）和低廉的 VR 头戴式显示器。它们都通过计算机技术和显示成像技术对左右眼分别提供一组视角不同的画面来营造出双目视差的环境，从而让人感觉到立体画面。

1929 年，Edward Link 发明了 Link Trainer（1931 年专利），它可能是历史上第一个纯机电的商业飞行模拟器。它由连接到方向舵和转向柱的电动机控制，以修改俯仰和滚转。以小型电动机驱动的装置可以模拟湍流和扰动。这样做是为了以更加安全的方式去训练飞行员，当时美国军方以 3500 美元购买了 6 个这样的设备。在第二次世界大战期间，超过 500000 名飞行员使用 10000 多个"Blue Box" Link 训练器进行初始培训以提高他们的飞行技能。

20 世纪 30 年代，斯坦利 · G. 温鲍姆（Stanley G. Weinbaum）的科幻小说《皮格马利翁的眼镜》（*Pygmalion's Spectacles*）被认为是探讨虚拟现实的第一部科幻作品，简短的故事中详细地描述了佩戴者可以通过嗅觉、触觉和全息护目镜来体验一个虚构的世界。事后看来，当时 Weinbaum 对那些佩戴护目镜的人的经历的描述，与如今体验虚拟现实的人们的体验有着惊人的相似，这使他成为这个领域真正的远见者，VR 大幕从此拉开。

20 世纪 50 年代中期，当大部分人还在使用黑白电视机的时候，摄影师 Morton Heilig 成功地制造出了一台能够正常运转的 3D 视频机器（1957 年）。它能让人沉浸于虚拟摩托车上的骑行体验，感受声响、风吹、振动和布鲁克林马路的气味，Heilig 给它起名 Sensorama Simulator。作为杰出的电影摄影师，Morton Heilig 创造 Sensorama 的初衷是打造未来影院。Sensorama 具有立体声扬声器、立体 3D 显示器、风扇、气味发生器和一个振动椅等部件，Heilig 希望通过这些部件刺激观看者的所有感官，将其完全沉浸在电影中。Myron Krueger 是美国计算机艺术家、互动艺术家，在威斯康星大学攻读博士学位期间，他在 1969 年从事了许多计算机互动的工作，其中包括 GlowFlow。GlowFlow 作为早期虚拟现实环境的原型，是一个由计算机控制、以人响应作为输入的环境。Myron Krueger 也是虚拟现实（VR）和增强现实（AR）领域的早期阶段或第一代研究员之一，参与艺术创作（GlowFlow）之后，提出了计算机互动的观念并将虚拟现实的观念带入了艺术创作，并于 1985 年创建了第一个可以让用户与虚拟物体进行交互的 Videoplace 系统，它是从 GlowFlow、Metaplay 到 Psychic Space 开始的各种各样的系统改进的结果。美国 VPL 公司创建人 Jaron Lanier 被业界称为"虚拟现实之父"，这位集计算机科学家、哲学家和音乐家 3 种身份于一身的天才在 1987 年提出了 VR 概念。VPL 公司研发出了一系列虚拟现实设备，包括 Dataglove（由该公司的联合创始人 Tom Zimmerman 在工程师 Young Harvill 的协助下创造出来的）和 EyePhone 头戴式显示器和手套。Virtual Boy 是任天堂第一款 32 位游戏机，它搭载了一块 32 位处理器，型号为 NEC V810，主频为 20MHz，同时集成高性能显卡，至少在当时来说是非常先进的。Virtual Boy 采用了头戴显示器的设计，内置两块 384×224 分辨率的红色 LED 单色显示器，可支持 128 级对比度的黑色、红色显示。

从虚拟现实技术的发展可以看出，它经历了不同时代的起起落落，但最终没有消亡。正因为它在娱乐、军事、航天、设计、生产制造、信息管理、建筑、医疗和特种领域的巨大应用价值，人们现在也对迅速发展中的虚拟现实系统充满了巨大的兴趣，从而保证它进入飞速发展的轨道。

2）虚拟现实技术的构成

（1）动态环境建模。动态环境建模技术的目的是及时获取实际环境的三维数据，并根据应用的需要建立相应的虚拟环境模型。

（2）实时三维图形生成技术。三维图形的生成技术已经较为成熟，至少要保证图形的刷新频率不低于 15 帧/秒，最好高于 30 帧/秒。提高刷新频率是该技术的主要内容。

（3）立体显示和传感器技术。虚拟现实的交互能力依赖于立体显示和传感器技术的发展，而现有的设备远远不能满足需要，如设备过重、分辨率低、延迟大、移动不便、跟踪精度低、视场不够宽、眼睛容易疲劳等。因此，有必要开发新的三维显示技术。

（4）应用系统开发工具。虚拟现实的关键是寻找适合的场合和对象，即如何发挥想象力和创造力。选择适当的应用对象可以大幅度提高生产效率，减轻劳动强度，提高产品质量。

（5）系统集成技术。由于 VR 系统中包括大量的感知信息和模型，因此系统集成技术起着至关重要的作用。系统集成技术包括信息的同步技术、模型的标定技术、数据转换技术、数据管理模型、识别与合成技术等。

从系统架构来看，它主要由硬件平台和软件系统构成。其中，硬件平台包括 5 个部分：①跟踪系统，确定参与者头、脚和躯干的位置；②触觉系统，提供力与压力的反馈；③音频系统，提供立体声源和判定空间位置；④图像生成和显示系统，产生空间图像和立体显示；⑤高性能计算机处理系统，具有高处理速度、大存储容量、强联网特性。软件系统具有 3 个显著特点：①能够接收高性能传感器的信息，如头盔的跟踪信息；②能够生成立体的显示图形，并可对虚拟环境做实时渲染；③能提供对各种数据库、各种 CAD 软件进行调用和互联的集成环境。

通过采用复杂的软硬件技术，实现和在真实环境中一样的感觉，就必须使用一个虚拟仿真的系统。人在自然界中主要依靠感觉器官来感知周围环境。人们通过视觉感觉色彩斑斓的外部环境，通过听觉感知声音信号，通过触觉了解物体的轮廓，通过嗅觉感受气体的味道。通过这些感觉人们能够与客观世界进行交流，虚拟现实技术则打开了人们了解世界的新钥匙。

2. 基本特征

1）多感知性（Multi-Sensory）

多感知是指除一般计算机技术所具有的视觉感知之外，还有听觉感知、力觉感知、触觉感知、运动感知、味觉感知、嗅觉感知等。理想的虚拟现实技术应该具有一切人所具有的感知功能。由于相关技术，特别是传感技术的限制，目前虚拟现实技术所具有的感知功能仅限于视觉、听觉、力觉、触觉、运动等。

2）浸没感（Immersion）

浸没感又称为临场感，是指用户感到作为主角存在于模拟环境中的真实程度。理想的模拟环境应该使用户难以分辨真假，使用户全身心地投入计算机创建的三维虚拟环境中，该环境中的一切看上去是真的，听上去是真的，动起来是真的，甚至闻起来、尝起来等都是真的，如同在现实世界中的感觉一样。

3）交互性（Interactivity）

交互性是指用户对模拟环境内物体的可操作程度和从环境得到反馈的自然

程度（包括实时性）。例如，用户可以用手直接抓取模拟环境中虚拟的物体，这时手有握着东西的感觉，并可以感觉物体的重量，视野中被抓的物体也能立刻随着手的移动而移动。

4）构想性（Imagination）

构想性强调虚拟现实技术应具有广阔的可想象空间，可拓宽人类的认知范围，不仅可以再现真实存在的环境，还可以随意构想客观不存在的甚至是不可能发生的环境。

由于浸没感、交互性和构想性英文单词的第一个字母均为 I，因此这 3 个特性通常被统称为 3I 特性。

一般来说，一个完整的虚拟现实系统由虚拟环境，以高性能计算机为核心的虚拟环境处理器，以头盔显示器为核心的视觉系统，以语音识别、声音合成与声音定位为核心的听觉系统，以方位跟踪器、数据手套和数据衣为主体的身体方位姿态跟踪设备，以及味觉、嗅觉、触觉与力觉反馈系统等功能单元构成。

3. 虚拟视频的分类

1）桌面虚拟现实系统（Desktop VR）

桌面虚拟现实利用个人计算机和最基本的工作站来进行仿真，将计算机的屏幕作为人们观察虚拟世界的一个入口。其特点是比较缺乏真实的现实体验，但成本也较低，应用比较广泛一些。常见的桌面虚拟现实技术有基于静态图像的虚拟现实（QuickTime VR）、虚拟现实造型语言（VRML）、桌面三维虚拟现实、MUD 等。

2）临境虚拟现实系统（Immersive VR）

临境 VR 系统利用头盔显示器等设备把用户的视觉、听觉和其他感觉封闭起来，提供一个新的虚拟空间，并用数据手套等输入设备，加上声音等效果，让人们产生一种身临其境的错觉。常见的沉浸式系统有基于头盔式显示器的系统、投影式虚拟现实系统、远程存在系统。

3）增强性的虚拟现实系统（Augmented Reality）

增强性的虚拟现实不仅利用虚拟现实技术来模拟现实和仿真现实世界，而且要利用它来增强人们对真实环境的感受，也就是增强现实中无法感知或不方便的感受。例如，战机飞行员的平视显示器可以将飞行员需要的仪表数据投射到飞行员面前，使飞行员不用低头读取座舱中仪表的数据，从而可集中精力盯着敌人的飞机或导航偏差。

4）分布式虚拟现实系统（Distributed VR）

如果多个用户通过计算机网络连接在一起，并同时进入一个虚拟世界，共同体验虚拟世界经历，使用户的感受达到更高的境界，这就是分布式虚拟现实系统。分布式 VR 的基础是分布交互模拟，目前最典型的分布式虚拟现实系统是 SIMNET，SIMNET 由坦克仿真器通过网络连接而成，用于军队的联合训练。

4．VR 未来在智慧养老和医疗领域的应用前景

1）远程仿真交流

很多时候总能听到老年人这样的遗憾："年轻的时候没钱，现在有钱了儿女们也有心，但自己的身子骨却不行了，于是梦想还只能是梦想"。老年人随着年龄增长，体力大幅下降，病痛逐渐增多，想要远距离出行是奢侈的梦想。现在我们通过 AR/VR/MR 等技术或许能给老年人带来一丝心理上的慰藉。

由于老年人体力有限、行动不便，坐在固定的位置上使用 VR 设备（尤其是需要连线的）可以减轻他们的身体负担，使他们暂时忘却自己的生理缺陷。

如今，"远在天边，近在咫尺"已经不是什么稀罕事了。对于空巢老人来说，与子女即使距离遥远也可以常常见面，即使不出门也能看到世界最美的风景，而 VR 技术的发展将使这种体验变得更加真实。

2）心理治疗

帮助失智老人找回记忆，可以用 VR 预防和治疗阿尔茨海默病，通过观看风光景色的视频、游戏类的互动，扩大老年人的世界，用 VR 送他们回家，找回记忆，让他们不会那么快地"忘记"过去。

3）VR 养老院

VR 养老院未来也是发展方向之一。从现今的 VR 发展来看，除动感座椅加头盔为主要实现内容之外，还包括 VR 游戏跑步机、4D 动感影院体验、VR 赛车模拟等。从目前头戴式显示设备（头显）的几个种类来看，同样的模式嫁接到"VR+养老院"也可以实现。在养老公寓中，留出空间作为 VR 体验展馆。项目种类可以是多种形式的，包括老年人虚拟健身课堂（参加虚拟健身课程并协助老年人制订个人虚拟健身方案）、VR 影院（VR 全景旅游、VR 电影、VR 短片）、VR 亲子互动（家庭 360 度全景视频在线）、VR 老年大学（VR 在线培训课程）。除此之外，还可以在其中添加关于还原年轻样貌的体验活动，缓解他们的心理负担。

4）VR 护理

虚拟现实技术为老年人的护理打开了一扇新的门。现在医生已经开始应用这项技术，以找出治疗老年人认知障碍的方法。已经有针对其他大脑疾病的研究在进行中，如焦虑和抑郁症的治疗、中风康复、阿尔茨海默症管理等。通过虚拟现实技术，医生和预科学生可以实践新的外科手术，在以前这对真实患者会造成很大的危险。这个技术的一些层面可以帮助训练医生，让老年人的手术或治疗变得简便；其他层面则可以提高整体老年人的健康。

由于虚拟现实系统可以与网络对接，因此在“医养结合”中也有非常大的应用价值。医疗 VR（虚拟现实）是一个给人无限遐想的领域，它是临床研究者和现实生活中医疗工作者的视野。虽然这是一个全新的领域，还不为大众所知，但是医疗 VR 技术是对患者的生活和医生的工作都可以产生积极影响的应用。医疗健康信息咨询公司 Kalorama Information 发布了一份报告，该报告称医疗领域的虚拟现实技术（VR）和增强现实技术（AR）的应用市场已经从 2012 年的 5.25 亿美元增长到了 2017 年的 9.76 亿美元。这份报告无疑给很多看好 VR 市场的人吃了一颗定心丸，或许这一次，VR 不再是昙花一现的潮流，而将驻足在我们的生活中，给每个人的生活带来真实的改变。

5）医学教育领域的应用

在医学院校，学生可在虚拟实验室中进行虚拟“人体”的解剖和各种手术练习。这项技术由于不受标本、场地等的限制，培训费用大大降低。一些用于医学培训、实习和研究的虚拟现实系统，仿真程度非常高，其优越性和效果是不可比拟的。比起真实的尸体标本，VR 模型有自己的优势。标本被保存在冷藏室里，就算你能保持人体内的所有质感，也无法保持颜色——标本很苍白。这也是很久以前解剖学家用鲜艳的色彩来绘制人体结构，如动脉用红色，静脉用蓝色，神经组织用黄色的原因。

2016 年 10 月，澳大利亚创建了第一个人体 VR 模型，称为 Organon 3D。该模型相当精确，做手术的患者可以先戴上 VR 头显，了解自己的身体。医科学生也能通过 VR 对医学产生兴趣。甚至有人预测，医科学生将不再围着标本做解剖练习，戴上 Oculus Rift 就能探索人体。

这个工具很可能是现代教育手段的一个突破口。在课程中，学生很难保持注意力集中，因为他们很容易被手机、社交媒体通知等吸引。所以，戴上头显，它给人一种隔绝感，从而提高专注度。人们戴上 VR 头显即可将虚拟的三维模型通过眼镜实时地反映在人的眼前，而通过动作捕捉或蓝牙定位系统，人们还可以对虚拟三维模型进行控制，如旋转、移动或变形，同时与这个虚拟物体相关的数据也可以在眼镜中实时搜索到。学生可将人体模型随意地转动，并可观察除皮肤肌理之外骨骼、血管、肌肉结构的所有内容，这不仅将改变医学实验及教学的传统模式，解放学生思想，还对于未来医学研究及生物解剖具有深远意义。

6）沉浸式医疗

高分辨率图像处理和检测有助于医生实现精确、快速和及时的诊断，降低侵入性治疗比率，为预防保健提供支持。患者戴上 VR 眼镜可以在短时间内沉浸在 3 种环境中：宁静的花园、郁郁葱葱的森林、白雪皑皑的雪山，每种场景包含各种各样的声音，而每种声音创作都是运用音乐疗法和催眠方式专业定制的。这种 VR 沉浸式疗法，可以让患者和环境进行交互，分散患者的注意力，缓解治疗的焦虑和痛苦。Mindmaze 为中风患者营造一个虚拟环境，连接大脑和被其遗忘的肢体，重新激活机动性。

7）医疗保健中的 VR

美国加州大学洛杉矶分校的神经外科院长 Neil Martin 与 Surgical Theater 合作宣称未来已来，利用 3D 虚拟现实技术进行术前脑部肿瘤的研究观测，相比于之前的 CT 扫描成像，3D 虚拟现实技术可以全方位地观察脑部信息，实现手术预演，降低手术风险。VirZOOM 等公司还把骑行与 VR 结合在一起，以提供更有趣的健身体验。通过无线传感器追踪运动和骑行速度，头戴 Oculus Rift、PlayStation 或 HTC Vive 等 VR 头盔，计划引进三星 GearVR。客户在现实中骑行得越快，在虚拟世界中也就越快。

8）康复训练

针对疾病和损伤所致功能障碍，使其尽可能恢复正常或接近正常的自理能力的医学技术称为康复医学。康复训练是康复医学的一种重要手段，其中康复运动是必不可少的一个环节。康复运动是指采用适量、定向或有针对性的机体运动来帮助身体恢复到正常状态的方法。康复运动中强调自身的训练功能，注重整体的康复训练。常见的功能障碍包括运动功能障碍、认知功能障碍、感观功能障碍、交流功能障碍、精神障碍。对于各种类型的功能障碍，康复训练都是必不可少的，如因脑损伤而下降或异常的运动控制必须经康复训练才能得以改善。康复训练的根本目的在于最大限度地恢复患者的受损功能，提高患者独立生存的质量，日常生活行为是康复运动必不可少的训练项目。当康复训练的环境和内容与真实生活密切相关时，患者才能将训练习得的技能迁移运用到实际生活中。而虚拟现实技术在模拟真实生活场景、提供日常生活技能训练方面具有不可比拟的优越性。患者进行康复训练时需要特定的医疗专家及其制订的运动功能恢复治疗方案。然而许多患者在康复训练过程中往往由于不正确的动作或姿势，降低了训练的有效性，甚至对日常的康复训练起到了负面影响。结合虚拟现实技术开发本体康复训练程序，明确康复训练轨迹，增强用户本体感受，从而达到提高疗效的目的。决定康复训练效果的关键因素包括康复训练的运动负荷是否适度，运动范围是否全面，运动方式是否符合日常的生活习惯，等等。虚拟现实技术可以提供精确的测评、辅助、监控、训练等技术，从而充分保证康复训练的有效性。

8.4.3　新兴机器人技术

机器人自问世以来就一直备受瞩目。人们 40 余年的持续研究取得了一定的进展，各种形态、功能的机器人相继问世。未来机器人将是一种能够代替人类在非结构化环境下从事复杂危险劳动的智能设备，它是自动执行工作的机器装置，既可以接受人类指挥，又可以运行预先编排的程序，也可以根据以人工智能技术制定的原则行动。机器人是一种可编程和多功能的操作机器，为执行不同任务而具有可用计算机改变和可编程动作的专门系统，随着近几年机器人行业步入消费市场，可将机器人分为两大类：工业机器人和服务机器人。目前，全球机器人市场主要以工业机器人为主，占市场份额的 80%。相较于工业机器人，服务机器人行业尚不成熟，商业落地慢，但随着人工智能的浪潮降临，以及老龄产业市场化的庞大需求，服务机器人市场潜在空间巨大。

1. 发展过程

人口红利消退，劳动成本上升推动智能机器取代人工。20 世纪 70 年代日本适龄劳动力人口出现拐点，劳动力短缺导致人力成本上升，这一时期日本出台了一系列扶持政策，支持引导机器人产业发展，促进产业升级，此后日本进入了机器人发展的黄金期，成为世界上机器人产业的领军者。对比日本机器人产业早期的发展，中国现在的情形和日本 20 世纪 70 年代的情况相似，服务业的分流、人口的缓慢增长和人口老龄化使制造业面临劳动力短缺的危机，劳动力的短缺促使制造业用人成本呈上升趋势，成为企业使用工业机器人补充与替代人工劳动的重要驱动因素，参照日本机器人产业发展历程，我国将进入机器人产业爆发性增长期。

随着市场的发展，细分市场涌现出了许多新品，如专为儿童设计的教育机器人、为成年人设计的智能音响系列产品、为老年人设计的陪护机器人及安防机器人等，在市场更活跃的同时变得更加混杂。日益老龄化的人口结构、不断上涨的人工成本和全球化竞争是拉动机器人市场快速成长的重要因素。

2015 年世界智能型机器人市场约为 269 亿美元，今后 10 年间，CAGR（年平均成长率）将达到 9%，至 2025 年世界机器人市场将高达 669 亿美元。统计数字显示，中国是全球增长最快的工业机器人市场，也是世界上最大的工业机器人市场，从 2010 年到 2016 年，中国工业机器人的总供给量年均增长速度约为 40%。2015 年，全球工业机器人销售总量为 24.8 万台，同比增长 8.30%。目前，中国已成为世界上最大的工业机器人市场，2015 年市场销售量为 6.7 万台，占全球市场份额的 27%，同比增长 17.34%，2009—2015 年复合增长率为 51.69%，已经连续三年成为全球最大的工业机器人销售市场。然而，我国机器人密度仍然低于世界平均水平，未来有巨大的市场空间。2014 年，中国制造业每万人拥有 36 台工业机器人，而世界平均水平为 66 台/万人。相比之下，韩国、日本的机器人密度分别为 478 台/万人、314 台/万人。相比于韩国和日本，中国工业机器人产业未来的市场增长空间非常可观，市场规模可达到千亿元量级。

同时，随着人工智能等先进技术的加速发展，机器人迅速从工业领域向服务行业渗透，服务机器人展现出比工业机器人更为广阔的市场空间。在个人、家庭及专业服务领域，服务机器人能替代或协助人类完成清洁、维护、运输、探测、安保、救援、监护等工作，逐渐成为人类理想的合作伙伴。2014 年，全球专业服务机器人销售额为 37.7 亿美元，同比增长 5.60%；个人家用服务机器人销售金额为 22 亿美元，同比增长 29.41%。根据统计，2015 年，专业服务机器人总销量为 4.11 万台，同比上升 25%，个人/家庭服务机器人总销量为 540 万台，同比增长 16%。全球服务机器人销量情况显示，2018—2020 年，家用机器人的全球销量高达 3240 万台，娱乐/休闲机器人的全球销量高达 1050 万台，专业服务机器人销售量增加到 1210 万台。根据权威咨询公司资料，预计到 2025 年，中国服务机器人细分领域市场份额前三位将是家用机器人、娱乐休闲机器人、医疗机器人。

随着智能制造的全面开展，系统复杂性和数据不兼容等问题也在一定程度上被克服，这将助力我国工业机器人渗透率低、服务机器人市场占有率低等问题的解决[2]。

2. 关键技术

1）导航与定位

在机器人系统中，自主导航是一项核心技术，是机器人研究领域的重点和难点问题。路径规划技术是机器人研究领域的一个重要分支，最优路径规划就是依据某个或某些优化准则（如工作代价最小、行走路线最短、行走时间最短等），在机器人工作空间中找到一条从起始状态到目标状态可以避开障碍物的最优路径。

2）人机接口

智能机器人的研究目标并不是完全取代人，目前复杂的智能机器人系统仅仅依靠计算机来控制是有一定困难的，即使可以做到，也由于缺乏对环境的适应能力而并不实用。智能机器人系统还不能完全替代人的作用，而是需要借助人机协调来实现系统控制。因此，设计良好的人机接口就成为智能机器人研究的重点问题之一。

3）机器人视觉

视觉系统是自主机器人的重要组成部分，一般由摄像机、图像采集卡和计算机组成。机器人视觉系统的工作包括图像的获取、图像的处理和分析、图像的输出和显示，核心任务是特征提取、图像分割和图像辨识。

4）多传感器信息融合

多传感器信息融合技术是近年来十分热门的研究课题，它与控制理论、信号处理、人工智能、概率和统计相结合，为机器人在各种复杂、动态、不确定和未知的环境中执行任务提供了一种技术解决途径。

5）智能控制

随着机器人技术的发展，对于无法精确解析建模的物理对象及信息不足的病态过程，传统控制理论暴露出了缺点，因此近年来许多学者提出了各种不同的机器人智能控制系统。到目前为止，大部分机器人和机器几乎都是依靠电动机进行驱动的。电动机可以提供转矩，也可以驱动旋转副，然而人类肢体运动的驱动方式是依靠肌肉的伸缩来完成的。这种驱动方式比电机耗能要低得多。在现有的技术中，气压和液压似乎可以代替人工肌肉来实现伸缩的功能。但是这两种方式都需要气压泵或液压泵。如果真用气压和液压来驱动机器人，机器人要么背着一个气压泵或液压泵走，要么拖着一根管子走。这两种方式都不太理想。除非解决了气压泵或液压泵的质量、体积及能耗问题。

3．机器人技术的发展轨迹

1）从串联机器人到串并混联机器人

从目前来看，在工业机器人中，大多是使用串联结构的机械臂，它需要在各关节上设置驱动装置，而且各臂的运动惯量较大，在实现高速或超高速操作时难度较大。然而，串并混联结构综合了并联结构刚度强，以及串联结构工作空间大的优点。因此从串联机器人到串并混联机器人是今后机器人结构的一个重要发展方向。

2）从刚体机器人到刚柔体机器人

在实际操作中，对于结构复杂的产品来说，其中装配检测及清理的工作空间往往狭小而紧凑，而刚体机器人由于关节尺寸太大，难以在狭小的空间内完成作业，即使少数能完成，也加大了操作的难度和成本。那么刚柔体机器人能都实现吗？这些可以从仿生机器人身上来寻找灵感。例如，仿象鼻、章鱼须或蛇等柔性多节结构的仿生机器人做到了刚柔一体。灵巧关节工业机器人就是未来刚柔体机器人发展过程中的一个重要方向。

3）从单机器人作业到多机器人协同作业

机器人在制造空间分布性、功能分布性、任务并行性及作业容错性等方面都存在局限性，特别是在大尺寸部件的焊接与装配中，其灵活性、可靠性、抗振性和负载能力等方面的局限性尤为突出。一台机器人操作容易，让机器人协同作业却不简单。因此，通过多机器人信号传递、公共工作空间互锁、作业任务，实现多机器人协同，正逐渐引起工业界和研究机构的广泛重视。

4）机器人技术与物联网技术相结合的应用

工业机器人与物联网的结合，催生了智能柔性自动化装配焊接的应用。通过物联网的连接属性和人工智能的各项技术，工业机器人拥有了“五官”，开始具有视觉、触觉甚至味觉，能够实时采集生产过程中的各种数据，并对这些数据进行实时分析。而通过物联网的网络化信息传递和人工智能分析决策功能，工业机器人被赋予了初级的“智力”，然后，将生产过程中的人、物、数据流进行集成、整合，以完成大部分需要人来完成的工作。

5）机器人技术与虚拟现实相结合的应用

虚拟现实技术目前已经取得了较大的进步。一方面，未来虚拟现实技术将与机器人技术结合，实现虚拟融合的机器人将得到示范应用。另一方面，在虚拟环境中通过人机交互来完成机器人虚拟示教编程，不仅直观简便，而且可以摆脱对真实机器人的依赖，从而降低生产成本，提高生产效率，消除安全隐患。基于多传感器、多媒体和虚拟现实，以及临场感技术，实现机器人的虚拟遥控操作和人机交互，使操作者产生置身于远端作业环境中的感觉来操纵机器人。

6）机器人技术与模式识别技术的结合

模式识别用于机器人的检测非常有效，能够检查机器人加工的零件有没有质量的瑕疵，有没有不符合技术条件，这也是未来工业机器人技术需要重视的，而未来机器人技术与模式识别技术将进一步结合。

7）机器人技术与人工智能相结合的应用

现有工业机器人往往被固定在安全的工作地点，在操作人员对其工作任务进行示教后，一旦进入自动运行状态，机器人与人便完全隔离。而通过传感器检测、人工智能、人机交互等技术与机器人技术的融合，使机器人能够直接与人并肩工作，消除人机之间的防护隔离，将人从简单枯燥的示教工作中解放出来。

4．关键部件

1）控制器

机器人控制器的软件部分是工业机器人的“心脏”，随着科技的发展，工业机器人从下位机到上位机的应用软件方面都有了不同程度的研究成果。控制器、软件与本体一样，一般由机器人厂家自主设计研发。目前，国外主流机器人厂商的控制器均是在通用的多轴运动控制器平台基础上进行自主研发的，各品牌机器人均有自己的控制系统与之匹配。国内企业机器人控制器产品已经较为成熟，是机器人产品中与国外产品差距最小的关键零部件，国内控制器与国外产品存在的差距主要在控制算法和二次开发平台的易用性方面。未来几年，中国国产机器人将得到快速发展，国产机器人控制器应用市场面临较好的发展契机，尤其是在运动控制领域深耕多年的企业。机器人轴数越多，对控制器性能的要求就越高。机器人自由度的高低取决于其可移动的关节数目，关节数目越多，自由度越高，位移精准度也越高，其所使用的伺服电机数量就相对较多，即越精密的工业型机器人所用的伺服电机数量越多。一般每台多轴机器人由一套控制系统控制，也意味着对控制器性能的要求越高。

2）伺服电机

机器人对关节驱动电机的要求非常严格，交流伺服电机在工业机器人中得到了广泛应用。目前，国内高端市场主要被国外名企占据，未来国产替代空间大。国外品牌占据了中国交流伺服电机市场近 80%的市场份额，主要来自日本和欧美。其中，日系产品以约 50%的市场份额居首位，其著名品牌有松下、三菱电机、安川、三洋、富士等，其产品技术和性能水平比较符合中国用户的需求，以良好的性价比和较高的可靠性获得了稳定且持续的客户源，在中小型 OEM 市场上尤其具有垄断优势。未来 5 年，我国伺服系统行业受益于产业升级的影响，将保持较快增长，国产替代空间还很大。

3）减速器

工业机器人按照精密减速器结构的不同，可以分为谐波齿轮减速器、摆线针轮行星减速器、RV 减速器、精密行星减速器和滤波齿轮减速器 5 类，它们在精度、转矩、刚度、传送效率等衡量减速器的各个性能指标上各有不同。其中，RV 减速器和谐波齿轮减速器是工业机器人最主流的精密减速器。

4）机器人本体

自 1958 年第一台工业机器人诞生起，机器人发展经历了一个小高潮，到 20 世纪 80 年代后期，由于传统机器人用户应用工业机器人已经饱和，从而造成工业机器人产品的积压，不少机器人厂家倒闭或被兼并，国际机器人学研究和机器人产业出现不景气。到 20 世纪 90 年代初，机器人产业出现复苏和继续发展的迹象。1995 年后，世界机器人数量逐年增加，增长率也较高。全球金融风暴过后，市场复苏使机器人行业逐渐好转，全球机器人行业增长态势延续，市场规模不断扩大，各国政府和跨国企业在机器人行业投资活跃。2016 年全球工业机器人订单量为 258900 台，存货量为 1779000 台。其中，中国订单量为 85000 台，存货量为 332300 台。尽管我们已连续多年成为全球最大的机器人销售市场，但不可否认的是，国外品牌占据了中国工业机器人市场 60%以上的份额。

5. 医用机器人

1）康复机器人

康复机器人针对的是脑卒中偏瘫患者。患者在病情稳定之后，需要去康复医院做康复训练以恢复肢体能力。以下肢恢复为例，原恢复方法为上身减重，两名理疗师为患者掰腿模仿行走，这其中需要大量的人力和时间，而现在国内专业理疗师缺口较大，患者往往难以获得很好的康复训练。康复机器人通过机器辅助患者行走，大大替代了人力，同时机器拥有肌肉电检测功能，在患者有了一定的行走能力后，可以更好地跟随患者意识去做辅助行走训练。国内骨骼康复机器人也受到不少资本助力，其技术发展丝毫不落后国外。

2）手术机器人

达芬奇手术机器人（Da Vinci）作为目前最成功的产品，它的市值已经高达 105 亿元。其模式采用的是医院采购—医生使用—患者付费的模式，每台售价达 2000 万元。当然，达芬奇手术机器人的商业模式不仅是单纯的销售模式，它将手术操作的部分仪器定义为耗材，其使用次数超过 20 次就不再保证其安全，因此其每年的耗材费用也是一笔巨大的支出。国内也大力支持手术机器人的发展，如天津大学团队的妙手机器人、北京航空航天大学团队的 Remebot 等。

3）助老助残机器人

助老助残机器人在整个医疗机器人领域发展较为缓慢，其主要形态为肌电控制假肢，但由于皮质表面采集的电信号不稳定，而侵入式电极还未发展完善，因此其操控性一般。当然还有许多的医疗机器人种类，如输液机器人、导诊机器人、搬运机器人等。其需求存在，但壁垒性不高，考验的是能否匹配医疗场景，真正契合一线医疗工作者的需求。

4）运送药品机器人

运送药品机器人可代替护士送饭、送病例和化验单等，较为著名的有美国 TRC 公司的 Help Mate 机器人。

5）搬运机器人

搬运机器人主要帮助护士移动或运送瘫痪及行动不便的患者，如英国的 PAM 机器人。

6）临床医疗机器人

临床医疗机器人包括外科手术机器人、诊断与治疗机器人，可以进行精确的外科手术或诊断，如日本的 WAPRU-4 胸部肿瘤诊断机器人。美国科学家正在研发一种手术机器人“达芬奇系统”，这种手术机器人得到了美国食品和药物管理局认证，它拥有 4 只机械触手。在医生的操纵下，“达芬奇系统”能精确地完成心脏瓣膜修复手术和癌变组织切除手术。美国国家航空和航天局计划将在其水下实验室和航天飞机上进行医用机器人操作实验。届时，医生在地面上的计算机前就可以操作水下和航天飞机上的手术。

7）护理机器人

英国科学家正在研发一种护理机器人，能用来分担护理人员繁重琐碎的护理工作。新研制的护理机器人将帮助医护人员确认患者的身份，并准确无误地分发所需药品。将来，护理机器人还可以检查患者体温、清理病房，甚至通过视频传输帮助医生及时了解患者的病情。

8）医用教学机器人

医用教学机器人是理想的教具。美国医护人员目前使用一台名为“诺埃尔”的教学机器人，它可以模拟即将生产的孕妇，甚至还可以说话和尖叫。通过模拟真实接生，有助于提高妇产科医护人员手术配合和临场反应能力。

6. 发展趋势

（1）从系统上来看，强调整合，以及整个系统和模型的定义化和标准化，包括数据整合、大数据应用如何互动，这是未来不可或缺的。此外，还有慢性病和亚健康，这要通过系统化的管理方式使其变成一个有机整体，以便更好地实现服务。

（2）从交互上来看，强调人和机器的交互，通过触觉实现、相互反馈，增加现实感和真实感。有专家提到有偏差会不会造成判断失误，这也是交互层面要解决的问题。目前最好的方法是采用逆反馈的方式。

（3）从结构上来看，强调材质和方式，以实现质量轻、牢固、敏捷的组建，不仅节能，不易产生生理排斥，而且更小型化，减少成本。从安全度、质量、精细度 3 个方面找到一个平衡点，这是未来可持续发展需要解决的问题。

（4）从感知上来看，通过交互多模型、三维传感或不同的技术手段，提高辨识率。此外，通过与 AR 结合识别物体和环境。通过这个识别可以更好地让机器人有所动作和反应。

（5）从认知上来看，在技术应用、机器认知和学习能力方面完全基于 AR 角度。这也包括知识的认知，如推理、语态、态势感知、形态等。认知算法将允许机器人和医生在一起工作并可以预测医生的行为，在互动过程中，高分辨率的传感器将会在手术中提供视觉反馈以提高精度。

8.4.4 新兴生物传感器

生物传感器是一种对生物物质敏感并将其浓度转换为电信号进行检测的装置。它是由固定化的生物敏感材料做识别元件（包括酶、抗体、抗原、微生物、细胞、组织、核酸等生物活性物质）、适当的理化换能器（如氧电极、光敏管、场效应管、压电晶体等）及信号放大装置构成的分析工具或系统。生物传感器具有接收器与转换器的功能。生物传感器由分子识别部分（敏感元件）和转换部分（换能器）构成。以分子识别部分去识别被测目标，是可以引起某种物理变化或化学变化的主要功能元件。分子识别部分是生物传感器选择性测定的基础，主要有酶、抗体、核酸、DNA、细胞受体和完整细胞等。把生物活性表达的信号转换为电信号的物理或化学换能器（传感器）主要有电化学器件、光学器件、热敏器件、声波器件、压敏器件等。各种生物传感器的共同结构，包括一种或数种相关生物活性材料（生物膜），以及能把生物活性表达的信号转换为电信号的物理或化学换能器（传感器），二者组合在一起，用现代微电子和自动化仪表技术进行生物信号的再加工，构成各种可以使用的生物传感器分析装置、仪器和系统。

在 21 世纪知识经济发展中，生物传感器技术必将是介于信息和生物技术之间的新增长点，在国民经济中的临床诊断、工业控制、食品和药物分析（包括生物药物研究开发）、环境保护，以及生物技术、生物芯片等研究中有着广泛的应用前景。

1．生物传感器的原理和功能

待测物质经扩散作用进入生物活性材料，经分子识别发生生物学反应产生的信息，继而被相应的物理或化学换能器转变为可定量和可处理的电信号，再经二次仪表放大并输出，便可得到待测物浓度。生物传感器的特点如下。

（1）采用固定化生物活性物质做催化剂，价值昂贵的试剂可以重复多次使用，克服了过去酶法分析试剂费用高和化学分析烦琐的缺点。

（2）专一性强，只对特定的底物起反应，而且不受颜色、浊度的影响。

（3）分析速度快，可以在一分钟内得到结果。

（4）准确度高，一般相对误差可以达到 1%。

（5）操作系统比较简单，容易实现自动分析。

（6）成本低，在连续使用时，每例测定仅需要几分钱。

（7）有的生物传感器能够可靠地指示微生物培养系统内的供氧状况和副产物的产生。

感知：提取出的动植物发挥感知作用的生物材料，包括生物组织、微生物、细胞器、酶、抗体、抗原、核酸、DNA 等，实现生物材料或类生物材料的批量生产、反复利用，以降低检测的难度和成本。

变化：将生物材料感受到的持续、有规律的信息转换为人们可以理解的信息。

响应：将信息通过光学、压电、电化学、温度、电磁等方式展示给人们，为人们的决策提供依据。

2．生物传感器的分类

1）酶传感器

生物传感器是一类特殊的化学传感器，它是以生物活性单元（如酶、抗体、核酸、细胞等）作为生物敏感基元，对被测目标物具有高度选择性的检测器。其中，以酶生物传感器的研究最为广泛。电化学装置转换成电信号的方式有两种：电位法和电流法。电位法是指根据各种离子在感应膜上产生的电位，进一步显示出参与反应的各种离子浓度的方法，所需元件有氨电极、氢电极和二氧化碳电极等。电流法是指通过电极活性物质（如某些离子）的正负电极处发生化学反应所产生的电流值来检测被测物质浓度的方法，所需元件有氧电极、过氧化氢电极等。

2）微生物传感器

根据微生物与待测物质之间的作用，微生物传感器分为两种情况。一种是由需氧性微生物作为敏感材料，它与待测物质作用时，其细胞的呼吸活性有所提高，因此可以通过测定其呼吸活性来测定待测物质，如此就构成了测定呼吸活性型微生物传感器。把需氧性微生物固定化膜装在隔膜式氧电极上，构成微生物电极，再将该电极插入含有可被同化的有机化合物样品溶液中，有机化合物就扩散到含有微生物细胞的固相胶内并被微生物同化，微生物细胞的呼吸活性则在同化有机物后有所提高，这样扩散到氧探头上的氧量就相应减少，则氧电流值降低，据此可间接求出被微生物同化的有机物的浓度。正因如此，这一类微生物传感器一般都是电流型微生物传感器。另一种是由好氧性微生物构成的敏感材料，可通过测定它在同化有机物后生成的各种电极敏感代谢物来进行分子识别，这样就构成了测定代谢物质型微生物传感器。若同化产生物少的某一物质是电极的敏感物质，则可利用该电极作为信号转换器件，与同化微生物膜一起组成微生物传感器用于测定待测物质的浓度。

3）基因传感器

基因传感器是以电极为换能器，即将 ssDNA 探针固定在金电极、碳糊电极或玻璃电极等表面，然后浸入含有目标 ssDNA 分子的溶液中，此时电极上的 ssDNA 探针与溶液中的互补序列的目标 DNA 单链分子杂交。利用循环伏安法可检测出双链 DNA 的杂交信号。但是，信号提取并不简单，实验中需要加入具有电化学活性的指示剂。例如，在使用碳糊电极的电化学测量中，一般在溶液中加入三价的阳离子金属化合物：$Co(bpy)_3$ 或 $Co(phen)_3$ 作为 dsDNA 杂交指示剂。$Co(bpy)_3$ 有一个可逆的电子氧化作用，它以静电的方式与 DNA 双链的螺旋相结合，其电活性使得微分脉冲或循环伏安法的测量电流增大，提高了检测的灵敏度。

4）热辐射传感器

热辐射传感器是一种热电变换器，使用黑色表面的元件将辐射量吸收进去，转换成热量后经过其他元件转换，称为参数或电量，常见的为非接触式温度传感器，如红外线测温仪。

8.5　智慧养老发展趋势

目前国家全面提出建设以居家为基础、社区为依托、机构为补充的多层次养老服务体系，大力推广多层次、多方面相结合的养老模式。随着电子、信息和智能制造等技术的飞速发展，以物联网为代表的智能养老模式在城市交通、工业控制和居家生活等方面的广泛应用，逐步为传统养老产业带来了新的活力和解决方案。

移动医疗、整合性服务、生活实验室等项目也包括了智慧养老内涵。居家养老概念最早由西方发达国家提出，强调老年人不需要专门集中在养老机构中，而是在自己熟悉的环境（如家庭、小区）内度过晚年生活。这样老年人可以获得幸福和独立的生活品质，减少失落感和孤独感。

智慧养老可以从智慧和养老两个方面来理解。智慧技术体现在利用网络、云计算、地理空间等新一代信息技术，以及 Web、社交网络、互动信息终端等工具和方法，以实现个体与资源间的实时感知、宽带泛在的互联、智能融合的应用，以及以用户创新、开放创新、大众创新、协同创新为特征的可持续创新。从技术发展的视角，智慧技术建设通过宽带移动通信、精密传感器、云计算等新一代信息技术应用实现信息的全面感知、泛在互联、普适计算及融合应用。从社会发展的视角，它还要求通过百科、社交网络、综合集成法等工具和方法的应用实现价值创造，实现经济、社会、环境的全面可持续发展。养老是全社会关注老龄化的关键所在，如何利用智慧技术实现人民群众“老有所依”和“老有所养”将是重要的研究课题，从而满足养老产业中对于安全性、实时性、开放性和经济性的要求。安全性可利用传感器、全球定位和环境感知等技术实现老年人和失能人员的照顾、医疗、辅助运动和意外监管等功能；实时性使用现代光通信、4G-LTE、5G 等先进通信技术用于信息的传输，为“发现即解决”提供必要的传输网络；开放性要求使用微博、公众号和朋友圈等新兴社交媒体技术完成医疗问题、经验分享和求助等资源共享，以便家庭、社区和医院更好地为人们服务；经济型则综合智慧养老的特性，通过信息挖掘、智能分析和精准高效决策为行业提供服务，用较低的代价解决养老产业中的技术和社会问题。我国的信息产业技术和欧美发达国家几乎是同时开始发展的，所以不存在根本性差距。同样，我们的智慧养老技术也具有同时发展的特点。由于我国市场巨大，服务的本地化特性及后发优势，使得我国居家养老试验阶段的水平不低于发达国家，存在着培养独一无二或能够影响世界的养老产业的发展机会。在全球竞争市场中，我们具有产业政策、经济支撑、群体庞大等优势。通过科研和产业融合与协同，率先实现应用能力的突破，获得市场竞争优势，在产业发展中抢占先机。

智慧不仅是智能。智慧养老不仅是技术的智能化应用，还包括人的智慧参与、智慧管理、以人为本、可持续发展等内涵，而其中涉及的智慧关键技术是重中之重。在生活中，经常听到老人抱怨，想要订购老年人特色服务非常麻烦。但是，这一现象目前在全国各地已经开始改变，一些老人在家只需要通过一键呼叫，描述自己的需求，专业的居家养老服务中心会立刻接单，安排工作人员上门服务。人们常常把这一模式称为智慧养老，而连接养老运营商与老人的重要工具就是智慧养老系统（见图 8-5）。

图 8-5　智慧养老终端

当前，我国已经进入老龄化社会，且老龄化趋势进一步加剧。根据社会保障和人力资源部的消息，随着中国老龄化人口的加剧，养老行业在未来会形成一个巨大的市场。如何让老年人老有所依、老有所住、老有所医、老有所养是全社会面临的问题。目前，我国养老模式主要分为居家养老、社区养老、养老院等。前两者主要以老人在家为主，通过购买服务，在家进行养老。而养老院是全天候的老人照料与监护。但是，老人和养老服务商的信息沟通并不畅通。互联网思维时代的大背景下，如何构建一个合理的信息管理平台，把老人和服务商有效连接起来，实现养老行业的互联网化、智能化。从宏观上来讲，近年来国家在推动智慧养老上可谓不遗余力，先后多次在全国各地开展试点工作，很多地区在试点之后，发现问题、解决问题，到现在为止，已经有很多民企机构开始进军这个领域，致力于将智慧养老做大做强。

智慧养老是一个跨多领域、多业界和融合创新的过程，其根本驱动力是技术革命和养老理念的变化，移动医疗、整合服务都是养老产业的核心。传感器技术的不断进步与发展，为可穿戴设备打下了创新基础。未来，我们可以买到舒适的、功能强大的医疗防护产品。物联网技术的成熟，个人健康平台服务体系的完善，新技术的不断涌现，将会为智慧养老带来新的发展机遇。人工智能、机器人、虚拟现实和其他新技术的不断完善也将为智慧养老产业赋予新的内涵。

在智慧养老的大趋势下，“互联网+”养老脱颖而出。其通过老年人日常需要的智能手杖、智能腰带、远程血压计、远程血糖仪，以及后续的智能手环、智能管家等设备，结合属地化成熟的第三方服务（如医疗保健、健康护理、家政服务等），建立综合性“互联网+”养老服务体系。通过应用“互联网+”技术，云计算、物联网等技术与智能硬件设备相结合，将采集的数据传至大数据中心，将数据整合、分析，并通过整合互联网资源，打造云服务，为中老年人及其家庭提供健康、安全和医疗信息管理、预警和诊断，实现基于云的个人健康信息管理和服务，并通过持续运营最终实现与医疗、生活、商业、保险、通信、科技等领域的动态互增长，打造一个“互联网+”养老生态圈，引领健康生活的新方式，提倡关爱老年人的社会正能量。

8.5.1　国外智慧养老产业现状与趋势

英国、美国和日本等国家已率先进行了有关智慧养老项目的实践，并获得一定的成效。在美国的弗吉尼亚州就有很多门诊安装了“远程医疗”网络，服务对象的 3 成是老年人。“远程医疗”网络投入使用后有效地提高了服务效率，减少了护理费用。从 2012 年起，英国使用了机器人护士，服务于家庭或社区。这种机器人通过互联网连接头部安装的多台激光和热成像设备，在语音识别技术的帮助下，能够完成日常护理的功能。腹部安装的红外传感器，可以为患者测量体温，这些数据也可以通过互联网分发到社区医生的手机上。另外，医生也可以通过机器人与老人互动，为老人提供咨询建议。英国生命信托基金会将智慧的理念运用到老年公寓的建设中，通过在家具、地板中植入芯片等方式实现老人生活的远程监控。

日本的筑波大学研究人员开发了一套“机器外套”，它使得行动困难、肌肉萎缩的老年人的护理工作更加简单，现已被普遍推广。

荷兰为老年人提供了一种小型机器人。在小城菲赫特，十几位坐在轮椅上的老人围成半圆，跟着一个人形机器人锻炼身体。机器人取名卓拉，看上去像一个活泼可爱的小女孩，身高 57 厘米，体重 5.7 千克。卓拉站在一张桌子上，像健身教练一样，一边示范动作，一边讲解动作要领。老人们模仿着卓拉的动作，弯曲手指，伸展臂膀，抬腿压腿。新技术已经不再仅仅是年轻人的专属，老年人也应享有新技术带来的全新体验。孤独是老年人最大的困扰，帮助老年人战胜孤独是养老院的一项重要工作，由于老人的子女和亲属忙于工作很难经常前来探望，养老院便引进了卓拉机器人来陪伴。这家养老院的老人平均年龄达到 87 岁，大多行动不便。为了让老人锻炼身体，养老院让卓拉每天给他们上一节体操课。上课时，还有一名助教站在卓拉旁边，对老人进行个性化指导。

卓拉由比利时一家机器人公司开发生产，身上装有摄像机、扩音器和麦克风，可以模拟人的一些动作和表情，能够通过眨眼睛、眼神接触、点头摇头等简单肢体语言与人进行互动。卓拉不仅会上体操课，还会走动、说话、唱歌、跳舞。卓拉点亮了老年人的生活，对他们战胜孤独起到了至关重要的作用。据悉，到目前为止，在比利时、法国和荷兰，已有 6000 多位老人与卓拉这样的护理机器人有了互动。不过，也有批评者指出，护理机器人尽管可以为老年人提供很多帮助，但这种帮助毕竟出自一双“冰冷的手”，而非亲人那双“温暖的手”，老年人更需要亲情的慰藉，这是机器人所不能给予的。对此，如果有一个能说会动的护理机器人可以及时提供帮助，对于老年人来说也是非常有必要的。为了提高智慧养老水平，欧盟近年来积极致力于研发老年人全职护理机器人。截至目前，所开发的机器人已具备以下主要功能：①通过可穿戴式检测装置进行简单的医护操作，如测量血压和体温；②提供简单的家庭服务劳动，如端水送饭、传递用品和开关电视等；③参与老年人“偏爱”的互动游戏；④通过视频保持同医护人员与救援机构的互动等。有分析认为，这种机器人可以有效降低老年人的孤独感，提高其生活自理能力。

在美国，则通过新技术实现快乐养老，提高老年人的幸福感。在午餐时间，美国纽约永康成人日间护理中心，老人排队到一台触屏计算机前点餐。屏幕上显示的菜肴荤素搭配，营养丰富。一位患有糖尿病的老人选择自己爱吃的菜品时，计算机程序已经把老人可选择的菜品限定在糖尿病人可食用的无糖、清淡、少油等范围内。屏幕上还清楚地显示出剩余空座和相应桌号，以及已经选择在此桌就餐的老人姓名。目前，不少养老中心接送居家老人往返中心参加活动时都在车上安装了追踪设备。接送老人的车是专用车辆，不涉及侵犯隐私权问题。安装追踪设备是为了让老人在等车期间就可上网即时查询车况路况，以便可以等车临近自己住所时再出门上车，避免了等待时间过长而埋怨驾驶员现象的发生。

利用手机应用软件（App）也可以实现老人和外界零距离接触。纽约永康成人日间护理中心举办了计算机培训班，让老人从零开始慢慢接触各种电子设备。在 App 上的老年人论坛中，老人在家就可点评护理中心的服务质量，并与其他老人沟通交流。永康成人日间护理中心总经理叶罗伊对记者表示，考虑到目前科技和医疗领域的快速发展，未来他们也会考虑用更加先进的数字信息技术和高科技支撑的医疗手段为老人服务。当然，这种快捷周到的服务是政府用庞大税收进行支撑的。在对每个老人的收入状况评估后，政府将月收入 825 美元以下的老人定为低收入老人，向他们发放"白卡"。老人可以用这张卡免费选择相应的保险公司，以极低的费用甚至免费享受养老服务或医疗服务。换句话说，享受上述服务的都是低收入老人。

美国利用社会资源解决社会养老问题，政府将大部分社会养老预算拨给一些保险公司，让保险公司通过企业运作的方式管理并支配养老预算。保险公司利用大数据对选择其养老保险的老人理赔情况进行了研究，发现那些积极参与人际交流、经常外出参加活动的老年人身心健康状况明显好于长期闭门不出的老年人，理赔数量也有很大不同。保险公司根据这一研究结果将政府拨给的养老预算分成 3 部分，将 50%的预算费用用于快乐养老，即预防养老，将 40%的预算费用用于家庭护理，剩下的 10%的预算费用用于老人住院治疗护理。通过将 50%的预算费用投向快乐养老，让老人免费参加各种兴趣班和社交活动，交流思想，锻炼身体，预防疾病，65 岁至 85 岁的老年人因病理赔额比以前大幅降低，有些小病也不愿去医院，许多 90 岁高龄的老年人还能生活自理、外出活动。保险公司也因此节约了大笔理赔费用。由于快乐养老成功地将老年人比较健康的状态向后延伸了很多年，因此用 40%的养老预算费用为部分老年人进行卧床护理的时间已经被大大缩短并向后推迟。老人卧床这段时间，护理公司会派专业护士经常到老人家中进行专业护理，虽然保险公司成本有所上升，但时间相对较短，所以费用也不会很高。而用 10%的养老预算费用为老人提供的基本上是老人生命最后阶段的治疗和临终关怀费用，这段时间更短，保险公司即使全额赔付费用也不会太多。实践证明，这种养老模式既让老年人成为最终受益者，又为社会提供了大量就业机会，是目前美国比较成功的一种社会养老模式。

在德国，则采用环境辅助生活（AAL）系统[3]，通过现代化的感应传输装置，将家里的各类仪器智能化，共同连通在一个具有扩展性的智能技术平台上，构建一个即时反应环境，对居家者的状态和环境对象进行分析，立即做出判断与反应。一旦该系统的数据分析显示居家者出现摔倒、昏迷甚至呼吸困难等紧急状况，便会发出呼救，第一时间联络预设的紧急联系人，如居家者亲属、急救中心或提供上门服务的护理公司。这一看似“玄幻”的系统离人们并不遥远。在德国柏林马灿区的一栋办公楼内，记者参观了一处覆盖了环境辅助生活系统的样板房。140 平方米的房间内，处处有“机关”。从卧室去往浴室、洗手间沿路的墙角边，嵌有一串长条状的“夜视灯”，以避免半夜突然亮灯让老年人晃眼。卧室墙顶装有“工”字形滑槽，吊有自动起降杆，能够让下半身瘫痪的老人，通过双手独立将自己“吊”在起降杆上，以便从床上“吊”移到轮椅上，或者到达房间的任意处。浴室、洗手间内，也设有老人可以支撑、拉扶或坐卧的辅助设施，随处可见求助、报警按钮。AAL 系统的目的是完全实现老年人或生活不便者独立、安全生活的能力。养老院设施考虑的是如何随时监测老年人身体突发状况并快速反应。AAL 系统下的房屋不仅要满足这一功能，更要考虑老年人独居的便利情况。例如，房间内的大部分设施都可以通过遥控完成；床铺设计成一半为普通床铺，一半为升降床铺，避免与老伴分床；床上用品的布料为特殊材质，透气防水，方便老人换洗打理；如果长时间卧床未动，床垫下方的感应垫会报警联络紧急联系人；床脚边的感应毯，一旦踩上就会报警，可以防止阿尔茨海默病（俗称老年痴呆症）患者半夜下床出走……此外，自动喂餐机、血压计、血糖监测仪等一应俱全。客厅中智能终端设备，外形类似一个电子闹钟，它就是 AAL 的核心，称为辅助平台控制中心。老人一天的起居情况都会通过各感应器传输到这里进行综合分析。即便是老人打开药盒服药的情况，都会记录于此。家属、护理员可以在手机上安装应用，远程同步查询平台存储的老人生活、活动数据。目前，为普通家庭改装 AAL 系统的价格仍然不菲。为让更多经济条件一般甚至困难的老人也能在家中享受这一养老系统，很多慈善机构正在着手相关项目。在德国，居家养老已经成为一个护理专业课题，未来的养老模式将从集中的养老院转变为分散的上门服务，护理人员要学会与 AAL 系统协作，实现养老资源的优化配置。AAL 并不是一个新概念，2007 年欧盟 14 个成员国制定了 AAL 研究计划。2008 年，德国联邦教研部投入 4500 万欧元，支持了 18 个与 AAL 系统研发相关的项目。2008 年起，德国联邦教研部与德国电气工程师协会每年合办 AAL 大会，推进 AAL 国际标准的制定，以在欧洲市场或更大范围中执行。

8.5.2　我国智慧养老产业创新趋势

智慧养老（图 8-6）主要体现在两方面：一是养老服务；二是技术平台。未来智慧养老的发展必然围绕这两个主题进行研究。

图 8-6　智慧养老

1．服务的人性化

目前我国老年人家庭空巢率已达 50%以上，大中城市高达 70%，空巢现象直接导致了“老年人精神上缺乏归属感”。老年人的养老需求不仅包括物质生活方面，而且包括医疗护理、精神慰藉、自我尊重和价值实现等方面。而现阶段，我国养老服务还难以满足老年人多样化的养老需求。对于老年人需求的了解较少，往往只注重老年人物质和医疗护理方面需求的满足，而忽视了精神慰藉的需求。未来智慧养老将更加注重个性化和人性化。

2．技术创新驱动服务创新

运用互联网、物联网、大数据挖掘技术，通过对智慧健康服务平台的服务项目、服务时间、服务人员、消费情况等指标进行统计和大数据分析，并对数据进行分类、计算和预测，捕捉老年人群的核心健康需求与服务类别、时间、人员、价格的内在联系，形成统计分析报告，作为运营和服务指南，使服务更加精准和主动，不断满足老年人的心理需求。

3. “医养结合”的智慧养老模式

“医养结合”的智慧养老模式既有养老服务也有医疗服务，可推动医疗服务在社区、居家、机构养老服务中的深度融合。通过实体产业的运营，有效地避免重硬件设备投入、轻服务，重科技产品研发、轻实用，重概念推广、轻有效落地等现象，通过实体产业的不断升级来推动智慧硬件及软件的提升，同时由实体产业为智慧产品研发提供有效的资金保障。积极引导一级、二级医院和有闲置医疗资源的厂办校办医院、社区办医院，运用其医疗资源优势，与社区养老服务中心合作，转型为医养结合的社区服务中心（见图 8-7），并与当地基地医院的远程医疗分中心建立联系，构建多级防控体系，对慢性病老人进行慢性病的评价、干预、管理及个性化指导，把慢性危险因素作为干预重点，以健康教育、健康促进和患者管理为主要手段，以基层社区家庭为单位，促进预防、干预、治疗的有机结合。

图 8-7　医养结合的社区服务中心

4. 新技术、新应用的融合趋势

技术和应用的快速发展和深度应用，促生了很多新兴的融合趋势。针对生理电信号幅度微弱、频率低、信噪比低等特点，产生了以心电信号感知为代表的微弱医学信号精准感知技术。基于机器学习的信息处理算法可以提高检测准确度，包括采用算法优化获得精准的心电生理信号，或者改进聚类方法提高心跳检测算法的准确率[4]。根据不同用户的个体特征设置预警信息，为用户提供个性化设置，拥有更高的告警准确性；提取用户离床和在床死亡等异常状态的压力信号特征，建立训练模式，准确判定用户状态，降低系统误警、虚警率。采用三轴加速度传感器和陀螺仪来检测患者、老人的跌倒状态。腕表可通过跌倒检测算法确定发生了跌倒事件并发出警报信号，以便能够使患者、老人及时获得救助，降低伤亡的风险。此外，还可采用专业的跌倒检测算法作为姿态检测传感器的重要补充，对人体摔倒行为进行时域特征表达和识别分析，通过数据预处理、摔倒过程中人体运动特征的提取，实现对摔倒行为的精准识别。依托空间科学技术研究院宇航员训练中心，采用宇航员训练心电监测算法，实现航天成果技术转化。智能可穿戴产品内嵌心电芯片可同时测量心电图（ECG）、光电容积脉搏波（PPG）发出的生物信号，具备医疗级体质监测能力，可以实现更精准的医疗级体质监测与服务。将北斗高精度定位模块加入智能手表中，极大地提高了手表的定位精度，定位精度优于 2 米，可实现对患者、老人位置的高精度定位、运动轨迹的精准绘制。在传统的健康养老设备上加入人体感应、语音交互、智能推拉等人机交互功能，强化自助式健康管理理念。

通过研发和改进柔性皮下葡萄糖传感器的新技术和新工艺，动态血糖监测仪不再需要指尖血来定标，使用时长可达 12 天；研发和采用微型执行元件的新技术和新工艺，从而实现贴敷式胰岛素泵产品的微型化和自动化，佩戴更加方便、舒适和可靠；研发和构建一套先进的人体血糖监测、注射和控制系统，让血糖控制更加便捷和简单。

人体疾病易感 DNA 多态性检测基因芯片可进行心脑血管疾病基因检测、糖尿病基因检测、眼疾易感基因检测、高发肿瘤基因检测。高血压基因检测产品，通过基因检测预测哪些患者出现药物不良反应风险较大，通过降低药物剂量或更换治疗方式避免其发生，预测哪些药物能让患者获得满意的治疗效果。

8.6 智慧养老应用价值分析

显而易见，智慧养老能够显著提升养老机构的效率，使居家养老、社区养老成为可能。但要实现智慧养老，首先，需要建立信息化的养老体系，将传感技术、远程监控技术、互联网技术等应用到日常养老中，实现养老体系信息化及相关信息实时获取，随时了解老年人的状态；其次，通过公共服务平台使养老信息能够互联互通，使机构养老、社区养老、居家养老能够在统一的平台上呈现，从而统筹人力、设施等有限的养老资源以提供高效的养老服务；最后，需要制定相关养老服务标准，通过技术标准来规范信息管理、信息共享的方式，通过行政管理标准来规范养老机构、社区等的操作流程，以便统一监管和问责。在上述前提下，未来的养老模式将变得多样化、人性化、高效化。

智慧养老服务是老龄产业和新技术发展的有机融合，必须在政府主导、企业有效参与及全社会的积极配合下，才能有序推动、优势互补，提供更便捷、更优质的养老服务。自工业和信息化部、民政部、国家卫生健康委员会公布《关于开展智慧健康养老应用试点示范的通知》，在全国遴选参与智慧养老的示范企业、示范街道、示范基地起，已有一些政府、单位、企业开展了智慧养老试点建设工作，已连续两年产生两批试点示范企业、示范街道、示范基地。政府将从政策、资金、资源配套等方面鼓励各级政府部门和社会各界加大对智慧养老应用试点示范工作的支持力度，扶持示范企业做大做强，支持示范街道（乡镇）建设，加快示范基地产业集聚和应用试点。

总体而言，信息化、互联网与物联网技术在未来的养老体系中能够起到关键的服务作用。在我国智慧养老已是大势所趋，对于老年人来说最大的困扰除了健康问题，还有因儿女不在身边导致的心理孤独，对于如何防止可能出现的危险，以及维护老年人的身心健康，提供健康养老服务的机构将发挥出巨大的作用。在大数据和人工智能等新技术迅速发展的新常态下，面对日益突出的养老问题，引入智慧养老服务新理念，促进信息技术与养老服务业的深度融合，既是对当前养老服务和服务模式的优化提升，也是对智慧养老实践应用的有益探索。

本章小结

大数据和人工智能等新技术的迅速发展既是对当前养老服务和服务模式的优化提升，也是对智慧养老实践应用的有益探索。

参考文献

[1] 中国区块链技术和产业发展论坛. 中国区块链技术和应用发展白皮书（2016）[R]. 工业和信息化部信息化和软件服务业司，2016.

[2] 艾媒咨询．2018 全球服务机器人市场专题研究报告[J/OL]．界面新闻，2018. http://www.iimedia.cn/61919.html.

[3] 雪珺．德国：高科技助力居家养老[J]．老同志之友，2017(22):38-39.

[4] 陈小杰，曹国华．基于机器学习的心律异常智能可穿戴预警系统[J]．电子技术与软件工程，2017 (15):102.

反侵权盗版声明

举报电话：（010）88254396；（010）88258888

传　　真：（010）88254397

E-mail：　dbqq@phei.com.cn

通信地址：北京市万寿路 173 信箱

　　　　　电子工业出版社总编办公室

邮　　编：100036